재일코리안 기업의 성장과 모국 기여활동

이 저서는 2016년 대한민국 교육부와 한국학중앙연구원(한국학진흥사업단)의
한국학총서사업의 지원을 받아 수행된 연구임(AKS-2016-KSS-1230011)

재일코리안100년사－한민족으로서의 생활과 문화 07

재일코리안 기업의 성장과 모국 기여활동

초판 1쇄 발행 2021년 12월 31일

지은이 ㅣ 임영언
펴낸이 ㅣ 윤관백
펴낸곳 ㅣ 도서출판 선인

등 록 ㅣ 제5-77호(1998.11.4)
주 소 ㅣ 서울시 마포구 마포대로 4다길 4 곳마루 B/D 1층
전 화 ㅣ 02) 718-6252 / 6257
팩 스 ㅣ 02) 718-6253
E-mail ㅣ sunin72@chol.com

정가 27,000원
ISBN 979-11-6068-669-2 94900
ISBN 979-11-6068-662-3 (세트)

· 잘못된 책은 바꿔 드립니다.
· www.suninbook.com

한국학 총서 재일코리안100년사 – 한민족으로서의 생활과 문화 07

재일코리안 기업의 성장과 모국 기여활동

임영언 저

도서 출판 선인

▌ 발간사 ▌

청암대학교 재일코리안연구소가 2016년 12월부터 수행한 한국학중앙
연구원 한국학총서사업 '재일코리안100년사 – 한민족으로서의 생활과 문
화'가 드디어 총 8권의 연구총서 시리즈로 결실을 맺게 되었습니다. 먼저
이 학술 프로젝트에 참여해 주신 국내외 연구원들께 심심한 감사의 말씀
을 드립니다.

이 학술 프로젝트는 재일코리안의 생활과 문화를 입체적으로 고찰함
으로써 재외한인 연구의 새로운 패러다임을 제시하는 것에 목적을 두고
시작되었습니다. 구체적으로는 기존의 정치, 경제, 외교사 중심의 연구
를 넘어 문화와 일상 속의 100년이 넘는 재일코리안의 모습을 총체적으
로 규명하고자 하였습니다. 특히 전문가들의 비교연구를 통해 새로운 재
외동포 연구의 모델을 모색하여, 이민사와 일상사 연구를 보다 심화시킬
수 있도록 노력하였습니다. 동시에 대중학술서라는 총서의 취지에 맞게
전문성에 기초한 대중성을 적극 결합하여 연구의 보편화와 사회적 확산
도 염두에 두고 진행되었습니다.

이러한 연구 목적을 달성하기 위해 재일코리안 100년의 생활과 문화
의 일상을 시기, 영역, 주제별로 8개 영역으로 나누어 완결성을 목표로
하여 연관성과 독자성을 갖는 연구 성과를 도출하고자 하였습니다. 간단
히 각 권의 연구내용을 소개하자면 다음과 같습니다.

　총서 1권 『재일코리안의 문화예술과 위상－기억을 위한 소묘』에서는
재일코리안의 문화예술 활동을 미술, 음악, 연극, 영화, 무용, 체육 등의
분야로 나누어 조망하고 재일코리안의 문화예술 활동의 의의와 가치, 역
할과 위상에 대한 시사점을 제공하고 있습니다.

　총서 2권 『재일코리안의 이주와 정주－코리아타운의 기억과 지평』에
서는 100년이 넘는 재일코리안의 이주사에 기초한 이주와 정주, 코리아
타운의 형성과 변천, 과거와 현재의 변화 등을 종합적으로 조명하고 있
습니다.

　총서 3권 『재일문학이 그린 재일코리안』에서는 재일코리안 문학 연구
의 추세와 동향에 대한 총괄과 함께 재일코리안의 생활과 문화의 궤적을
문학 담론을 통해 통시적으로 분석하고 있습니다.

　총서 4권 『갈등과 화합의 재일코리안 단체의 역사－조직의 변화를 중
심으로』에서는 재일코리안의 단체를 중심으로 갈등과 화합의 역사를 구
성하고, 조직을 중심으로 한 재일코리안의 정치적 본질에 접근하고자 시
도하고 있습니다.

　총서 5권 『항일과 친일의 재일코리안운동』에서는 1945년 광복 이전
재일코리안의 일상을 통해 재일코리안운동의 역사를 조명하고 항일이나
친일만으로는 규정할 수 없는 재일코리안의 생동감 있는 역사와 문화의
중요성을 제시하고 있습니다.

　총서 6권 『차별과 싸우는 재일코리안』에서는 일본 사회의 차별적 구
조 속에 지금도 존재하는 재일코리안의 대항적 양태를 시기별 사회 변동
과 연결하여 살펴보고, 재일코리안이 전개한 반차별 운동의 흐름과 의의
를 재조명하고 있습니다.

　총서 7권 『재일코리안 기업의 성장과 모국 기여활동』에서는 재일코리
안 사회의 근간을 형성하고 있는 경제와 모국 기여라는 두 가지 측면의

현실적인 문제를 짚어보고 재일코리안 사회의 과거와 미래를 전망하고 있습니다.

총서 8권 『재일한인 민족교육의 역사와 현재 – 민족교육을 지키기 위한 노력과 한계 그리고 과제』에서는 재일코리안의 민족교육의 흐름을 조망하고 현재 직면한 재일코리안의 교육문제에 대한 진단과 현실적 대안을 제시하고 있습니다.

이렇게 발간된 우리의 연구 성과가 재일코리안의 생활과 문화, 역사와 운동, 경제와 교육 등 재일코리안 전반에 대한 재평가와 재조명은 물론 연구 지평의 확장에도 크게 기여할 것임을 믿어 의심치 않습니다. 아무쪼록 이 연구총서 시리즈가 재일코리안의 과거와 현재를 조망하고 나아가 발전적인 미래를 모색하는 계기가 되기를 기대합니다. 다시 한 번 이번 학술 프로젝트에 참여해 주신 연구원들의 노고에 깊이 감사드립니다. 아울러 이 학술 프로젝트에 많은 관심과 격려, 그리고 조언을 주신 교내외 여러 선생님들께도 감사를 드립니다. 앞으로도 청암대학교 재일코리안연구소가 소기의 목표를 달성할 수 있도록 많은 관심과 아낌없는 격려를 부탁드립니다. 마지막으로 어려운 여건 속에서도 항상 재일코리안연구소의 많은 간행물을 출판해 주시는 도서출판 선인 윤관백 사장님과 편집진 여러분에게도 감사드립니다.

청암대학교 재일코리안연구소장 김인덕

▎ 저자 서문 ▎

이 책의 목적은 1945년 해방 전후 일본에서 전개된 재일코리안 기업의 기업 성장사를 중심으로 살펴보고 모국 기여활동사를 전체적으로 개괄하고 살펴보는 데 있다. 주요 내용은 재일코리안의 이주사, 기업의 태동, 기업의 성장사, 올드커머(Old-comer)와 뉴커머(New-comer) 기업의 사례분석, 그리고 일본 현지에서 수집된 모국 기여활동 사례분석을 통한 재일코리안 사회의 과거와 미래를 전망하고 그들의 삶을 조금이나마 이해하는 데 중점을 두었다.

이 책의 내용은 '재일코리안 기업의 성장과 모국 기여활동'이라는 주제로 총 10장으로 구성되었다. 이 책의 주요 내용은 해방 이전 재일코리안의 이주, 해방 전후 모국귀환, 직업 실태, 임시 정주와 민족교육, 정착을 위한 민족운동과 차별배제에 맞선 경제활동, 재일코리안 기업의 모국진출과 기여활동 등에 대한 상호 유기적인 관계의 분석을 통해 재일코리안 기업의 전체를 파악할 수 있도록 구성하였다. 본문을 구성하고 있는 각 장의 내용을 정리하면 다음과 같다.

먼저 머리말에서는 이 책의 목적 및 배경, 내용의 구성, 연구 방법 및 연구대상 등을 서술하였다. 주요 내용은 1945년 해방 전후 일본에서 전개된 재일코리안 기업의 성장사를 전체적으로 개괄하는 데 중점을 두었다. 제1장에서는 재일코리안 기업 관련 선행연구 검토와 이론적 배경을

서술하였다. 재일코리안 기업에 관해 기존연구에서 제시하고 있는 창업
요인이나 기업 성장이론, 역동성, 성공 요인, 경영전략과 기업가정신 등
에 관한 선행연구를 분석하고 이론적 고찰을 통해 마이노리티 창업이론
과 반동이론(Reaction Theory) 등 전체적인 분석 틀을 제시하였다. 제2장
에서는 해방 이전 재일코리안의 일본 이주와 경제활동에 대하여 이주사,
이주 배경, 이주 루트, 이주단계, 일본에서의 직업 실태 등을 상세히 설
명하였다. 이를 통해 재일코리안 사회가 일제식민지 지배라는 역사적 상
황에 의해 형성되었다는 점과 일제 식민시기 일본에 노동자 혹은 강제연
행으로 도일하여 일본 패전 후 잔류하게 된 경위 등을 상세히 제시하였
다. 제3장에서는 1945년 해방 전후 재일코리안의 한국으로의 모국귀환과
모국지향에 대하여 다루었다. 민족해방과 더불어 재일코리안의 모국귀
환과 1959년 이후 발생한 북송사업에 대한 차이와 의미를 살펴보았다.
그리고 재일코리안의 모국귀환 요인과 일본 잔류요인을 살펴보았다. 제4
장에서는 일본 정부의 재일코리안 정책과 법적 지위에 대하여 살펴보았
다. 일본 정부의 재일코리안 정책에 대하여 국적 박탈과 일본 정주의 본
격화라는 측면에서 해방 이전 식민지 조선 정책, 미군 점령기인 1952년
까지 일본인 국적 시대, 한국전쟁과 조선인연맹의 해산, 1965년 이후 한
국적 혹은 조선적 재일코리안 확립기, 1990년대 출입국관리법 개정 이후
1991년 문제와 다문화 공생 사회 재일코리안 정주화 등 다각적 측면에서
살펴보았다. 제5장에서는 재일코리안 기업의 형성과 모국투자를 주제로
기업의 형성과정, 모국투자의 촉진 요인, 모국투자 동향 등에 대하여 살
펴보았다. 재일코리안 기업의 모국투자 동향에 대해서는 박정희 정부의
경제정책과 한국 투자, 김일성의 경제재건정책과 북한투자, 남북한 투자
전개와 모국경제발전 등에 대하여 살펴보았다. 제6장에서는 재일코리안
올드커머 기업의 성장과 모국진출에 대하여 살펴보았다. 특히 본 장에서

는 모국진출에 앞장선 롯데와 소프트뱅크, 모국의 인재 양성에 힘쓴 전 중앙대학교 김희수 이사장의 경영전략과 기업가정신에 대하여 살펴보았다. 재일코리안 기업가정신은 영리활동을 통한 자기실현을 위한 노력, 유연성과 탁월성의 발휘, 유교 정신에 입각한 모국을 향한 금의환향의 기업가정신 발현, 시대적 흐름을 간파하는 선견적인 능력, 일본 사회의 차별과 배제의 경험을 바탕으로 한 회사 내 갈등과 마찰에 대해 주위 사람들을 설득시키고 조정하는 협상 능력, 뛰어난 기획력을 바탕으로 혁신적인 아이디어를 사업화하는 민첩한 행동력과 리더십 등을 제시하였다. 제7장에서는 일본에서 활동하는 뉴커머 기업을 대상으로 기업의 형성과 성장 과정, 네트워크 관계, 경영전략과 기업가정신을 중심으로 살펴보았다. 구체적인 사례로는 에이산 장영식 대표, 이동재팬 김효섭 대표, 테크노피아 박재세 대표, 국제 익스프레스 나승도 대표 등을 제시하였다. 뉴커머 기업가들은 일본 사회에서 당면한 사회적 문제 해결이라는 틈새시장에서의 창업이라는 한계를 보였지만, 실패를 두려워하지 않는 과감한 도전과 경영혁신의 기업가정신을 바탕으로 성공하여 모국 기여활동에 적극적으로 참여하였다. 제8장에서는 재일코리안 기업의 성장과 모국 기여활동 사례를 분석하고 이를 구체적으로 제시하였다. 마지막 맺음말에서는 이 책의 연구결과에 해당하는 연구내용의 요약 및 결론, 연구한계와 시사점, 향후 연구과제 등을 제시하였다.

이 책은 재일코리안 기업의 성장과 모국 기여활동의 단초를 제공할 수 있는 사례를 제시하고자 기획되었다. 본문의 내용은 질적 분석으로 재일코리안 현장경험과 문헌분석에 근거하여 스토리텔링 형식으로 구성하였다. 이론적 토대는 선행연구에 의존하고 있지만, 여전히 부족한 측면이 많다. 각 장의 사례들은 저자의 주관에 의해 취사선택하여 재구성하였기 때문에 이 책의 내용에서 불명확한 사실이나 오류 등 모든 책임은 저자에게 있다. 이 책에 관심 있는 독자들은 그동안 재일코리안 사회 혹은 재일동포사회에 애정이 있거나 어떤 형태로든 경험을 가진 자들로 예상되며 그들을 이해하는 데 조금이나마 도움이 되기를 바란다. 또한, 재일동포사회에 관한 연구를 수행하는 연구자에게 새로운 연구의 가능성과 지평을 열어줄 것으로 기대한다.

이 책의 주요 내용은 재일코리안들이 가장 많이 거주하고 있는 도쿄와 오사카 등 일본 전국을 중심으로 현지방문조사를 통해 수집된 재일코리안 기업 관련 자료와 모국 기여활동 관련 현장에서 수집된 문헌 자료와 원자료를 집필에 활용하였다. 이 책이 나오기까지 오사카에서는 다카자카서점(鶴橋高坂書店), 히노데서점(日出書店), 샛바람문고(セッパラム文庫), 락도칸(楽道舘), 삼존사(三尊寺), 히코네 시가현립대학박경식문고(彦根滋賀県立大学朴慶植文庫), 이쿠노쿠도서관(生野区図書館), 히가시나리도서관(東成図書館), 고베시립중앙도서관 청구문고(神戸市立中央図書館青求文庫), 고베청년센터(神戸青年センター), 히노데서점(日の出書店), 코리아NGO센터, 오사카이쿠노쿠 조선초급학교 조선학교(大阪生野区朝鮮初級学校朝鮮学校), 히가시오사카 제4초급학교(東大阪第四初級学校) 등을 방문하여 수집된 자료들을 내용 분석에 활용하였다. 또한, 도쿄에서는 재일한인역사자료관(在日韓人歴史資料館), 도쿄2·8독립선언자료실(東京2·8独立宣言資料室), 도쿄조선제1초급학교(東京朝鮮第一初級学校), 도쿄조선제6유초급학교(東京朝鮮第6幼初級学校), 조선장학회도서실(朝鮮奨学会図書室) 등을 직접 방문하여 자료 수집과 면접조사를 수행하였다. 현지방문 조사과정에서 이들 관계자의 협력과 도움이 없었다면 이 책이 완성되기는 힘들었을 것이다.

끝으로 이 책이 출판되기까지 적극적으로 지원해 주신 청암대학교 재일코리안 연구소와 한국학중앙연구원 관계자들에게 진심으로 감사드린

다. 또한, 졸고의 출판에 아낌없이 협력해 주신 도서출판 선인 윤관백 대
표님께 감사드린다.

2021년 12월
저자 임영언(林永彦)

목 차

머리말

1. 연구 목적 및 배경

이 책은 재일코리안 사회형성의 두 축을 형성하고 있는 재일코리안 기업의 성장과 모국 기여활동의 실태를 파악하고 이를 통한 재일코리안 사회의 미래를 전망하는 데 있다. 이미 기존 연구자들이 지적하고 있는 바와 같이 재일코리안 사회도 저출산·고령화로 인한 인구의 자연 감소, 국제결혼 증가와 귀화자 증가, 민족정체성 약화와 다양성 출현, 뉴커머의 증가와 한인사회 갈등과 위기의식 등으로 인한 과거와는 또 다른 미래 동포사회의 출현을 예고하고 있다. 따라서 이 책은 재일코리안 사회의 근간을 형성하고 있는 경제와 모국 기여라는 크게 두 가지 측면에서 그들이 직면하고 있는 현실적인 문제를 짚어보고 동포사회의 미래를 전망해보고자 한다. 이 책이 재일코리안 사회의 중심축을 경제와 모국 기여라는 두 가지 측면에서 접근하고 있는 이유는 해방 전후 다양한 동기로 모국을 떠나 현지에서 생활하는 재일코리안에게 중요한 것은 먼저 생

활문제를 해결하는 것이고 다음으로는 재일코리안 2세들의 정착과 주류
사회에서의 기업성공으로 모국 기여활동이 재일코리안 기업가의 '금의환
향'의 기업가정신이기도 했기 때문이다.[1]

이처럼 일본 사회에서 재일코리안 기업의 성공과 모국 기여활동은 상
호 밀접한 관계를 형성하고 있으며 이를 통해 지금까지 그들의 독자적인
정체성을 확보하여 유지해오고 있는 유일한 수단과 방법이기도 하다. 따
라서 재일코리안 사회의 경제와 모국 기여활동을 고찰하는 것은 재일동
포의 오랜 역사를 이해하는 것이고 현재 그들이 안고 있는 내재적인 갈
등과 사회문제, 그리고 그들의 미래까지도 예측하여 해결 가능한 방안들
을 제시하는 의미 있는 작업이 될 것으로 생각된다.

먼저 이 책은 재일코리안 기업에 대해서는 1945년 해방 전후 재일코리
안의 국내에서의 부단한 활동을 분단된 한반도를 넘어서, 삶의 현장인
일본 내 기업, 학교 등에서 수행한 역할을 통해 살피고, 그 결과가 갖는
의미의 본질을 분석하고자 한다. 1960년대 이후 경제성장이 절실했던 한
국 정부는 본격적으로 재일코리안의 국내 투자를 희망하기 시작한다. 그
리고 재일코리안의 국내 투자를 위한 각종 제도적인 장치를 마련하였다.
1960년대 한국 정부는 경제성장을 위한 막대한 자금이 필요했던 시기였
다. 한국의 경제개발은 재일코리안의 막대한 자금지원을 통해 가능했고
경제개발의 실질적 기반은 재일코리안 기업가들이 국내에 제공한 측면
도 있었다. 재일코리안은 민족적, 경제적 관점에서 한국 투자를 희망했
고, 한국에서 구로공단을 조성하는 데 많은 역할을 담당하기도 했다. 재
일코리안 기업가들은 일본에서 낮은 수준의 소재 중심의 경공업 기업이
아닌 기술 수준이 높은 기업을 한국에 진출시켰다. 그러나 국내 진출기

---

[1] 이 책에서는 재일코리안과 재일동포를 같은 의미로 사용하였다. 때로는 문맥에 따라 재일
코리안과 재일동포의 의미를 구분하여 사용하였다.

업의 경제적 이윤추구는 국내 정치적 문제와 상호 유기성을 가지고 전개되었다. 이와 더불어 한국 사회에서 경제분야 이외에도 교육, 학술, 정치, 스포츠 분야 등에서 귀국한 재일코리안들이 많은 역할을 담당하기도 했다. 북한 역시 1959년 12월 14일 이후 개시된 북송 귀환 동포의 문제는 전혀 다른 모습으로 존재하고 있다. 이러한 상황에서 남북한 사회에서 재일코리안 기업가들의 역할은 단선적이지 않고 다양한 모습으로 전개되었다.

재일코리안 기업가들은 일본에서 처음에는 생계유지를 위해 소규모자영업 활동을 시작하였지만, 점차 자본을 축적하여 소규모자영업에서 중소기업으로 성장시켜 나갔다. 그 가운데 재일코리안의 핵심 산업은 파칭코산업과 야끼니쿠산업, 그리고 토목건축업 등이 민족의 3대 산업으로 자리 잡았다. 재일코리안은 초기 일본인들이 싫어하는 더럽고 힘들어서 일본사람들이 꺼리는 3K 산업의 '틈새시장'에서 창업의 길을 모색하였고 오늘날 성공할 수 있었다. 그 신화적 성공스토리는 단순히 3대 산업에서만 머무르지 않았고 롯데와 소프트뱅크와 같은 일본 굴지의 기업역사를 새로 쓰기도 하였다.

이상과 같이 이 책은 1945년 해방 전후 일본에서 전개된 재일코리안 기업의 기업성장사를 중심으로 살펴보고 모국 기여활동사를 전체적으로 개괄하는 데 중점을 두고 있다. 주요 내용은 재일코리안의 이주사, 기업의 태동, 기업의 성장사, 올드커머와 뉴커머 기업의 사례분석, 그리고 일본 현지에서 수집된 모국 기여활동 사례분석을 통한 재일코리안 사회의 과거와 미래를 전망하는 데 중점을 두었다.

2. 내용의 구성

이 책의 내용은 '재일코리안 기업의 성장과 교육활동'이라는 주제를 가지고 머리말, 맺음말을 포함하여 총 10장으로 구성되었다. 이 책의 주요 내용은 해방 이전 재일코리안의 이주, 해방 전후 모국귀환, 직업생활, 임시 정주와 민족교육, 정착을 위한 민족운동과 차별에 배제에 맞선 경제활동, 재일코리안 기업의 모국진출과 기여활동 등 상호 유기적인 관계의 분석을 통해 재일코리안 기업의 전체를 파악할 수 있도록 구성하였다. 본문을 구성하고 있는 각 장의 내용을 간략히 정리하면 다음과 같다.

머리말에서는 이 책의 연구 목적 및 배경, 내용의 구성, 연구방법 및 연구대상 등을 서술하였다. 주요 내용은 1945년 해방 전후 일본에서 전개된 재일코리안 기업의 성장사를 중심으로 살펴보고 민족교육의 역사를 전체적으로 개괄하는 데 중점을 두었다. 특히 재일코리안의 이주사, 기업의 태동, 기업의 성장사, 올드커머와 뉴커머 기업의 사례분석, 그리고 민족학교 현지에서 수집된 자료 등을 통해 재일코리안 사회의 과거와 미래를 전망하는 데 목적을 두고 있음을 밝혔다.

제1장에서는 재일코리안 기업 관련 선행연구 검토와 이론적 배경에 대하여 설명하였다. 재일코리안 기업에 관한 기존연구에서 제시하고 있는 창업요인이나 기업성장 이론, 재일코리안 기업 성장의 역동성, 재일코리안 기업의 성공 요인, 경영전략과 기업가정신 등에 관한 기존연구를 분석하고 이론적 고찰을 통해 마이너리티 창업이론과 반동이론(reaction theory) 등 이 책의 전체적인 연구의 틀을 제시하였다. 1945년 해방 이후 재일코리안들은 장기간 일본 노동시장에서 차별적 위치에 놓여 있었다. 재일코리안 기업들은 이러한 불리한 경제환경에도 불구하고 차별과 배제에 맞서 일본에서 대기업으로 성장한 기업들이 출현하였다. 일본 사회

의 차별과 배제에 맞서 틈새시장에서 불굴의 투지로 민족운동의 역사를 경험하였고 이를 통해 기업의 성공과 사회적 지위를 달성할 수 있었다.

제2장에서는 해방 이전 재일코리안의 일본 이주와 경제활동에 대하여 이주사, 이주배경, 이주루트, 이주단계, 일본에서의 직업생활 등을 상세히 설명하였다. 이를 통해 재일코리안 사회가 일제식민지 지배라는 역사적 상황에 의해 형성되었다는 점과 일제 식민시기 일본에 노동자 혹은 강제연행으로 도일하여 일본 패전 후 잔류하게 된 경위 등을 지적하였다. 또한, 재일코리안의 일본 이주단계를 4단계로 구분하여 다음과 제시하였다. 재일코리안의 이주 제1단계는 일제식민지 지배와 농민층 몰락에 따른 이주(1910~1938년), 제2단계는 강제연행에 의한 이주(1939~1945년), 제3단계는 일본 패전과 1980년대 말 이주(1945~1980년), 제4단계는 '한국의 해외여행자유화'와 뉴커머의 이주(1989년~) 등으로 구분하여 제시하였다. 연구자에 따라서는 제1단계 이주를 세세하게 3시기로 구분하고 있음을 본문의 내용에서 지적하였다.

제3장에서는 1945년 해방 전후 재일코리안의 한국으로의 모국귀환과 모국지향에 대하여 다루었다. 먼저 해방과 더불어 재일코리안의 모국귀환과 1959년 이후 발생한 북송사업에 대한 차이와 의미를 살펴보았다. 그리고 1945년 해방 전후 재일코리안의 모국귀환 요인과 일본 잔류요인을 분석하였다. 특히, 재일코리안의 모국귀환과 북송사업의 실체와 의미를 규명하기 위하여 다음과 같은 연구과제를 설정하였다. 첫째, 1945년 해방 전후 모국귀환의 전개 과정, 둘째, 1959년 이후 진행된 재일코리안 북송사업의 배출요인과 흡인요인, 셋째, 모국귀환과 북송사업의 비교 연구에 따른 재일코리안 사회의 영향과 전망 등을 차례대로 살펴보았다. 재일코리안의 모국귀환은 이주요인이나 직업생활과 직접 관련된 것이었고 북송 귀환은 일본 사회의 차별과 빈곤, 불안정한 법적 지위, 일본 정

부의 동화정책과 같은 배출요인과 한국에서의 정치 경제적 혼란, 독재와 인권탄압의 부정적인 이미지 등 다양한 요인에 의해 전개된 것으로 나타났다. 또한, 북송 귀환은 일본 주변의 많은 국가와 단체들이 관여하여 사업 추진이나 반대, 혹은 저지라는 입장에서 참여하였다. 당시 한반도를 둘러싼 일본, 미국, 소련 등과 각국 적십자위원회(제네바), 총련, 민단 등 북송사업을 지원한 각종 일본단체 등이 관여한 것으로 나타났다.

제4장에서는 재일코리안의 일본 정주와 더불어 일본 정부의 재일코리안 정책에 대하여 살펴보았다. 일본 정부의 재일코리안 정책에 대하여 국적 박탈과 일본 정주의 본격화라는 측면에서 크게 해방 이전 식민지 조선정책, 미군 점령기인 1952년까지 일본인 국적 시대, 한국전쟁과 조선인연맹의 해산, 1965년 이후 한국적 혹은 조선적 재일코리안 확립기, 1990년대 출입국관리법 개정 이후 1991년 문제와 다문화 공생사회 재일코리안 정주화 등 다각적 측면에서 살펴보았다. 일본 정부의 재일코리안 정책은 발생 요인이 일본 정부에 있음에도 불구하고 근본적인 해결책을 제시하기보다는 외국인 지위로서 시대마다 새롭게 등장하는 출입국관리 체계는 여전히 강화되고 있으며 이로 인한 외국인 차별과 배제는 한층 강화된 것으로 나타났다. 이러한 상황에서 재일코리안의 불행한 역사는 남북분단에 따른 민단과 총련의 사상적 대립과 불화가 해방 이후 더욱 고착화되었다는 사실에 있다. 재일코리안 정책 변화의 추이는 미군 점령군－한국 정부－일본 정부 간의 포괄적인 정책결정 과정에서 재일코리안의 국적변경에 중점을 두고 전개되어 온 것으로 나타났다.

제5장에서는 재일코리안 기업의 형성과 모국투자를 주제로 기업의 형성과정, 모국투자의 촉진 요인, 모국투자 동향 등에 대하여 살펴보았다. 재일코리안 기업의 모국투자 동향에 대해서는 박정희 정부의 경제정책과 한국 투자, 김일성의 경제재건정책과 북한 투자, 남북한 투자 전개와 모

국경제발전 등에 대하여 살펴보았다. 구체적으로 1960년대 남북한 경제
개발 초기 단계에 재일코리안의 모국경제발전에 대한 모국투자와 사회
적 공헌을 검토하고 그들의 활동과 역할을 규명하는 데 초점을 두었다.
특히 1960년대부터 1980년대 초까지 재일코리안의 남북한 모국투자와 사
회적 공헌에 대한 기초자료를 토대로 모국경제발전에 대한 기여와 역할
에 대하여 살펴보고 재일코리안의 자본과 노동력이 어떠한 동기에 의해
모국으로 유입되고 이를 통해 어떠한 사회적 변화를 초래하는지에 대하
여 검토하였다. 특히 남북한이 1960년대 초기 경제개발계획을 추진할 당
시 재일코리안 1세 기업가의 기술과 자본을 활용하였다는 점, 그리고 남
북 모두가 초기 노동집약적인 방직산업의 투자를 통해 자국 산업구조의
고도화나 경제성장의 기초를 다지는 데 활용하였다는 점에서 공통적인
것으로 나타났다.

　제6장에서는 재일코리안 올드커머 기업의 성장과 모국진출에 대하여
살펴보았다. 특히 본 장에서는 모국진출에 앞장선 롯데와 소프트뱅크,
모국의 인재 양성에 힘쓴 전 중앙대학교 김희수 이사장의 경영전략과 기
업가정신에 대하여 살펴보았다. 재일코리안 올드커머 기업가의 도일과
기업 성장과정, 경영전략과 기업가정신을 살펴본 결과, 그들은 일본 주
류사회의 공직에 진출할 수 있는 길이 제한적이고 영리활동 이외의 자기
실현 기회가 없었기 때문에 창업의 길을 선택한 경우가 많았다. 이 때문
에 재일코리안 올드커머 기업가는 영리활동을 통한 자기실현을 위한 노
력, 유연성과 탁월성의 발휘, 유교정신에 입각한 금의환향의 기업가정신
발현 등이 강하게 나타났다. 또한, 일본에서 창업하여 한국과 일본이라
는 다른 환경에서 재계 상위를 구축한 롯데와 소프트뱅크 경영자의 공통
점은 자기 분야의 확고한 목표를 설정하고 시대적 흐름을 간파하는 선견
적인 능력, 일본 사회의 차별과 배제의 경험을 바탕으로 한 회사 내 갈

등과 마찰에 대해 주위 사람들을 설득시키고 조정하는 협상 능력, 뛰어난 기획력을 바탕으로 혁신적인 아이디어를 사업화하는 민첩한 행동력과 리더십 등을 갖춘 것으로 나타났다.

구체적으로 김희수 회장의 경우 일본 사회에서 재일코리안에 대한 차별과 배제가 심했던 당시 사회적 약자로서 경영혁신을 바탕으로 창업 초기부터 일본인을 대상으로 비즈니스를 전개하였다. 이러한 경영혁신을 바탕으로 일본에서 창업에 성공하여 한일 양국에서 교육사업으로 인재양성과 사회적 공헌을 달성하기 위해 노력하였다. 그러나 김희수 회장은 한일 사회적 관계(네트워크)를 통한 교육사업과 사회공헌사업에 성공했지만, 이후 연결의 파괴를 통한 신사업 구축을 한일 양국에서 원만히 구축하지는 못했다. 이것은 재일코리안 기업의 계승 문제나 급변하던 한국 사회에 대한 이해 부족, 부동산과 교육을 통한 사회적 공헌사업 이후 미래 사업에 대한 투자부족 등에서 기인한 것으로 나타났다.

제7장에서는 일본지역에서 활동하는 재일코리안 뉴커머 기업을 대상으로 기업의 형성과 성장 과정, 네트워크 관계, 경영전략과 기업가정신을 중심으로 살펴보았다. 구체적인 성공사례로는 에이산 장영식 대표, 이동재팬 김효섭 대표, 테크노피아 박재세 대표, 국제익스프레스 나승도 대표 등을 분석하였다. 재일코리안 뉴커머 기업은 일본 사회에서 당면한 사회적 문제해결이라는 틈새시장에서 창업의 한계를 보이지만, 실패를 두려워하지 않는 과감한 도전과 경영혁신의 기업가정신을 바탕으로 성공한 것으로 나타났다.

제8장에서는 재일코리안 기업의 성장과 모국 기여활동에 대하여 살펴보았다. 재일코리안 기업은 일본에서 민족차별과 배제를 딛고 1960~70년대 마이너리티 기업으로 성장하면서 모국의 경제발전 과정에서 기여하기 시작했다. 재일코리안 기업의 모국 기여활동은 1953년 7월 재일한국

인상공업자들의 모국 산업시찰단 파견에서부터 시작되었다. 1956년에는 재일한교(韓僑) 생산품 수출조합, 재일한국인 무역협회, 재일한국인 상공회 무역부회 등을 설립하여 모국과의 무역확대와 경제발전에 기여하였다. 재일코리안 기업은 1960년대 초반 재일한국인상공회연합회를 중심으로 모국으로부터 단체나 개인을 초청하여 일본기업의 산업시찰과 연수, 기업의 시장조사 지원, 모국으로부터 기술훈련생 초청사업 등 모국 경제발전을 위한 일군 양성에 기여하기도 했다.

또한, 재일코리안 기업은 1965년 말 완공된 한국수출산업공단에 재일코리안 기업 14개사가 입주하여 전기기기, 고무풍선, 완구, 섬유류, 수도파이프, 안경, 공업용 보석, 가족, 지퍼, 금속완구, 벨트 분야 등에 기술을 지원하여 수출증대와 모국 경제발전에 기여하였다. 1997년 모국의 IMF 경제위기 때는 '바이코리안 운동'을 전개하여 모국 상품 애용과 모국투자 촉진, '재일코리안 모국투자협회'를 통한 모국으로의 재산반입과 투자확대 등 모국 경제위기 극복을 위해 기여한 것으로 나타났다.

특히 본 장에서는 재일제주인의 제주도 기여활동에 대하여 1975년 청년들을 위한 모국추석성묘단, 1978년 향토학교 개교 등을 통한 재일제주인 2~3세들의 모국방문과 정체성 강화 교육 등을 소개하였다.

마지막 장은 이 책의 연구 결과에 해당하는 '맺음말'로 연구내용의 요약 및 결론, 연구한계와 시사점, 향후 연구과제 등을 제시하였다.

3. 연구방법 및 대상

이 책의 내용은 큰 틀에서 재일코리안 기업의 성장사와 중심으로 모국 기여활동의 실상을 상세히 파악하기 위해 기획되었다. 1945년 해방

전후 재일코리안의 이주와 직업환경, 취업차별과 기업의 태동과 민족교
육의 성장 과정, 재일코리안 기업의 모국투자와 뉴커머 기업의 출현, 저
출산·고령화로 인한 민족교육의 계승과 조선학교의 쇠퇴, 그리고 재일
코리안 기업의 미래 등 다양한 차원에서 접근하고 있다. 이러한 연구 목
적을 달성하는 연구방법으로는 재일코리안 기업과 관련하여 그동안 한
일 신문보도 자료나 잡지, 서적, 재일코리안 상공인단체 발행의 자료, 연
구보고서, 실태조사자료 등 수집된 자료를 중심으로 다양하게 분석 정리
하였다.

　일본 내 모국 기여활동 관련 연구는 일본 현지를 방문하여 수집된 면
접자료나 현지에서 발행된 2차 자료를 수집하여 분석에 활용하였다. 이
를 통해 해방 이후 현재에 이르기까지 재일코리안 기업의 성장사와 모국
기여활동이 일본 현지에서 실제로 어떻게 이루어졌는지 그 실태와 현황
을 규명하는 데 초점을 두었다.

　이 책의 주요 내용은 재일코리안들이 가장 많이 거주하고 있는 도쿄
와 오사카 등 일본 전국을 중심으로 현지조사를 통해 수집된 재일코리안
기업 관련 자료와 모국 기여활동 관련 현장에서 수집된 문헌자료와 원자
료를 이 책의 집필에 활용하였다. 오사카에서는 다카자카서점(쓰루하
시), 히노데서점, 샛바람문고, 락도칸, 삼존사, 히코네 시가현립대학 박경
식문고, 이쿠노쿠도서관, 히가시나리도서관, 고베시립중앙도서관 청구문
고, 고베청년센터, 히노데서점, 코리아NGO센터, 오사카이쿠노쿠 조선초
급학교 조선학교, 히가시오사카 제4초급학교 등을 방문하여 수집된 자료
들을 이 책의 내용 분석에 활용하였다. 또한, 도쿄에서는 재일한인역사
자료관, 도쿄2·8독립선언자료실, 도쿄조선제1초급학교, 도쿄조선제6유
초급학교, 조선장학회도서실 등을 방문하여 자료수집과 면접조사를 병
행하였다. 현지조사 과정에서 자료수집을 위해 연구자가 일부 재일코리

안 관련 기관과 도서관을 직접 방문하여 면접조사와 관련 자료를 수집하
였기 때문에 일본 현지에서 발생한 재일코리안 기업 관련 다양한 에피소
드와 현장에서 수집된 자료들을 이 책의 내용에 포함했다.

제1장

재일코리안 기업의 연구 동향

제1장
재일코리안 기업의 연구 동향

1. 재일코리안 기업 성장이론

이 장의 목적은 일본 사회와 재일코리안 기업의 경제활동과의 관계성, 그리고 재일코리안 기업의 형성과정에 관한 기존연구를 통한 이론적 배경을 고찰하는 데 있다. 일본 식민지의 유산으로 탄생한 재일코리안들이 일본 시장에 편입되어 가는 과정을 규명하는 것은 재일코리안 기업 및 일본 시장의 편입을 새로운 관점에서 고찰하는 것이 될 것으로 생각된다. 일반적으로 이민 기업의 시장의 특성을 설명하는 용어로는 에스닉 엔클레이브 이론(Ethnic Enclave Theory)과 반동이론(Reactive Theory)이 설득력을 얻고 있으며 이에 따른 틈새산업(Niche Industry)과 주변산업(Marginal Industry)에서의 확장이 중요한 논점으로 주장되어왔다. 재일코리안 기업 역시 일본의 주변 경제에서 업종을 찾아 다양한 틈새시장을 창출하였다. 이 때문에 재일코리안의 주요 업종은 오락업(파칭코산업), 금융업, 호텔업(러브호텔, 캡슐 호텔 등), 음식업(야끼니쿠산업), 서비스

산업(풍속업) 등으로 알려졌지만, 현재 다양한 산업에 진출하고 있다. 이들 재일코리안 기업의 특징으로는 불굴의 도전정신과 장시간 노동이라는 근면성, 그리고 이러한 강인한 생명력을 바탕으로 시장 적응능력에 탁월한 유연성(Flexibility) 등을 주장하고 있다.

〈사진 1〉 재일코리안 파칭코산업

이 장에서는 재일코리안 기업에 대하여 세 가지 차원에서 국적과 무관하게 재일코리안으로서 일본에서 기업경영을 위해 에스닉 기업(민족형) 경영전략을 전개하는지, 아니면 일본적(일본형) 경영전략을 구사하는지, 아니면 제3의 복합형 경영전략을 구사하는지에 대하여 유형별로 분류한 후 재일코리안 기업의 역동적인 기업의 경영전략을 도출하고자 한다. 이미 알려진 바와 같이 일본에는 재일코리안들이 설립한 소규모기업(Small Business)들이 존재한다. 이 책에서는 국적과 무관하게 일본에 거주하는 재일코리안들이 설립한 기업을 '재일코리안 기업'으로 정의하였다.[1] 재일코리안 기업은 일본에서 식민지 조선의 후손이라는 부정적

---

[1] 일반적으로 재일코리안들이 설립한 기업들은 재일코리안 기업, 재일기업, 재일동포기업,

인 이미지 때문에 사회적 배제와 차별의 대상이었다.[2] 이 때문에 재일코
리안들은 일본 내에서 틈새시장이나 주변산업에서 창업할 수밖에 없었
고 소규모자영업자가 대부분을 차지하는 북미의 이민기업들과 유사하지
만, 재일코리안 기업들은 파칭코산업이나 금융업, 정보통신 및 제과업
등 대규모 경제활동을 전개하는 기업사례도 존재한다.

먼저 이 장에서는 기존연구를 통해 재일코리안 기업의 출현과 성장
과정에 대하여 살펴보고자 한다.[3] 그동안 재일코리안 기업의 창업요인
은 일본 사회에서의 민족차별과 취업차별에 대한 반동으로 창업율과 업
종전환이 높은 것으로 알려졌다.[4] 결국, 일본 사회의 차별과 배제라는
한계가 재일코리안 기업의 기업가정신을 연마시키는 주요 요인으로 작
용하였고 그 결과 경제활동이 어려운 환경에서 성공한 기업가들이 탄생
하였다는 것이다. 가령 대표적인 재일코리안 기업인 롯데의 창설자인 신
격호(辛格浩, 일본식 통명 重光武雄) 회장, 신한은행 설립자인 이희건 회
장, 2007년도 고액납세자 제1위로 떠오른 소프트뱅크 손정의 대표, 주식
회사 마루한의 한창우 대표 등을 들 수 있다. 특히 재일코리안 올드커머
기업의 소프트뱅크나 롯데의 사례에서도 현재 일본에서 대기업에 속하
지만, 기업성장 이면의 창업동기나 경영과정을 살펴보면, 재일코리안 기
업으로서 유사한 성장 과정을 경험해왔다는 것을 짐작할 수 있다. 이러

재일조선인기업, 재일한상기업 등 시대와 상황에 따라 명칭이 다양하지만, 이 장에서는
재일코리안 기업으로 통일하여 사용하였다.
[2] 李光宰,「「在日企業」の日本への貢献―安楽亭(株)を事例に―」,『在日朝鮮人史研究』, 在日朝鮮
人運動史研究会編, 2011, 157~172쪽.
[3] 통상 외국으로 이주하여 현지에서 이민자들이 창업을 하는 경우 에스닉 비즈니스, 혹은
마이너리티 비즈니스라고 일컫는다. 재일코리안 기업을 정확히 정의하기는 어렵지만, 기
업가의 국적이나 비즈니스대상자와는 상관없이 재일코리안 출신 기업가로 분류하였다.
[4] 반동이론(Reactive Theory)은 소수민족들이 자신들을 다수파의 차별대우로부터 호스트사
회 주변으로 밀려난 것으로 보고 자신들의 핸디캡(Handicap)을 무기로 하여 공동체의 동
료로부터 지원을 받아 사회적 지위 를 달성하는 것을 말한다.

한 재일코리안 기업의 창업 동기나 성장 과정 때문에 이들 기업들이 한일 양국에서 주목받고 있는 배경이 되기도 한다. 따라서 여기에서는 재일코리안 기업에 대한 기존의 부정적인 이미지의 불식과 역동적인 측면을 강조하는 데 초점을 두고 있다.

1945년 해방 이후 재일코리안들은 장기간 일본 노동시장에서 차별적 위치에 놓여 있었다. 이러한 불리한 상황에도 불구하고 재일코리안들은 차별과 배제에 맞서 일본에서 대기업으로 성장한 기업들이 출현하기 시작했다. 일본 사회의 배제와 차별에 맞서 재일코리안들은 불굴의 투지로 오랜 투쟁과 운동의 역사를 경험해왔고 이를 통해 기업의 성공과 사회적 지위를 달성하기도 했지만, 차별의 역사는 여전히 반복되고 있다. 이 장에서는 이들 재일코리안 기업에 관한 기존연구에서 제시하고 있는 창업 동기나 성장 과정, 경영전략과 기업가정신 등 이론적 고찰을 통해 이 책의 전제적인 내용의 틀을 제시하고자 한다. 그러면 먼저 다음 절에서 재일코리안 기업의 성장역사에 대하여 상세히 살펴보고자 한다.

2. 재일코리안 기업 성장의 역동성

일본에서 재일코리안 기업에 관한 연구는 1990년대 이후 본격적으로 출현하기 시작했다. 물론 그 이전에도 재일코리안 기업에 관한 연구가 종종 논문으로 공개된 적이 있었지만, 주목할 만한 성과를 거두지는 못했다. 이후 최근 단행본으로 출판된 대표적인 연구서로는 식민지 조선에서 도일한 재일조선인노동자의 취업실태와 취업과정을 다른 하명생(河明生)의 "한인일본이민사회경제제사"가 재일코리안 기업에 관한 선구적인 연구라 할 수 있다.[5] 이후 등장한 한재향(韓載香)의 "재일기업의 산업경

제사-그 사회적 기반과 다이나미즘"은 재일코리안 기업의 시대적 추세
에 대응하기 위한 산업전환의 유연성을 무기로 역동적인 발전과정을 규
명한 연구서로 꼽히고 있다.[6] 특히 재일코리안 기업의 한국경제발전에
대한 공헌을 강조한 연구로는 나가노 신이치로(永野慎一郎)의 "한국의 경
제발전과 재일한국기업인의 역할"이라 할 수 있다.[7] 이 책의 주요 내용
은 재일코리안으로서 일본 사회에서의 차별과 편견, 그리고 일본 내 맞
닥뜨린 역경에 굴하지 않고 창업하여 성공의 발판으로 한국경제발전에
공헌하는 과정을 그리고 있다.

이상과 같은 재일코리안 기업에 관한 기존연구의 중심내용은 재일코
리안 기업가들이 일본 사회의 차별과 배제라는 역경을 딛고 역동적인 사
업을 전개하여 일본경제와 한국경제에 중요한 역할을 담당해 온 '기업가
정신'을 강조하고 있다.

최근 재일코리안 기업 연구로는 이수임편저(李洙任編著)의 "재일코리안
의 경제활동-이주노동자, 기업가의 과거·현재·미래"가 있다.[8] 이 연구
는 1945년 해방 이후 재일코리안의 경제활동 전개 과정, 과거에서 현재까
지 민족정체성을 유지하면서 사회적 차별에 직면한 재일코리안 2세들의
경제활동과 사활을 건 기업가정신을 바탕으로 한 재일코리안 기업의 성
공사례를 소개하고 있다. 이 연구서는 기존 재일코리안 기업의 연구와는
다른 각도에서 일본 사회의 다양성과 사회통합의 측면까지를 다루고 있
다는 점에서 재일코리안 기업의 경제활동에 대한 이해와 지평을 확대했
다고 평가된다.

5) 河明生, 『韓人日本移民社会経済史-戦前編』, 明石書店, 1997.
6) 韓載香, 『「在日企業」の産業経済史-その社会的基盤とダイナミズム』, 名古屋大学出版会, 2010.
7) 永野慎一郎編, 『韓国の経済発展と在日韓国企業人の役割』, 岩波書店, 2010.
8) 李洙任, 『在日コリアンの経済活動-移住労働者·起業家の過去·現在·未来』, 不二出版, 2012,
4~8쪽.

과거 기존연구의 대부분이 재일코리안 기업가들에 대한 출생이나 차별, 그리고 성공이라는 민족적 관점, 혹은 한국과의 관계에서 한국 내 투자나 모국공헌에 관심을 두고 접근하는 경우가 많았다.[9] 가령 민족적 관점은 재일코리안 기업가들의 성공 이유로 일본 사회의 불리한 환경에서 차별과 편견에 반발한 반작용으로서 어려움을 극복한 결과라고 주장하고 있다. 이는 마베 요이치(間部洋一)가 주장하는 재일코리안 기업의 일본의 배타성에 따른 반동이론, 근면 절약의 노동관, 민족적 자부심이 강한 문화적 특성,[10] 그리고 바스 프레데릭(Barth Frederik)의 주류집단의 동화에 대한 소수민족 집단의 반발, 이에 따른 창업 의욕의 제고와 생존전략 수단으로서 사회적 인정을 받기 위한 경제적 성공의 달성 등과도 일맥상통한다고 볼 수 있다.[11] 이러한 재일코리안 기업의 성공에 대하여 하명생(河明生)은 재일코리안 기업가들이 자신들의 경제적 달성에 그치는 것이 아니라 모국에 공헌하려는 강한 원동력도 함께 작용했다고 강조하였다. 또한, 재일코리안 기업의 모국공헌에 관한 사례는 2007년 고려대학에 MK 문화관을 설립한 유봉식 대표, 신한은행을 설립한 이희건 대표 등 1990년대 이후 한국경제활동에 대한 재일코리안 기업의 사회공헌활동 측면에서 다루어져 왔다. 이렇게 볼 때 이들 연구자들이 주장하는 재일코리안 기업의 성공은 경영전략 측면에서 민족적 열등감을 저렴하고 고품질의 상품과 서비스로 극복하려는 노력과 소수민족의 차별과 편견을 극복하려는 다양한 민족적 요인(Ethnic Factors)의 복합적인 작용으로 설명될 수 있을 것이다.

---

9) 에스닉 엔클레이브 이론(Ethnic Enclave Theory)이라고도 불리는 민족적 관점은 재일코리안들이 기술습득, 자금조달, 제조판매 등의 경제활동을 자신들이 거주하는 거주지역 공동체 내에서 수행하는 것을 말한다. 민족공동체가 시장의 가능성이나 성공사례에 관한 정보를 입수하는데 중요한 장소가 된다.

10) 間部洋一, 『日本経済をゆさぶる在日韓商パワー』, 徳間書店, 1988.

11) Barth, Frederik, "On the Study of Social Change" American Anthropologist 69(6), 1967, 661~669쪽.

한편, 데이비드 윌리스·이수임(デイビッドウィリス·李洙任)의 연구는 재일코리안 기업의 성공 요인에 대하여 민족네트워크, 일본 시장의 존재, 인적자원, 자본조달방법, 사회적 차별과 배제의 존재, 그리고 재일코리안 특유의 위기감과 유연성, 과감한 도전정신과 혁신성, 전략적 경영실천, 자기와 가족을 위한 이익 추구와 성장을 목적으로 하는 경제활동 등으로 설명하고 있다.[12] 재일코리안 기업들은 창업 초기부터 도전정신과 혁신적인 마인드를 가지고 일본인을 상대로 비즈니스를 전개하였으며 일본에서 자신의 가족이나 민족공동체가 정신적 지주가 되었고 그들로부터 자금과 노동력을 확보할 수 있었다는 것이다. 기존연구를 바탕으로 재일코리안 기업의 경영전략과 성공 요인을 정리하면 다음 〈표 1〉과 같다.

〈표 1〉 재일코리안 기업의 경영전략과 성공 요인[13]

창업유형별 경영전략	재일코리안 기업의 특성 및 주요 내용	창업 동기의 공통성
제1유형 －에스닉 기업(민족형) 기업창업과 경영전략	재일코리안 기업들이 일본 사회의 차별과 배제에 반발하여 틈새시장과 주변 산업에서 창업을 선택하고 기술습득, 자금조달, 제조판매 등 모든 경제활동을 거주국 내의 민족공동체 안에서 해결하는 유형. 사회경제적 불이익을 토대로 틈새산업과 주변산업에서 대중문화 창출－마루한	1. 주류사회 공직에 진출할 수 있는 길이 제한적이고 영리활동 이외의 자기실현 기회가 없음 2. 소수민족집단 중 유능한 재능을 가진 자나 상승지향이 강한 자가 영리활동을 통해 자기실현을 위한 노력 3. 영리활동에서 주류집단보다 상대적으로 유연성과 탁월성을 발휘하는 경우가 많았음 4. 유교정신에 입각한 금의환향의 기업가정신
제2유형 －일본적(일본형) 기업창업과 경영전략	재일코리안 기업들이 창업 초기부터 일본인을 대상으로 비즈니스 전개하는 유형－소프트뱅크	
제3유형 －복합형 기업창업과 경영전략	재일코리안 기업들이 일본인 대상 비즈니스와 일본 내 민족공동체의 존재로 자금과 노동력을 제공받는 복합적인 유형－롯데	

12) デイビッドウィリス·李洙任,「在日コリアン系起業家」, 李洙任編著,『在日コリアンの経済活動－移住労働者·起業家の過去·現在·未来』, 不二出版, 2012, 141~143쪽.
13) 이 표는 연구내용을 바탕으로 연구자가 작성하였음.

3. 재일코리안 기업의 성장과 성공 요인

전술한 바와 같이 일본에서 마이너리티기업의 성공 요인을 연구한 데 이비드 윌리스·이수임(デイビッドウィリス·李洙任)은 재일코리안 기업 가들이 창업 초기부터 도전정신과 혁신적인 마인드를 가지고 일본인을 상대로 비즈니스를 전개하였으며 일본에서 자기 가족이나 민족공동체가 그들의 정신적 지지자가 되었고 그들로부터 경제자본과 노동력을 확보 하여 성공할 수 있었다고 주장하고 있다.[14] 이를 뒷받침하는 기존연구들 은 마베 요이치(間部洋一),[15] 하명생(河明生),[16] 나가노 신이치로(永野慎 一郎編),[17] 한재향(韓載香),[18] 이광재(李光宰),[19] 이수임(李洙任)[20] 등이 있지만, 이 절에서는 성공 요인을 창업과정에서의 혁신과 민족네트워크 의 존재에 초점을 두고 살펴보고자 한다. 흔히 우리가 생각하는 재일동 포 기업가들도 일반 기업가들과 마찬가지로 창업가나 창업의 개념에 관 한 정의와 이론적 틀은 다양하다고 할 수 있을 것이다. 따라서 재일코리 안 기업가의 창업개념과 창업혁신에 대해 좀 더 자세히 살펴볼 필요가 있다.

먼저 창업개념에 대하여 앨드리치 호워드(Aldrich Howard)는 '혁신'과 '기회인지', '새로운 조직의 창조'라는 3가지 측면을 제시한 바 있다.[21] 여

14) デイビッドウィリス·李洙任, 「在日コリアン系起業家」, 李洙任編著, 『在日コリアンの経済活動—移住労働者·起業家の過去·現在·未来』, 不二出版, 2012, 141~143쪽.
15) 間部洋一, 『日本経済をゆさぶる在日韓商パワー』, 徳間書店, 1988.
16) 河明生, 『韓人日本移民社会経済史—戦前編』, 明石書店, 1997.
17) 永野慎一郎編, 『韓国の経済発展と在日韓国企業人の役割』, 岩波書店, 2010.
18) 韓載香, 『「在日企業」の産業経済史—その社会的基盤とダイナミズム』, 名古屋大学出版会, 2010.
19) 李光宰, 「「在日企業」の日本への貢献—安楽亭(株)を事例に—」, 『在日朝鮮人史研究』, 在日朝鮮人運動史研究会編, 2011.
20) 李洙任, 『在日コリアンの経済活動—移住労働者·起業家の過去·現在·未来』, 不二出版, 2012.
21) Aldrich, Howard E., "Entrepreneurship," Neil J. Smelser and Richard Swedberg eds., The

기에서 '혁신'이란 '창업'을 새로운 상품이나 새로운 시장을 창출하는 혁신적 활동이나 과정으로 간주하고 있다. 이러한 주장을 견지하는 연구자는 조셉 슘페터(Schumpeter Joseph)[22]이다. 그는 '창업'을 '새롭게 결합하는 것', 혹은 '창업가'는 '새롭게 결합하는 사람'이라고 주장하였다.[23] 즉, 창업가를 '새로운 결합의 수행을 본연의 기능으로 하여 그 결합의 수행에 있어서 능동적 요소가 되는 경제주체'로 정의하였다.[24] 또한, 창업가의 행동은 새로운 생산물 또는 생산물의 새로운 품질의 창조와 출현, 새로운 생산방법의 도입, 기업형태의 새로운 조직의 창조, 새로운 판매시장의 개척, 새로운 구매처 개척 등과 같은 '새로운 결합(new combination)'으로 나타난다고 주장하였다.

이 절에서 다루고 있는 창업혁신이라는 단어를 창업가인지 아닌지의 기준으로 설정할 때의 문제점은 창업활동이 혁신적인지 아닌지를 정확하게 분류하기 어려운 점에 있다. 만약, 분류가 가능하더라도 혁신적이지 않지만, 회사를 창업한 사람을 창업가에 포함하지 않는 경우도 발생하여 선택편중(selection bias)이 일어날 가능성도 존재한다. 혁신과 마찬가지로 기회 인지는 창업활동 이외의 다른 활동에도 적용할 수 있는 기준이며, 마지막으로 새로운 조직의 창조로 연결되지 않으면 창업의 기준으로 활용하는 것은 어렵게 된다는 것이다.

따라서 이 절에서 사용하고 있는 창업가와 창업활동의 정의를 살펴보면, 창업가(entrepreneur)란 '새로운 조직을 창조하는 사람', 그리고 창업

Handbook of Economic Sociology, 2nd edition, Princeton University Press, 2005, 451~477쪽.

[22] Schumpeter, Joseph A., "Entrepreneurship as Innovation," Richard Swedberg ed., *Entrepreneurship: Social Science View*, Oxford University Press, 1911, 51~71쪽.

[23] Swedberg, Richard, "Entrepreneurship: Social Science View," Oxford University Press, 2000, 58쪽.

[24] Schumpeter, Joseph A., "Entrepreneurship as Innovation," Richard Swedberg ed., *Entrepreneurship: Social Science View*, Oxford University Press, 1911, 156~157쪽.

활동(entrepreneurship)은 '새로운 조직을 창조'하는 것이라 할 수 있다.[25] 루에프 마틴(Ruef Martin)은 기업가집단(entrepreneurial group)의 개념을 활용하여 창업활동은 개인의 활동이기보다는 창업파트너와의 연대와 협력에 의한 집단행위로 간주하였다.[26] 실제로 미국 창업가의 절반 이상이 다양한 복수의 파트너와 같이 창업하였다는 조사 결과도 존재한다. 이러한 연구 결과는 미디어와 학자가 주장하는 '기회를 잡는 것에 탁월한 한 명의 창업가가 시장의 혁신을 가져온다.'라는 기존의 창업 명제의 성과를 역전시키는 것이다.

루에프(Ruef)는 '기업가집단의 혁신'에 영향을 미치는 요인으로서 네트워크 특성에 대한 두 가지 요인을 제시하였다.[27] 하나는 그라노베타(Granovetter)[28]가 주장하는 '약한 연대 가설에서 약한 연대(weak ties)를 활용할 수 있는 창업가는 강한 연대(strong ties)를 활용한 창업가보다도 가장 최고의 중복되지 않는 정보를 입수하는 경향이 있다고 주장하였다.[29] 또 하나는 아이디어의 조합을 통한 혁신가(dinnovator)로 배우자나 친족 등 강한 연대보다는 다양한 사람과의 약한 연대를 통해 발생하는

---

25) Aldrich, Howard E., "Entrepreneurship," Neil J. Smelser and Richard Swedberg eds., The Handbook of Economic Sociology, 2nd edition, Princeton University Press, 2005, 458쪽.

26) Ruef, Martin, "The Entrepreneurial Group: Social Identities, Relations, and Collective Action," Princeton University Press, 2010.

27) Ruef, Martin, "The Entrepreneurial Group: Social Identities, Relations, and Collective Action," Princeton University Press, 2010, 183쪽.

28) Granovetter, Mark, "The Strength of Weak Ties." American Journal of Sociology 78, 1973, 1360~1380쪽(=マーク・グラノヴェター著, 大岡栄美訳, 「弱い紐帯の強さ」, 野沢慎司編・監訳, 『リーディングスネットワーク論』, 勁草書房, 2006).

29) 아이디오(IDEO): http://cafe.daum.net/france2003/7ilZ/715?q(검색일: 2020.01.06). 미국 캘리포니아에는 디자인기업 아이디오(IDEO)는 단순한 디자인 업체가 아니라 머리와 가슴, 그리고 손으로 직접 작업하는 디자인적 사고를 통한 혁신을 주도하는 '디노베이션(d-innovation)' 기업이다. 이 회사의 사장 겸 최고경영자(CEO)인 팀 브라운(Tim Brown)은 이런 디자인적 사고(Design Thinking)를 통해 세상을 바꿔나가는 사람을 디노베이터(d-innovator)로 정의하였다.

경향이 높다는 것이다.[30] 이것은 약한 연대가 다양한 아이디어를 조합하
거나 실험할 수 있다는 것을 의미하고 있다. 반대로 강한 연대는 규범에
대한 동조라는 압력이 강하게 작용하기 때문에 혁신을 촉진하기는 어려
움이 따른다는 주장도 있다.

대개 혁신(innovation)은 창업가 집단의 다양성에 의해 발생하는 경향
이 있다. 집단구성원의 다양성은 집단의 규모와 관계되므로 창업파트너
의 팀 규모가 크면 혁신이 일어나기 쉽다. 그러나 루에프(Ruef)는 전술한
네트워크 특성에 덧붙여서 특정 취업 경험으로부터 습득한 아이디어에
너무 의존하게 되면, 정보의 흐름이 제한되어 새로운 발견을 억제한다는
'문화적 배태성(cultural embeddedness)의 영향을 주장하였다.[31] 이것은
기업가들에게 현재 상황에 직면하고 있는 문화적 맥락의 이해가 매우 중
요하며, 혁신적인 아이디어를 가진 창업가라고 하더라도 그 아이디어를
수용하는 집단에 속해 있지 않으면 혁신을 제대로 실행할 수 없다는 것
을 의미한다.

지금까지 창업가와 창업에 관한 선행연구를 통해 기업가의 개념에 대
하여 검토하였다. 이 장에서는 기업가를 기존의 무언가를 '새롭게 결합
하고(혁신)', '기회를 인지하고(가격 차이, 구조적 결합을 파악하고)', '기
회에 대한 (문화적) 해석을 가하고', '새로운 조직을 창조하는' 등의 '창업
활동'을 하는 사람으로 정의하였다.

다음은 일반적으로 기업가들이 당면하는 창업혁신에 대하여 살펴보고자
한다. 먼저 슘페터(Schumpeter)는 '창업'이란 '새로운 결합(new combination)
을 융합해 나가는 과정'이라고 지적하였다.[32] 하지만, 이것은 어떤 자본

---

30) 팀 브라운, 고성연 옮김, 『디자인에 집중하라』, 김영사, 2019, 202~203쪽.

31) Ruef, Martin, "The Entrepreneurial Group: Social Identities, Relations, and Collective Action," Princeton University Press, 2010, 170~171쪽.

을 어떻게 조합하는가에 따라서 혁신(새로운 아이디어의 조합)의 내용도
달라진다. 바스(Barth)[33]나 버트(Burt)[34]는 창업혁신에 대하여 '창업가의
경제적 성공의 결정적인 요인'은 이전에 분리되어 있던 교환영역을 연결
하는 능력(다른 채널·영역을 잇는 능력), 즉, '구조적 공백(structural holes)'
을 연결하는 데 있다고 주장하였다.

　이러한 연장선에서 탈레스 셰이라(2019)는 디커플링(decoupling) 이론
에서 기존의 전통기업들은 소비자들이 제품과 서비스를 얻기 위해 거치
는 모든 절차를 한 덩어리로 묶어 하나의 가치사슬(value chain)처럼 만
들었기 때문에 이를 끊어내는 과정에서 창업혁신이 발생한다고 주장하
였다. 이것은 오늘날 창업기업들이 기존기업의 단단한 가치사슬을 끊어
내어 고객에게 하나 또는 일부만을 제공할 창업기회를 만들어 준다는 것
이다. 이렇게 기존기업의 단단한 가치사슬을 끊어내는 과정을 디커플링
(decoupling)이라 하고, 이러한 분리활동(decoupling)을 통해 시장에서의
새로운 기반구축과 고객을 위한 구체적인 활동을 충족시켜가며 성장하
는 것을 커플링(coupling)이라고 정의하였다.[35] 즉, 디커플링은 고객들의
제품과 서비스의 선택과정에 집중하여 과도한 금전비용, 노력비용, 시간
비용으로 인해 발생하는 고객의 불만족 활동, 약한 연대의 활동에 대하
여 사회적 파괴자(혁신가)들이 참여할 기회를 제공한다는 것이다. 왜냐
하면, 파괴적 혁신은 기존기업의 현상유지를 허용하지 않고 성공적으로
운영되는 다른 프로그램으로부터 필요한 자원을 빼앗아오는 것이기 때

[32] Schumpeter, Joseph A., "Entrepreneurship as Innovation," Richard Swedberg ed., *Entrepreneurship: Social Science View*, Oxford University Press, 1911.

[33] Barth, Fredrik, "Economic Spheres in Darfur," Richard Swedberg ed., *Entrepreneurship: Social Science View*, Oxford University Press, 2000, 139~165쪽.

[34] Burt, Ronald, "Structural Holes: The Social Structure of Competition," Harvard University Press, 1992(=ロナルド・バート・安田雪訳, 『競争の社会的構造: 構造的空隙の理論』, 新曜社, 2006).

[35] 탈레스 S 테이셰이라, 김인수 옮김, 『디커플링』, 제주: 인플루엔셜, 2019, 24~25쪽.

문이다. 이러한 창업혁신은 크리스텐슨이 주장하는 파괴적 기술(혁신),[36)] 버트(Burt)가 주장한 사회관계의 단절(decoupling)과 연결(coupling)과는 차원이 다르다.[37)] 이를 토대로 기업에서 창업혁신의 발전단계를 제시하면 다음 〈표 2〉와 같다.

〈표 2〉 기업의 창업과정과 경영혁신의 발전단계[38)]

연구자	경영혁신 내용
슘페터 (Schumpeter, 1911)	'창업'이란 '새로운 결합(new combination)을 융합해 나가는 과정', 어떤 자본을 어떻게 조합하는가에 따라서 혁신(새로운 아이디어의 조합)의 내용도 달라짐
바스(Barth, 1978), 버트(Burt, 1992)	창업가의 경제적 성공의 결정적인 요인은 이전에 분리되어 있던 교환영역을 연결하는 능력(다른 채널·영역을 잇는 능력), 즉, '구조적 공백(structural holes)'을 메우는 일. 사회관계 단절의 연결(coupling) 강조
크리스텐슨 (Clayton M. Christensen, 2005)	파괴적 혁신(disruptive innovation): 보통 소규모 혹은 신생기업이 파괴적 기술을 사용하여 시장에서 자리 잡은 기업을 앞지르는 변화 내지는 전개 상황. 기존기업이 자사에게 유익한 고객수요에 초점을 맞추어 제품을 향상시키기 때문에 일부 고객층의 욕구에 지나치게 집중하게 되고 다른 고객층을 무시하기 때문에 도전 기업에게 기회 제공
탈레스 S. 테이셰이라 (Thales S. Teixeira, 2019)	디커플링(decoupling)이론: 전통기업들이 소비자가 제품과 서비스를 얻기 위해 거치는 가치사슬(value chain)을 신생기업들이 끊어내어 고객에게 하나 또는 일부만을 충족할 기회를 제공하는 과정
이 책의 내용은 기존 연구자들이 주장하는 일반기업의 창업과정에서 발생하는 혁신의 발전단계를 조합(융합)−분리의 연결−파괴적 기술−연결의 파괴(디커플링)로 정리하여 재일코리안 기업가의 창업혁신과 기업가정신을 도출하였음.	

---

36) 클레이튼 M. 크리스텐슨·마이클 레이너, 딜로이트컨설팅 코리아 역, 『성장과 혁신』, 세종서적, 2005.

37) Burt, Ronald, "Structural Holes: The Social Structure of Competition," Harvard University Press, 1992.

38) 이 표는 선행연구 내용을 통해 연구자가 정리하여 작성한 것이다.

이상과 같은 기존연구를 토대로 정리하면, 일반적으로 재일동포 기업
의 기업가정신은 크리스텐슨이 주장하는 당시 재일코리안 사회의 차별
과 배제의 극복이라는 경영혁신과 당대 통용되던 파괴적 기술혁신의 결
과로 볼 수 있을 것이다.[39] 일본에서 대기업을 일군 재일코리안 기업가
의 경영혁신과 기업가정신을 살펴보면 다음과 같다. 먼저 재일코리안 기
업가는 일본에서 경영혁신을 바탕으로 창업 초기부터 일본인을 대상으
로 비즈니스를 전개하였다는 점이다. 일본 사회에서 재일동포에 대한 차
별과 배제가 심했던 당시 사회적 상황을 극복하기 위한 혁신적인 창업유
형에 속한다고 할 수 있다. 그리고 이러한 창업혁신의 성공을 발판으로
모국에서 교육사업으로 사회적 공헌을 달성하기 위해 일생을 바친 기업
가정신의 소유자라고 할 수 있을 것이다. 이 책의 주요 내용은 선행연구
자들이 주장하는 재일코리안 기업의 창업과정에서 발생하는 혁신의 발
전단계를 조합(융합)-분리의 연결-파괴적 기술-연결의 파괴(디커플
링)로 정리하여 재일코리안 기업가 특유 창업혁신의 기업가정신을 도출
하는 데 있다. 그러면 다음 장에서 전술한 재일코리안 기업가의 이주와
직업의 특성, 민족차별에 따른 창업요인, 경영전략과 기업가정신 등을
순서대로 상세히 살펴보고자 한다. 먼저 한국인의 일본 이주요인과 재일
코리안의 발생 원인에 대하여 살펴보고자 한다.

---

39) 클레이튼 M. 크리스텐슨·마이클 레이너, 딜로이트컨설팅 코리아 역, 『성장과 혁신』, 세종
서적, 2005.

제2장

해방 이전 재일코리안 이주와 경제활동

제2장
해방 이전 재일코리안 이주와 경제활동

1. 재일코리안 이주사

1) 이주 배경

재일동포의 발생 근원은 조선과 일본의 강제병탄에 따른 1910년 8월 22일부터 1945년까지의 식민지정책과 관련이 깊다고 할 수 있다. 그 이전에는 1876년 이후 1881년부터 조선의 유학생들이 도일하기 시작했다. 1881년 5월 조선은 근대적인 시설을 시찰하기 위해 일본에 조사시찰단을 보낸 바 있고 이들이 귀국 후에도 1881년 9월 3차 수신사를 파견하였다. 1882년 임오군란과 1884년 갑신정변으로 유학생파견이 중단되었지만 1895년 인재양성을 목적으로 재개되었다. 1903년 조선 정부는 재정상의 이유로 유학생을 소환하였고 이들 중 일부의 사비 유학생이 잔류하였다. 1904년 러일전쟁에 일본이 승리하자 한국 황실 파견 유학생과 관비, 사비 유학생들이 계속 증가하였다. 일본의 조선 강제병탄 전인 1909년 일본 거주 조선인은 790명 정도로 대부분 유학생이었다. 반대로 1909년 조선에 거주하던 재한일본인은 12,168명 정도였다.[1]

〈표 3〉 한일 강제병탄 이전 재일코리안과 한국거주 일본인[2]

연도	일본 거주 재일동포	한국 거주 일본인
1885	1	4,521
1895	12	12,303
1905	303	42,460
1907	459	81,754
1908	459	98,001
1909	790	126,168

대한제국이 일본에 강제 합병되어 식민지가 된 1910년 8월 22일부터 1945년 8월 15일까지 약 35년에 걸쳐 식민지지배를 경험하게 되었고 재일동포의 근원이 된 조선인의 일본 도항이 본격화되었다. 강제병탄 이전인 1909년 일본 거주 조선인은 790명 정도였지만 1945년에는 210만 정도로 추정되고 있다.

이처럼 한일 강제병탄 이전 재일조선인의 대부분은 일시 체류자인 유학생들로 강제병탄 이후에는 일본 노동시장의 하층민 노동자로 전락하였다. 가령 1914년 제1차 세계대전 중 일본은 연합군으로 참전하였는데 전쟁터는 주로 유럽이었다. 일본은 러시아나 유럽 등으로부터 군수품을 주문받아 호황을 맞이하였다. 일본은 일본인 노동자보다 저임금이고 열악한 노동조건을 강제할 수 있는 식민지노동자로서 조선인의 도일을 요구하였다. 이러한 요인으로 조선인 노동자들이 일본 노동시장의 저변에

────────

1) 강재언·김동훈, 『재일한국·조선인』, 도서출판 소화, 2000, 15~34쪽.
2) 김상현, 『在日韓国人僑胞八十年史』, 語文閣, 1969, 25쪽.
3) 강재언·김동훈, 『재일한국·조선인』, 도서출판 소화, 2000, 29~30쪽.

〈표 4〉 재일동포 인구 추이(1909~1945년)3)

연도	재일동포 수	증가인구 (전년 대비)	연도	재일동포 수	증가인구 (전년 대비)
1909	790	-	1930	298,091	22,060
1915	3,989	-	1931	318,212	20,121
1916	5,638	1,649	1932	390,543	72,331
1917	14,501	8,863	1933	466,217	75,674
1918	22,262	7,761	1934	537,576	71,359
1919	28,272	6,010	1935	625,678	88,102
1920	30,175	1,903	1936	690,501	64,823
1921	35,876	5,693	1937	735,689	45,188
1922	59,865	23,989	1938	799,865	64,176
1923	80,617	20,752	1939	961,591	161,726
1924	120,238	39,621	1940	1,190,444	228,853
1925	133,710	13,472	1941	1,469,230	278,786
1926	148,503	14,793	1942	1,625,054	155,824
1927	175,911	27,408	1943	1,882,456	257,402
1928	243,328	67,417	1944	1,936,843	54,387
1929	276,031	32,703	1945	2,100,000	
				(5월 추정)	

유입되어 정착하기 시작했다. 당시 조선에서 일본으로 도일한 이주자의
대부분은 농민 출신이었다.

이처럼 일본에 이주했던 재일조선인의 80%~90% 정도는 농민 출신이
었는데 이들 중 특히 일본에 도항하는 비용을 마련할 수 있는 자작농 출
신이 대부분이었다. 이들이 일본에서 직업으로 택한 이유는 육체노동자
와 공업노동자들이 대다수를 차지하였다. 재일조선인은 식민지 시기 한
국농촌에서 밀려난 이농자의 일부가 일본 노동시장으로 유입되면서 형
성되기 시작하였다. 결국, 조선인의 도일은 크게 1945년 전후로 구분할
수 있다. 1945년 이전에는 유학생파견, 농촌지역 몰락에 의한 소작농의

이주, 강제연행 이주, 그리고 1945년 이후에는 1989년 한국해외여행 자유
화에 따른 인한 뉴커머의 이주로 볼 수 있다.

2) 이주 루트

재일코리안이 대량으로 일본에 거주하기 시작한 것은 1910년 '한국 강
제병탄' 이후이다. 일본은 1854년 근대화의 물결 속에서 미국의 함포 외
교에 의해 강제적으로 개국통상조약을 체결하였고 유럽 국가들과도 차
례로 통상조약을 체결함으로써 자본주의 경제체제로 편입되기 시작하였
다. 이러한 과정에서 재일코리안이 도일하기 시작했지만 1875년 강화도
에 일본 군함 '운양호'가 출현하기 시작하면서 이 사건을 계기로 1876년
'강화도조약'이 체결되었고 당시 조선은 원산, 인천항을 개항하고 일본
정부에 유리한 관세 설정, 영사재판의 설정(치외법권 인정), 개항장에서
일본 화폐의 유통 등을 강요당했다.

당시 조선의 개항장에 일본인들이 거주하기 시작한 것과는 달리 일본
정부는 원칙적으로 조선인과 중국인의 일본 거주를 인정하지 않아 1909년
까지 통계적으로 일본 거주 재일코리안은 790명 정도였다. 그러나 이들
외에도 통계적으로 밝혀지지 않고 있지만, 일본 거주 조선인은 상당했을
것으로 추정된다.

일본은 1910년 한국 강제병탄 후 총독부는 한반도의 토지조사사업을
전면적으로 실시하여 주인이 없는 무소유지나 공용지, 입회지 등이 일본
인 지주나 당시 식민지경영회사였던 동양척식주식회사의 소유가 되었
다. 이로 인해 대부분의 자작농민들이 소작농으로 전락하였고 높은 소작
료로 인하여 농촌을 떠나게 되었다. 당시 조선의 산업구조 상 전 인구의
약 80%가 농민이었기 때문에 농촌을 떠난 농민들은 도시 주변의 하층민

노동자로 전락하였고 농촌경제의 붕괴는 대량의 과잉인구로 이어졌다.

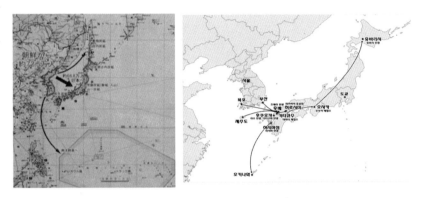

〈사진 2〉 재일코리안 이주 루트[4]

　이러한 농촌경제의 붕괴와 농민들의 계속된 궁핍으로 농촌에서 도시로의 인구이동은 계속 증가하게 되었다. 이와 더불어 동시에 해외로 이주하는 농민들이 증가하기 시작했다. 한국 강제병탄 당시 약 3,000명 정도였던 재일코리안은 1920년경에는 약 30,000명 정도로 증가하여 1935년에는 65만 명에 달했다. 이 시기 재일코리안의 일본 이주는 '간접적 강제'라고 불리는데 그 이유는 조선에서의 일본식민지정책이 조선 농촌의 해체와 농민들을 도시빈민층으로 전락시키는 직접적인 원인이 되었기 때문이다.

　한일 강제병탄 이후 조선인의 일본 도항은 일시적으로 자유로웠지만 1919년부터 1929년까지 도항 희망자의 도항금지제도 실시, 1929년에는 거주지 관할경찰서의 소개장 등을 요구하였다. 그 이유는 일본에서도 1918년 제1차 세계대전 종전 이후 경제 불황으로 노동력 과잉상태가 발

---

4) 在日韓人歷史資料館編著, 『写真で見る在日コリアンの100年』, 明石書店, 2008, 12쪽.

생했기 때문이다. 이와 같은 상황 속에서 당시 일본과 조선 사이의 유일한 교통로였던 '부관연락선'은 일본으로의 노동력 유입의 수급을 조절하는 역할을 담당하게 되었다.

당시 농촌의 해체와 경제적 궁핍에 직면하게 된 조선농민들의 이주는 일본뿐만 아니라 동북아 여러 지역으로 확대되었다. 한반도의 남부지역 출신자들은 부관연락선(釜関連絡船)의 항로로 인하여 도일하는 자가 많았고 북부지역 출신자들은 중국 동북부나 구소련의 연해주지역으로 이주하였다. 오늘날 중국동북부 길림성을 중심으로 약 200만 명의 중국조선족들이 집거하여 연변조선족 자치주를 형성하고 있으며 구소련의 연해주지역에 거주한 수십만 명의 조선인들이 스탈린 시대인 1937년에 중앙아시아로 강제이주 당하기도 했다.

〈사진 3〉 부관연락선과 조국 해방(1945)[5]

당시 일본의 식민지화 된 조선으로부터 도항한 조선인 대부분은 일본 기타큐슈나 후쿠오카, 고베, 오사카, 교토 등의 관서지방, 도쿄와 요코하마 등의 대도시지역에 진출하여 토목건설업 노동자, 쓰레기 수집, 행상,

---

5) 在日韓人歷史資料館編著,『写真で見る在日コリアンの100年』, 明石書店, 2008, 125쪽.

금속 수거, 인력거꾼 등에 종사하였다. 또한, 일본 광산이나 발전소 등의 잡부로 일하면서 어느 정도 생활이 안정되면 친척이나 친구들을 초청하여 함께 생활하게 되었다. 1945년 이전 재일코리안은 일본 자본주의 경제발전에 중요한 노동력으로 이용되었다.

3) 이주단계

재일동포의 일본 이주와 정착은 일제 식민지지배라는 역사적 상황에서 형성되었다. 일제 식민지 시기에 일본에 노동자 혹은 강제연행으로 도일하여 일본 패전 후 잔류하게 된 경우가 대부분을 차지하고 있다. 재일동포의 일본 이주단계는 다음과 같이 4단계로 구분할 수 있다. 제1단계는 일제 식민지배와 농민층 몰락에 따른 이주(1910~1938년), 제2단계는 강제연행에 의한 이주(1939~1945년), 제3단계는 일본 패전과 1980년대 말 이주(1945~1980년), 제4단계는 '한국해외여행 자유화'와 뉴커머의 이주(1989년~)로 구분할 수 있다. 조선인의 시기별 이주의 요인과 특징에 대하여 상세히 살펴보면 다음과 같다.[6]

〈표 5〉 재일코리안 이주단계와 요인[7]

이주단계	주요 내용
제1단계(1910~1938년)	일제 식민지배와 농민층의 몰락에 의한 이주
제2단계(1939~1945년)	강제연행에 의한 이주
제3단계(1945~1980년 말)	일본 패전과 1980년대 말 이주
제4단계(1989~현재)	한국여행 자유화와 뉴커머의 이주

---

[6] 윤인진, 『코리안 디아스포라: 재외한인의 이주, 적응, 정체성』, 고려대학교출판부, 2004, 149~160쪽.
[7] 이 표는 본문의 기술 내용을 바탕으로 연구자가 작성하였다.

(1) 제1단계: 일제 식민지배와 농민층의 몰락에 의한 이주(1910~1938년)

1876년 강화도조약 이후 부산개항이 일본인들이 조선에 자유롭게 입국했던 반면 조선인들은 1899년 2월 일본 정부가 발표한 칙령 제352호 '외국인노동자 입국 제한법'에 의해 일본을 왕래할 수 없었다. 한일 강제병탄 이후 인구이동은 크게 변화가 없었는데 러일전쟁 직후 일본의 경기침체가 요인이었다. 그러나 1914년 제1차 세계대전을 계기로 일본이 연합국으로 참전하면서 유럽과 러시아지역의 군수물자를 수출하여 경제성장을 이루었다. 당시 일본도 임금수준이 낮았으나 식민지 조선은 더욱 열악하여 저임금과 열악한 노동조건으로 일본으로 노동자들이 이동하여 이후 일본에서 노동시장을 형성해나가기 시작했다.[8)]

〈표 6〉 재일코리안 이주 시기별 구분(제1단계: 1910~1938년)[9)]

이주 시기	주요 이동자 수
제1기(1910~1920)	토지조사 사업기 약 26,000명 증가
제2기(1921~1930)	산미증식 계획기 약 270,000명 증가
제3기(1931~1938)	중국대륙 침략기 약 500,000명 증가

제1차 세계대전 후 식민지독립운동이 한창이던 1919년 2월 8일 동경에서 조선인유학생독립운동선언서가 발표되고 조선에서도 3·1 독립운동이 확산되었다. 이를 계기로 조선총독부는 1919년 4월 경무총감령 제3호로 '조선인의 여행제한에 관한 건'을 발표하여 일본 이주를 엄격히 제한하였다. 조선인들의 한반도 이외 지역으로 이동할 때 여행증명서를 제출

---

8) 임채완·전형권, 『재외한인과 글로벌네트워크』, 한울아카데미, 2006, 198~210쪽.
9) 閔寬植, 『在日本韓国人－왜 일본 이름을 쓰고 살아야 하나－』, 삼화인쇄주식회사, 1990, 83~84쪽; 강재언·김동훈, 『재일한국·조선인－역사와 전망』, 도서출판 소화, 2000, 34~53쪽에서도 제1단계의 조선인 일본 이주를 3시기로 구분하고 있다.

하는 방식이었다. 이러한 이동제한에도 불구하고 조선인의 도일은 계속 증가하여 1920년을 전후로 만주(간도)로 이주하는 조선인의 수를 초과하였다.

일본 이주 조선인노동자들은 대부분 농민 출신들이 많았다. 이주자의 80~90%가 자작농 출신의 농민층으로 일본 식민지지배정책에 자작농의 몰락에 의한 것이었다. 특히 1920년대 들어서 일본의 '산미증식계획'을 통해 조선인 농민들이 더욱 피폐해졌다. 여기에다 일본기업에서도 점점 저임금 조선인노동자를 필요로 했기 때문에 일본 정부의 이동규제는 1922년 12월에 결국 폐지되었다. 1920년대 이후 일본은 무역수지 악화로 불황에 직면하였지만, 재일조선인 수는 계속 증가하여 1930년에는 30만 명을 초과하였다.

1923년 9월에는 동경을 중심으로 관동대지진 발생하여 조선인노동자들이 조선으로 귀환하기는 했으나 일본으로의 이동도 계속 증가하자 일본 정부는 조선인노동자의 도일을 규제하기 위해 '여행증명서제도'를 실시하기도 했으나 1924년 5월에 자유도항제로 전환하였다. 1930년대는 '조선병참기지화정책'에 따라 중화학공업 등 공업화 정책이 적극적으로 추진되었고 농촌의 과잉인구를 흡수하여 노동자 수도 급증하였다.

일본 정부는 도일 억제와 북방으로 조선인 유출을 목적으로 1934년 10월 내각 회의에서 '조선인 이주 대책 요목'을 결정하였다. 요지는 조선의 남부의 농민을 북부지역 및 만주로 이주하도록 유도하여 일본 도항자를 감소시키고 일본에 체류 중인 조선인은 동화정책을 강요한다는 내용이었다. 그런데도 일본에서 조선인들이 급증하였는데 그 이유는 농촌에서의 인구 배출요인이 더 컸기 때문이다. 1920~30년대 조선인의 일본 흡인요인과 배출요인은 조선의 농촌경제의 피폐와 일본 내 노동자의 부족이었다. 조선인들은 일본의 도시 주변 지역에 조선인 집거지를 생활거점으로 삼았으며 그곳에 점차 집거지 마을이 형성되었고 규모도 점차 커졌다.

(2) 제2단계: 강제연행에 의한 이주(1939~1945년)

일본이 1937년 11월 중일전쟁, 1941년 12월 태평양전쟁에 돌입하면서 병력과 전시사업을 지탱하는 노동력이 확보가 필요해졌다. 전시노동력은 강제적인 방법을 동원하였는데 모집충원지역으로 조선을 선택하였다. 일본 정부는 1938년 4월 '국가총동원법'을 공포하였고 1939년 7월에는 노동력동원계획을 발표하였다. 그리고 '조선인노무자 일본 본토 이주에 관한 건'이 조선총독부에 전달되어 육체노동이 필요하고 재해가 빈발하는 탄광이나 광산으로 조선인의 강제연행이 시작되었다.

조선총독부는 1925년 이후 시행된 도항제한제도를 철폐하고 1939년 9월 '조선인노동자모집 및 도항취급요강'을 발표하였다. 이 요강은 강제연행의 일종으로 전쟁이 확전되면서 노동력 수요가 증가하자 조선총독부는 1940년 1월 '조선직업소개령'을 공포하였다. 조선의 경성, 대구, 부산, 평양, 신의주, 함흥 등 6개 도시에 직업소개소를 설치하고 내무부와 경찰서가 협력하여 강제연행을 전개한다는 것이었다. 1941년 12월 태평양전쟁으로 인한 물자와 노동력 부족이 심각해지자 1942년 2월 '조선인 내지 이입알선요강'을 발표하였다. 이러한 방식으로 강제연행이 확대되어 1942년에는 196만 명 동원계획에 조선인 3만 명이 할당되었다. 일본 정부는 1943년 태평양전선의 붕괴로 7월에 인력동원계획을 재정립하고 9월에는 '국내태세강화방책'을 경정하였다. 1944년 2월에는 '조선인노동자 활용에 관한 방책'이 발표되어 조선인징용령이 공포되었다. 이미 1941년 태평양전쟁 이후 조선인 징용이 시작되어 1942년 일본 내 조선인노동자 군속징발, 1943년 학도징용, 1944년 강제연행 순으로 진행되어 전체 징용자 수는 약 27만 명에 달했다. 일본군 관련 경리부 요원, 군 운송부 요원,

포로감시요원 등 군을 지원하는 군속징용자만 약 15만 명에 달했다. 전체적으로 1939년부터 1945년까지 일본 본토, 사할린, 남양지역으로 강제연행 조선인 노동자 약 73만 명, 군인 및 군속노동자 37만 명 등 조선인 강제연행자 수가 약 100만 명을 넘어섰다.

일본군 전시동원 조선인노동자 가운데 '종군위안부' 문제는 여전히 해결되지 못한 상태로 남아 있다. 일본군이 만주를 침략하면서 군인전속 매춘부로 조선인 여성과 일본인 여성을 징발하였다. 초기에는 일본 방직공장 여공으로 모집하여 위안부로 배치되었으나 후기에는 일본군을 위로하는 '애국봉사대'의 명목으로 모집 혹은 연행하였다. 이들은 대개 17~20세 정도의 소녀들로 일본군이 배치된 중국, 미얀마, 필리핀, 인도네시아, 사할린 탄광이나 벌목부에 배치되었다.

(3) 제3단계: 일본 패전과 1980년대 말 이주(1945~1980년 말)

태평양전쟁이 점점 어려워지자 일본 정부는 1944년 12월 도항제도를 공식적으로 폐지하고 업무상의 처우 개선, 근로관리 개선, 진학문제의 개선, 취직알선 등을 취급한 '조선 및 대만인에 대한 처우개선요령'을 발표하였다. 이를 통해 일본에 대한 저항 방지와 조선인의 '황국신민화'정책을 강화했다. 일본 내 조선인의 전쟁피해는 일본 전국 24만 명 정도로 공습을 당해 사망하거나 원폭 피해자만 약 7만 명, 사망자는 4만 명에 달했다. 1945년 해방 당시 일본 내 조선인 수는 240만 명 정도였다. 일본의 패전으로 조선인들은 귀국을 서둘렀으나 일본 정부는 조선과 중국으로부터 자국민 귀환을 위해 노력했고 강제연행자나 조선인에 대한 귀국문제는 무시하였다.

일본 정부에 의하면 1946년 3월부터 남한으로 귀국자는 94만 명, 1950년까지 약 104만 명 정도였다. 1949년 5월 말 한국 입국자 수는 142만 명 정도로 북한지역 귀환자는 315명이었다. 조선인들의 모국귀국은 4월 1일 부터 시작되어 12월 1일까지 계속되어 일본 잔류자가 약 56만 명에 달했다. 이 숫자는 오늘날 재일코리안 사회를 이루고 있는 것으로 현재까지 거의 변함없이 유지되고 있다.

(4) 제4단계: 한국해외여행 자유화와 뉴커머의 이주(1989년~)

글로벌시대 도래와 더불어 1980년대 이후 일본에 진출한 한국인을 '뉴커머'라고 한다. 현재 일본에서 재일동포를 지칭하는 용어로는 '재일', '재일동포', '재일한국인', '재일조선인', '재일코리안', '뉴커머', 등 다양하다. 뉴커머들은 1980년대 말 일본의 경제 호황기에 도일하여 재일코리안 사회를 형성하고 있다. 뉴커머들은 1952년 샌프란시스코 강화조약이 발효된 이후 과거 식민지출신자들의 법적지위가 외국 국적으로 변경된 이후 도일한 외국인들로 1980년대 일본의 국제화와 더불어 버블경제기에 급속도로 증가하였다.

전후 세대와는 달리 1980년대 이후 도일하여 일본 사회에서 성장한 뉴커머들은 대부분이 유학생이나 주재원 출신이 많았다. 이들은 1965년 한일기본조약에 따라 특별영주자격을 받은 재일동포와는 법적 지위가 다르다. 일본에 뉴커머들이 진출하기 시작한 1980년대 후반부터 현재까지 약 30년이 흐르는 가운데 그들의 체류자격도 정주권, 영주권, 귀화 등 다양화되고 있다. 뉴커머의 숫자도 점점 증가하여 일본 체류 재일동포가 통상 90만 명 정도로 알려졌기 때문에 1980년대 이전 올드커머가 50만 명 정도인 것을 고려하면, 약 40만 명의 뉴커머(New-Comer)가 일본에서 생활하고 있다고 할 수 있다.

〈표 7〉 재일코리안 자연증가와 귀화자 수(단위: 명)[10]

연도	출생자 수	사망자 수	자연증가 수	귀화자 수	차이
1975	11,597	3,038	8,559	6,323	2,236
1980	9,907	3,173	6,734	5,870	864
1985	4,838	3,417	1,421	5,040	+3,619
1989	5,426	3,765	1,661	4,759	+3,098
1990	5,253	4,561	692	5,216	+4,524
1991	5,121	3,992	1,129	5,665	+4,536
1992	4,916	4,360	556	7,244	+6,688

이들 뉴커머의 대부분은 일본 유학생이나 주재원들로 저팬 드림(Japan Dream)을 꿈꾸는 자발적 이민자라는 점에서 올드커머(Old-Comer)와는 차이를 두고 있다. 뉴커머들은 2001년 5월 재일본한국인연합회(한인회) 를 결성하여 다양한 활동을 전개하고 있다. 최근에는 재일동포의 급속한 고령화와 차세대 동포들의 귀화가 증가하는 가운데 올드커머와 뉴커머 의 연대와 협력설이 제기되고 있으나 개별적 사안에서는 빠르게 진전되 고 있지만, 조직적 측면에서는 어려움에 직면하고 있다.

2. 재일코리안 직업과 경제생활

1) 해방 이전 직업생활

해방 이전 조선인의 도일은 지리적 조건에 의해 남한지역에 집중되었 다. 물론 만주나 시베리아로의 이동은 북쪽지역 출신들이 많았다. 일본

---

10) 강재언 · 김동훈, 『재일한국 · 조선인』, 도서출판 소화, 2000, 126쪽. 출생자 수와 사망자 수 는 일본 인구동태, 귀화자 수는 법무성 출입국관리국 통계치이다.

에서 재일코리안 사회가 형성되기 시작한 것은 1920년대 경으로 경상남북, 전라도(제주도 포함) 등 세 지역이 전체의 약 80%를 차지하였다.

〈표 8〉 재일코리안 출신 지역별 추이(인원, %)[11]

1923년도 오사카부 사회부 조사과		1938년 내무성 경보국 조사	
출신지	인원수(%)	출신지	인원수(%)
경상남도	28,628(39.3)	경상남도	300,163(37.5)
전라남도	18,050(24.8)	경상북도	184,651(23.1)
경상북도	11,404(15.7)	전라남도	165,125(20.6)
기타	14,733(20.2)	기타	149,926(18.8)
합계	72,815(100)	합계	799,865(100)

이러한 도일 인구의 지역적 분포는 이후 조선인사회형성에 커다란 영향을 미치게 되었다. 도일한 조선인들이 거주한 지역을 살펴보면 대부분 도쿄, 교토, 나고야, 고베, 요코하마, 후쿠오카 등 일본의 7대 도시가 포함된 부현에 집중되었다. 특히 탄광지대인 후쿠오카, 야마구치, 홋카이도지역의 조선인 거주자 수가 높은 것으로 나타났다.

거주지역의 분포에 따라 해방 이전 조선인의 3대 직업은 토공, 직공, 갱부들로 노동의 수요와 취업 기회가 많은 7대 도시와 탄광지대에 집중되었다.[12] 식민지 시기 소작농의 몰락으로 도일한 조선인들은 일본인 자본가의 노동자가 되어 일본 노동시장의 저변을 형성하였다. 해방 이전 일본 노동시장에서 가장 큰 비중을 차지한 조선인의 3대 직종으로는 토목건축의 토공 및 잡역부, 도시공장의 직공, 탄광 및 광산의 갱부들이었다.[13] 조선인의 3대 직종의 분포는 공업지대와 탄광지대에 따라 달라졌

---

11) 강재언·김동훈,『재일한국·조선인』, 도서출판 소화, 2000, 64쪽. 전라도(제주도 포함).
12) 강재언·김동훈,『재일한국·조선인』, 도서출판 소화, 2000, 64쪽.
13) 佐々木信彰,『在日朝鮮人の形成史』, 雄山閣, 2009, 66~67쪽.

는데 토공 및 인부는 일본에서 전국적인 특성을 가진 직종이었다. 이들은 일용노동자와 갱부를 포함하여 노동자합숙소(다코방), 헛간, 노동현장 합숙소 등에 거주하면서 장시간 노동을 강요당하는 하층민 노동자였다.

〈표 9〉 재일코리안 도도부현별 거주지 분포(제10위)[14]

1938년 말		1943년 말	
도도부현	인원(%)	도도부현	인원(%)
오사카부	241,619(30)	오사카부	395,380(21)
도쿄도	78,250(10)	후쿠오카현	172,199(9)
후쿠오카현	64,321(8)	효고현	135,170(7)
아이치현	61,654(8)	야마구치현	132,526(7)
효고현	60,105(8)	아이치현	126,325(7)
교토부	53,446(7)	도쿄도	123,126(7)
야마구치현	45,439(6)	홋카이도	82,950(4)
홋카이도	24,878(3)	교토부	74,079(4)
가나가와현	16,663(2)	히로시마현	68,274(4)
히로시마현	12,063(2)	가나가와현	54,795(3)
합계	799,878(100)	총수	1,882,456(100)

그러나 조선인의 도일이 시작된 이후 공장노동자 비율이 높은 곳은 단연 오사카였다. 1930년대 중반 오사카 거주 조선인은 약 7만 명으로 이들 중 약 2만 명이 직공이었다. 이들은 주로 일본인들이 싫어하는 더럽고 불결한 요업(유리공업), 금속공업, 화학공업, 섬유공업, 목재공업 등에 고용되어 저임금과 육체노동에 시달렸다. 오사카 거주 조선인들은 전시 중에도 주로 금속기계, 화학, 섬유공업 등 3대 직종 분야에 집중적으로 취업하였다.[15]

---

14) 강재언·김동훈, 『재일한국·조선인』, 도서출판 소화, 2000, 65쪽.
15) 司法省調査課, 「内地における朝鮮人とその犯罪について」, 『司法研究』 17, 1932, 41~42쪽.

〈표 10〉 재일코리안 업종별 직업분포(1943년)[16]

업종별 직업	인원수	업종별 직업	인원수
유직자	777,023	운수통신업	15,754
농림수산업	9,480	하역인부	26,982
광업	94,320	일반 일용노동	32,830
제조공업	208,338(14.1%)	기타 노동자	66,084
금속기계기구	102,648	여관 및 요리업	4,751
화학공업	47,053	상업	60,430
방직공업	43,953	자유업	5,116
전기	6,488	기타 유직자	31,630
기타제조업	8,196	실업자	339
토건업	22,696(15%)	무직자	692,207
합계			1,469,230

조선인 노동자의 대부분은 몰락한 소작농과 강제연행이라는 역사적 배경 속에서 문맹자와 저학력자가 많아 저임금, 불안정한 직업, 일용직 노동자들로 빈곤층을 형성하였고 관습의 차이에 의한 일본인의 편견과 차별로 주거문제는 심각했다. 조선인의 도일은 초기 청장년의 남성이 독신으로 이주하고 이후 아내와 자녀를 데려와 세대를 구성하는 방식이었으나 합숙소를 전전하는 노동자들에게 가정을 꾸리는 것은 어려웠다. 이에 따라 조선인 거주지역은 도시 주변에 슬럼을 형성하는 경우가 많았다.

2) 해방 이후 직업생활

해방 이후 일본 정부가 공식 발표한 1945년 8월부터 1946년 3월까지 남한으로의 귀국자 수는 약 94만 명으로 1950년까지 약 100만 명에 달했

---

16) 강재언·김동훈, 『재일한국·조선인』, 도서출판 소화, 2000, 68쪽.

다. 일본 후생성이 1946년 3월에 발표한 재일조선인 총수는 약 647,006명
으로 귀국희망자는 514,060명(북한 귀국희망자는 701명)이었다. 그러나
1949년 5월 말 한국 정부가 발표한 귀국자 수는 약 140만 명으로 해방 직
후 조선인이 240만 명으로 가정할 때 약 100만 명이 일본에 잔류하는 셈
이 된다. 당시 조선인의 일본 잔류이유에 대하여 경제적 사정, 일본 생활
안정, 귀국 후의 생활 불안정, 모국의 정치 불안정, 한국전쟁, 식량 사정,
유행병, 남북분단 등이었다.

⟨표 11⟩ 재일코리안 등록자 수 추이(단위: 명)[17]

연도	외국인 총수	재일동포 수(%)
1950년	598,696	544,903(91.0)
1955년	641,482	577,682(90.0)
1960년	650,566	581,257(89.3)
1965년	665,989	583,537(87.6)
1970년	708,458	614,202(86.7)
1975년	751,842	647,156(86.1)
1980년	782,910	664,536(84.9)
1985년	850,612	683,313(80.3)
1990년	1,075,317	687,940(64.0)
1992년	1,281,644	688,144(53.7)

재일조선인의 귀국은 1946년 말에 거의 마무리되었고 1947년 5월 일본
정부는 최후 칙령인 제207호 '외국인 등록령'을 공포하였다. 1952년 4월
28일 샌프란시스코 강화조약의 발효까지 일본 국적 재일조선인, 대만인
에 대하여 '당분간 외국인으로 간주한다.'라는 규정에 의거 외국인등록을
하도록 했는데 1947년 12월 말 외국인 등록자 수는 639,368명으로 이들

17) 법무성 출입국관리국, 『체류외국인통계』, 1993

중 조선인은 598,507명이었으며 이들이 현재 재일동포의 원점을 형성하고 있다.

해방 후 재일조선인의 출신지는 해방 이전과 변함없이 대부분 한국의 남쪽 출신자들이 많았다. 1930년대 주로 경상남북도와 전라도 출신자가 약 80%를 차지하였는데 1970년대에 들어서면 경상남도 38.6%, 경상북도 24.8%, 제주도 15.9%, 전라도 9.6%로 이들 네 지역 출신자들이 88.9%를 차지하였다. 해방 이후 재일조선인의 거주지역은 오사카, 도쿄도, 효고현, 아이치현, 교토부, 가나가와현, 후쿠오카현 순으로 일본의 대도시를 둘러싼 7개의 도와 현에 집중되고 있는 것으로 나타났다.

해방 이전 재일조선인들은 일본에서의 노동력 부족을 보완하기 위해 탄광을 비롯한 광산이나 군수산업에 유입되었다. 일본의 패전으로 귀국자나 군수산업의 붕괴로 실업자들이 속출하였고 생활기반도 급격히 변하였다. 일본은 1950년 한국전쟁을 특수경기로 경제부흥기에 접어들었지만, 재일코리안들은 일본 직업에서 완전히 배제되었다. 한국전쟁 시기 일본이 미국으로부터 대량 군수 발주와 미군기지에 대한 노동력 조달수익은 1950년부터 1955년까지 17억 달러(약 6,000억 엔)로 국민소득은 2배로 증가하였다.

이와는 달리 1952년 10월 일본경찰청 조사에 따르면, 재일동포 총인구 중 무직자가 약 62%로 유직자 중 일용노동자가 6.6%, 상업이 5.8%, 공업이 4.6%, 토건업이 3.7%, 실업자가 2.4%, 기타가 8.5% 정도였다. 이러한 결과는 일본 패전으로 탄광이나 각종 산업에 일본인 실업자들이 흡수되었지만, 일본인 기업에서 재일조선인들이 배제되었고 재일조선인의 빈곤문제가 일본 사회문제로 대두되어 종래 일본인에게만 적용된 생활보호법을 일본 국적을 이탈하지 않은 재일조선인과 대만인에게 당분간 준용하는 것으로 조치하였다.[18]

〈표 12〉 재일코리안 직업별 분포(1952년 10월)[19]

직업	남성	여성	합계(%)
농업	7,059	3,097	10,156(1.8)
공업	19,793	4,780	24,573(4.6)
상업	26,368	4,655	31,023(5.8)
운수업	5,164	102	5,266(0.9)
토건업	19,600	391	19,991(3.7)
요식업	3,585	1,572	5,157(0.9)
유흥업	5,687	1,520	7,207(1.3)
해운업	588	24	612
무역업	152	11	163
광업	53		53
어업	639	162	801
지적노무자	5,814	1,423	7,237(1.3)
일용노무자	29,790	5,798	35,585(6.6)
실업자	9,552	3,717	13,269(2.4)
무직자	140,216	188,408	328,624(62.0)
기타	28,241	17,843	46,084(8.5)
합계	301,852	233,951	535,803(100)

　해방 이후 재일동포 상공인단체(1982년) 회원의 업종 분류를 살펴보면, 재일동포 다수가 거주하는 도쿄도와 오사카의 업종별 분포는 큰 차이를 보였다. 도쿄도의 경우 파칭코, 야끼니쿠, 소비자금융업, 플라스틱제조업, 재생자원과 도매업의 비율이 높고, 오사카의 경우 플라스틱제조업, 금속제품과 기계 기구 제조업, 토건업, 음식점, 파칭코 순으로 높았다. 1982년 재일동포의 업종별 분포에서는 오사카의 경우 제조업이 45.8%, 도소매업이 18.9%, 서비스업이 15.9%, 건설업이 7.5%, 부동산업이 7.2%,

18) 강재언·김동훈, 『재일한국·조선인』, 도서출판 소화, 2000, 140~143쪽.
19) 강재언·김동훈, 『재일한국·조선인』, 도서출판 소화, 2000, 135~136쪽.

금융 보건업이 2.4%, 운수통신업이 2.1%, 기타가 0.2% 정도였다. 도쿄도의 경우는 서비스업이 29.2%, 제조업이 22%, 금융보험업이 7.3%, 부동산업이 6.5%, 건설업이 5.3%, 운수통신업이 2.1% 정도로 대조적인 경향을 보였다.[20]

3. 재일코리안 이주와 경제활동

　한일 강제병탄 이전 조선인의 일본 이주는 1876년 강화도조약 이후 1881년부터 유학생들이 도일하기 시작했다. 1881년 5월 조선은 근대 시설을 시찰하기 위해 일본에 조사시찰단을 보내었고 이들이 일본에서 귀국 후에도 1881년 9월 3차 수신사를 파견하였다. 1882년 임오군란과 1884년 갑신정변으로 일본 유학생파견이 중단되었지만 1895년 인재양성을 목적으로 재개되었다. 1903년 대한제국 정부는 재정상의 이유로 유학생을 일본에서 소환하였고 이들 중 일부의 사비 유학생이 잔류하였다. 1904년 러일전쟁에서 일본이 승리하자 한국 황실 파견 유학생과 관비, 사비 유학생들이 계속 증가하였다. 일본의 조선 강제합병 전인 1909년 일본에 거주하던 조선인은 790명 정도로 대부분 유학생이었다. 반대로 1909년 조선에 거주하던 재한일본인은 12,168명 정도였다. 조선은 일본에 강제 합병되어 식민지가 된 1910년 8월 22일부터 1945년 8월 15일까지 약 35년간에 걸쳐 식민지지배를 경험하게 되었고 재일동포의 모태가 된 조선인의 일본 도항이 본격화되었다. 강제합병 이전인 1909년 일본 거주 조선인은 790명 정도였지만 1945년 해방 직후에는 246만 명 정도가 거주하고 있었다.

---

20) 서용달, 『한국·조선인의 현상과 장래』, 1984, 234~236쪽.

　재일코리안의 일본 이주와 정착은 일제식민지 지배라는 역사적 상황에서 형성되었다. 일제 식민지 시기에 일본에 노동자 혹은 강제연행으로 도일하여 일본 패전 후 잔류하게 된 경우가 대부분이다.

　재일코리안의 일본 이주단계는 다음과 같이 4단계로 구분할 수 있다. 제1단계는 일제식민지 지배와 농민층 몰락에 따른 이주(1910~1938년), 제2단계는 강제연행에 의한 이주(1939~1945년), 제3단계는 일본 패전과 1980년대 말 이주(1945~1980년), 제4단계는 '한국의 해외여행 자유화'와 뉴커머의 이주(1989년~)로 구분할 수 있다.

　해방 이전 조선인의 도일은 지리적 조건에 의해 남한지역에 집중되었다. 물론 만주나 시베리아로의 이동은 지역적으로 가까운 북쪽지역 출신자들이 많았다. 일본에서 재일동포사회가 형성되기 시작한 것은 1920년경으로 경상남북도, 전라도(제주도 포함) 등 세 지역이 전체의 약 80%를 차지하였다. 이러한 조선인의 도일 인구의 지역적 분포는 이후 조선인사회 형성에 커다란 영향을 미쳤다. 도일한 조선인들이 거주한 일본지역을 살펴보면, 대부분 도쿄, 교토, 나고야, 고베, 요코하마, 후쿠오카 등 일본의 7대 도시 중심의 도도부현에 집중되었다. 특히 탄광지대인 후쿠오카, 야마구치, 홋카이도지역의 세 지역의 조선인 거주자들이 많았다.

　해방 이전 거주지역의 분포에 따라 조선인의 3대 직업은 토공, 직공, 갱부들로 노동의 수요와 취업 기회가 많은 7대 도시와 탄광지대에 집중되었다. 식민지 시기 소작농의 몰락으로 도일한 조선인들은 일본인 자본가들의 노동자로 전락되어 일본 노동시장의 저변을 형성하게 되었다. 해방 이전 일본 노동시장에서 가장 큰 비중을 차지한 조선인의 3대 직종은 토목건축의 토공 및 잡역부, 도시공장의 직공, 탄광 및 광산의 갱부들이었다. 조선인의 3대 직종의 분포는 공업지대와 탄광지대에 따라 달라졌는데 토공 및 인부는 당시 일본에서 전국적인 특성을 가진 직종이었다.

이들은 일용노동자와 갱부를 포함하여 노동자합숙소(다코방), 헛간, 노동현장 합숙소 등에 거주하면서 장시간 노동을 강요당하는 하층민 노동자였다. 조선인 노동자의 대부분은 몰락한 소작농과 강제연행이라는 역사적 배경 속에서 문맹자와 저학력자가 많아 저임금, 불안정한 직업, 일용직 노동자들로 빈곤층을 형성하였고 문화와 관습의 차이에 따른 일본인의 편견과 차별로 주거문제는 심각했다. 조선인의 도일은 초기 청장년의 남성이 독신으로 이주하고 이후 아내와 자녀를 데려와 세대를 구성하는 방식이었으나 합숙소를 전전하는 노동자들에게 가정을 꾸리는 것은 어려웠다. 이에 따라 조선인들이 거주하는 지역도 도시 주변에 슬럼을 형성하는 경우가 많았다.

해방 이후 많은 재일동포가 모국으로 귀국하게 되었는데 일본 정부가 공식 발표한 1945년 8월부터 이듬해인 1946년 3월까지 남한으로의 귀국자 수는 약 94만 명으로 1950년까지 약 100만 명이 귀국했다. 일본 후생성이 1946년 3월에 발표한 일본 거주 재일동포의 총수는 약 647,006명으로 귀국희망자는 514,060명(북한 귀국희망자는 701명)이었다. 그러나 1949년 5월 말 한국 정부가 발표한 귀국자 수는 약 140만 명으로 해방 직후 조선인이 240만 명 정도 거주했던 것으로 가정하면 약 100만 명이 일본에 잔류한 것으로 추정할 수 있다. 당시 조선인의 일본 잔류이유에 대하여 경제적 사정, 일본에서의 생활 안정, 귀국 후 한국 생활 불안정, 모국의 정치 불안정, 한국전쟁, 식량부족, 유행병, 남북분단 등이었다. 재일동포는 1949년대 말까지 대략 146만 명이 한국으로 귀환했으나 약 60만여 명은 단기간 내 귀국할 수 없는 여러 가지 사정을 이유로 해방된 조국으로 귀국하지 못하고 일본에 잔류하게 되었다. 그러면 다음 장에서는 해방 전후 재일코리안의 모국귀환 사정과 잔류요인, 이후 경제생활에 대하여 살펴보고자 한다.

제3장

해방 이후 재일코리안 귀환과 모국지향

해방 이후 재일코리안 귀환과 모국지향

1. 해방과 재일코리안 모국귀환

해방 전후 일본에 거주하고 있던 재일코리안들은 조국의 해방을 맞이하여 크게 두 번에 걸쳐 모국귀환이 이루어졌다. 첫 번째 귀환은 1945년 8월 15일 일본의 패전으로 해방 당시 일본에 거주하고 있던 재일동포 약 246만 명 중 일부의 귀환이었다. 이들 대부분은 해방과 더불어 한국에서의 신국가건설을 기대하여 미군정하의 한국으로 귀국을 희망하였다. 특히 일제 식민지 시기 일본에서 군수공장이나 탄광 등 가혹한 노동현장에 동원되었던 재일코리안 노동자들이 군수공장의 조업정지나 해고, 배급 정지 등으로 조선인 병사, 군속(일본 내지에 징병 된 재일동포 및 일본군의 일원으로 전쟁터에서 일본으로 귀환한 재일동포 등) 등이 모국으로 귀국하기 시작했다. 두 번째 모국귀환은 북한으로의 귀환인 북송으로 1959년 12월 14일 니가타 항에서 최초로 북송선이 출항하면서 시작되었다. 북송사업은 1960~61년에 절정에 달하여 1960년 40,936명, 1961년 22,801명이 북한

지역으로 이주하였으며 1959년 12월부터 1961년 말까지 2년간 총 44,779명
이 귀국했다. 북송사업은 1959년부터 1984년까지 25년간 계속되었는데
매년 북한, 총련, 일본지원단 등이 귀환 협정의 연장을 요구했기 때문이
다. 북송사업의 연장 배경에는 재일동포의 귀국에 따른 정치 경제적 이
익을 확보하려는 북한의 의지가 강하게 작용했던 것으로 추정되고 있다.

〈사진 4〉 해방 전후 부산항을 통한 재일코리안 모국귀환

북송사업은 재일코리안들이 일본으로부터 북한으로 대규모 집단 이주
한 민족이동의 대사건이라 할 수 있다. 북송사업은 1959년 8월 13일 인
도 캘커타에서 일본적십자사와 북한적십자 간 체결된 '귀국 협정'에 의한
것이었다. 그러면 북송사업은 "재일동포의 모국귀환인가 아니면 귀국인
가?"에 대해 생각해 볼 필요가 있다. 이에 대한 논쟁은 일본 측은 '귀환',
총련과 일본의 좌파 측은 북한으로 귀국한다는 점을 강조하여 '귀국사업'
으로 용어를 사용하고 있다.[1] 그 배경에는 국교가 없는 북한 정권의 인
정 여부와도 관련되어 있다. 표면적으로 북송사업의 주체는 당시 조일
양국의 적십자단체였지만 귀국 당사자는 일본 전국에 약 60만 재일동포
의 다수를 산하에 둔 총련의 역할이 크게 작용했다. 북송사업을 일본 관

---

[1] 이 장에서는 북송의 용어 통일을 위해 북한의 관점에서 귀국사업, 일본의 관점에서 귀환,
한국의 관점에서 북송이라는 의미로 사용하였다.

점에서 지원하려는 총련과 친밀한 관계였던 일본 공산당이 중심이 되어 총련 중앙을 비롯한 전국 각지에 초당파적인 '귀국협력회'가 결성되었다. 일본 공산당의 혁명 전략의 측면에서 귀국협력회는 일종의 통일전선의 중요한 조직의 하나였다. 그리고 귀국협력회의 임원은 회장이 지방 명사, 부회장은 각계 인사, 간사장은 유력자, 사무국은 일본 공산당원으로 구성되었다.[2]

재일코리안의 입장에서 북송사업은 1959년 조일 간 귀국의 길이 열림으로써 당시 일본 사회에서 미래희망이 없었던 그들에게 일본 사회와 결별하고 북한식 사회주의 건설에 미래를 건 모험이기도 했다. 해방의 기쁨을 맞이하여 개시된 모국귀환과는 달리 북송사업은 당시 대부분을 차지하고 있던 한반도 남부 출신자들이 일본 거주를 거쳐 한반도 북부로 '이주'한 사건으로 체제가 다르고 경제상황도 전혀 다른 북한에서의 생활은 자본주의사회로부터 건너온 이주민에게 큰 도전이었을 것으로 생각된다.[3]

북송사업은 1959년 당시 북한, 한국, 일본의 정치적 상황과 맞물려 이루어졌다. 그 이유는 첫째, 북한에 대한 재일동포의 흡인요인을 적극적으로 전달한 것은 총련에 의한 귀국 운동의 전개였기 때문이다. 총련계 학교나 모임, 기관지 등을 통해 전개된 북한에 대한 긍정적이고 과대한 선전이 귀국 결정에 큰 영향을 미쳤을 것으로 생각되기 때문이다. 일본에서의 절망, 차별배제, 당시 한국에 대한 실망이나 불신과는 대조적으로 북한은 재일코리안에게 미래의 약속을 선전했기 때문에 미지의 북한에 희망을 품게 되었다. 둘째, 북한 귀국자가 증가한 배경에는 재일동포 대부분의 고향이었던 한국에 대한 실망과 불신이 존재했다. 민단이나 친

---

2) 小島晴則, 『最後の別れ』, 高木書房, 2016, 562쪽.
3) 小島晴則, 『最後の別れ』, 高木書房, 2016, 1~2쪽.

한파 재일코리안조차 당시 이승만 정부에 대한 불신감이 팽배했다. 그 이유는 당시 이승만 정부의 재일코리안 정책이 일본 현지 정주화 정책을 기본으로 한일회담에서 재일동포의 안정적인 법적지위의 보장을 촉구했기 때문이다. 반대로 한국 정부가 일본 내 재일코리안 사회의 생활안정과 교육지원, 귀국자의 수용에는 소극적이었기 때문에 한국을 지지하는 재일코리안조차 '기민정책'으로 받아들이는 경향이 강했다. 셋째, 일본 매스컴 보도 등의 영향으로 북송희망자의 대부분은 북한에서의 미래에 대한 희망을 품게 되었다. 당시 일본에서 북한에 대한 정보가 거의 없었고 불투명한 사회적 상황 속에서 총련의 선전, 일본 매스컴의 보도로 많은 재일동포가 큰 영향을 받았다. 냉전과 남북분단의 상황에서 김일성은 자립적인 체제건설과 우월성 선전, 재일코리안 사회의 장악 등으로 일본 내 재일동포의 차별배제와 귀국희망을 활용하여 북송사업에 본격적으로 착수하였다.[4]

일본에서 1959년 이후 북송사업이 전개된 지 70년이 지난 시점에서 북한으로부터 탈북자들이 증가하고 있는 상황으로 그동안 조일 간의 이념 대립 구도에 갇혀있던 북송문제에 대해 과거의 도식적 이해로부터 탈피하여 새롭게 접근해야 할 필요성이 제기되고 있다.[5] 따라서, 본 장에서는 1945년 해방 이후 재일동포의 한국으로의 모국귀환과 1959년 이후 전개된 북송사업에 대한 차이점과 의미를 새롭게 조명하고자 한다. 당시 북송사업의 실체와 의미를 규명하기 위하여 본 장에서는 첫째, 1945년 해방 전후 모국귀환의 전개 과정, 둘째, 1959년 이후 진행된 북송사업의 배출요인과 흡인요인, 셋째, 모국귀환과 북송사업의 비교에 따른 재일코리안 사회의 전망 등을 살펴보고자 한다.

---

4) 坂中英徳他, 『北朝鮮帰国者問題の歴史と課題』, 新幹社, 2009, 280~281쪽.
5) 小島晴則, 『最後の別れ』, 高木書房, 2016, 89쪽.

2. 재일코리안 모국귀환 요인

일반적으로 국제이주에서 대규모의 인구이동은 이주자를 배출하는 거주지에서의 경제적 빈곤 등 배출요인(PUSH)과 이민자를 끌어들이는 이주지의 경제적 요인 등 흡인요인(PULL)으로 설명하고 있다.[6] 재일코리안에게는 일본이라는 거주지의 부정적인 요인이 북한이라는 이주지의 긍정적인 요인에 의해 해결될 것이라는 기대감이 있었고 그것은 해방 전한반도로부터 도일한 사람의 경우 더욱 강했다. 가령 식민지기 재일코리안들은 모국에서의 생활난이라는 부정적인 요인이 일본에서의 취업 기회나 상대적인 고임금에 의해 일정 정도 해결될 것이라는 긍정적인 요인의 기대감으로 많은 사람들이 도일했다. 당시 이주자들에게 중요한 것은 거주지의 배출요인보다는 이주지의 흡인요인이 크게 작용했다. 일반적으로 거주지에서 이주자의 배출요인은 전쟁이나 기근 등 생존을 위협하는 수준이 아닌 이상 생활기반이 불투명한 곳으로 이동하는 사례는 거의 찾아보기 힘들다. 그러나 이주지 혹은 귀국지역의 흡인요인에 의해 거주지의 배출요인이 해소될 가능성이 존재하는 경우 이주를 결정하기도 한다. 이러한 흡인요인의 전망이나 가능성이 존재하지 않는 이상, 현재 그들이 생활하는 거주지에서 어떻게든 생활하거나 자유롭게 이동할 수 있는 범위 내에서 생활의 활로를 개척하는 것이 일반적이다. 따라서 일본에서 배출요인 이상으로 흡인요인이 이주를 결정하는 중요한 의미를 가질 수 있다. 이러한 이동현상은 북한 귀국자들에게도 어느 정도 적용할 수 있을 것으로 생각된다.

일반적으로 재일동포의 귀환요인은 해방 전부터 해방 직후(한국전쟁)

---

[6] 그밖에도 이주요인에는 사회, 인구, 환경, 정치적 요인, 거주지와 이주지의 정보전달과 교통수단의 발전에 대하여 고려할 필요가 있다.

전개된 재일코리안 사회의 상황이 중요한 배경이라 할 수 있다. 1910년 한일강제합병 당시 재일동포는 2,600명 정도였다. 1880년대 이후 메이지 정부는 당시 조선 정부의 유학생이나 관리, 정치망명자, 노동자 등을 규슈지방의 탄광 등에 합법적으로 고용하기도 했지만, 거주자는 그리 많지 않았다. 그러나 일본 식민지지배가 시작된 이후 한반도로부터 일본으로 도일하는 자가 급증하기 시작했다. 1930년대 전반에는 재일동포가 50만 명을 돌파하여 이 무렵부터 일본 각지에 재일코리안 사회가 형성되기 시작했다. 더욱이 중일전쟁으로 군인이나 노동자의 전시동원이 본격화된 1939년부터 매년 거의 20만 명 정도의 이주자가 급증하여 해방 당시 1945년에는 약 246만 명 정도가 일본에 거주하고 있었다.

일제식민지기 조선인의 일본 도일 이유는 경제적인 이유, 유학 등의 목적, 전시 동원기(1939~1945년) 강제동원 및 군인 군속 동원, 제3자의 가족 체류 등이었다. 이들 가운데 대부분은 경제사정으로 생활난이나 농업 부진, 구직노동자, 노동, 돈벌이 등이 도일의 목적이었다.[7]

이상과 같이 해방 이후 재일동포가 다수 일본에 거주하게 된 이유는 전시 동원기 강제연행이 원인이기도 하지만, 재일코리안 사회가 이미 전시 동원기 이전부터 일본에 형성되어 있었고 이들 중 동원된 일부 노동자들이 해방 직후 한국으로 귀국하기도 했다. 일제식민지기 조선의 생활난에는 농촌의 만성적인 경작기 부족, 식민지 조선의 인구급증, 조선총독부의 토지정책이나 농업정책의 전환 등으로 인한 조선농민의 몰락과 이농현상, 이농노동자의 조선 농촌 내 노동시장으로 충분히 흡수되지 못한 점 등을 들 수 있다. 이와는 달리 일본에서는 공장 등 취업의 증가, 임금수준의 상승으로 일본에서 일하는 것이 두 배 이상의 고임금을 받을

---

7) 外村大, 『在日朝鮮人社会の歴史的な研究－形成・構造・変容』, 綠蔭書房, 2009.

수 있었다. 이러한 이유로 조선 농촌으로부터 다수의 조선인들이 도일하였다.

일제식민지기 재일동포의 역사는 1923년 9월 발생한 관동대지진으로 일본 자경단에 의한 다수의 조선인이 학살당하기도 했다. 일본사회에서 하층민으로 일본국민이면서 조선인이라는 이유로 차별받은 재일코리안들은 귀속의식에 대한 심각한 갈등을 겪었다. 여기에다 재일코리안에게 갈등과 저항을 증폭시킨 것은 일본 정부에 의한 동화정책이었다. 동화정책은 일제식민지 피통치민족에 대한 의식이나 문화적인 측면에서 제국 일본으로 통합시키기 위해 그들의 고유문화와 정체성을 부정하는 일본문화의 강요에 의한 제국 일본을 배신하지 않는 충성스러운 황국신민으로의 전환을 목적으로 한 정책이었다.

일본 정부의 동화정책은 중일전쟁기(1937년~)부터 황국신민화정책으로 절정에 달했다. 조선총독부는 한반도의 병참기지화에 따라 '내선일체'의 구호 하에 물심양면으로 총동원체제의 수립을 강요하기 시작했다. 그리고 신사참배, 황국신민의 세시 제창, 조선어 사용금지와 일본어 상용, 징병제로부터 지원병제도 시행, 창씨개명 등을 강요하였다. 1943년 일본 정부는 조선인과 대만인에게 병역을 의무화하였고, 1945년에는 조선인과 대만인에게 국정참정권을 부여하였다.[8]

이와 더불어 일본에서는 재일동포를 동원하기 위한 교화통제조직으로서 1936년부터 일본 도도부현에 '협화회'를 설립하였다. 그리고 1939년 이후부터 한반도로부터 모집, 관 알선, 징용 등의 방법으로 667,684명의 노동자가 강제 동원되어 석탄과 금속 탄광, 토목건축현장, 공장 등에 배치되어 가혹한 노동에 시달렸다. 강제동원 노동자뿐만 아니라 개별적으

---

8) 일본의 패전으로 실제 참정권 행사의 기회는 없었다. 다만, 식민지기의 일본 거주 재일코리안들에게는 이전부터 국정참정권이 부여되었다.

로 도일한 재일동포들도 모두 협화회 지부의 가입과 얼굴 사진을 붙인 '협화회원장(협화회 수첩)'의 소지를 의무화하였다.[9] 협화회는 조선인의 신사참배, 근로봉사, 국방헌금, 기모노 착용 등을 강요하고 조선인 청년의 군사교련을 담당하기도 했다.

이러한 일본의 동화정책은 한민족의 문화적 민족적 가치를 말살하고 재일코리안에게 귀속의식에 대한 갈등을 불러일으켰다. 그 결과 민족문화를 유지하기 위한 저항과 독립운동으로 확대되거나 민족차별에서 탈출과 사회적 상승을 기대하여 조선인으로서의 자기부정과 일본인과 같이 일본 정부의 정책에 적극적으로 협력하려는 동포들도 생겨났다. 그러나 재일코리안들이 아무리 '일본인화'를 위해 노력해도 조선인으로서의 차별은 여전히 개선되지 않는 현실에 모순을 느끼기 시작했다. 일본인의 재일코리안에 대한 차별에 대하여 1927년 고베시의 사회조사보고서에 따르면, 조선인에 대하여 "심리적으로 내재하는 일본인의 인습 관념, 일등 국민이라는 우월감, 식민지 국민이라는 멸시관념, 하층민 노동자들이 많은 사회적 존재에 대한 멸시 관념" 등 고정관념을 지적하고 있다.[10]

이상과 같이 해방 이전 재일코리안들이 직면한 가장 큰 문제는 우선 일본에서의 경제적 생활 안정과 경제적 상승이었다. 다음으로 재일동포의 문화와 정체성을 유지하며 일본 사회에서 일정한 위치를 차지하여 일본인과 대등한 관계에서 생활하는 정체성의 안정과 충족이었다. 이러한 과정에서 재일코리안들은 갑자기 조국의 해방을 맞이하게 되었고 모국 귀환과 일본 잔류라는 선택의 기로에 서게 되었다.

1945년 해방 전후 모국귀환과는 달리 북송사업은 1958년 일본 내에서는 차별과 빈곤, 불안정한 법적지위, 일본 정부의 동화정책과 같은 배출

---

[9] 1939년에 '중앙협화회'가 설립되어 태평양전쟁 말기에는 '흥생회'로 개칭하였다.
[10] 坂中英德他, 『北朝鮮帰国者問題の歴史と課題』, 新幹社, 2009, 202~204쪽.

요인과 한국에서의 정치 경제적 혼란, 독재와 인권탄압의 부정적인 이미지 등 다양한 요인에 의해 전개되었다. 이러한 시대적 배경에 따라 북한은 대남 통일전략에 의해 '지상낙원'이라는 이미지를 연출하였고 생활과 진학의 보장 등을 선전하며 재일동포의 잠재적인 귀국희망을 부추기고 북한에 의한 남북통일의 가능성을 확산시켰다.

북송사업은 어떻게 보면 재일코리안에게 북한으로의 이민으로 이민자들에게 중요한 것은 이주를 결정하는 경우 필요한 이주국 현지정보의 획득과 이주지에 실망할 경우 출국 혹은 귀환(유턴)할 수 있는 보장이었다. 그러나 북한 귀국운동은 이와는 정반대였다. 현지정보는 북한 정부의 선전에 의한 과장과 왜곡된 형태가 많았다. 일본의 매스컴도 북한발 정보를 검증하지 않고 일방적으로 북한 정보를 그대로 전달하였다. 1959년 말 북한으로 건너간 귀국자 중에 편지로 북한 현지의 실상을 재일코리안에게 전달한 사람들도 있었지만, 총련과 귀국운동의 지지자들은 이러한 정보를 허위라고 선전하였다.[11]

이상과 같이 해방 전후 재일코리안의 북한으로의 북송은 귀국인가 아니면 이민인가라는 문제가 존재한다. 1959년 북송 당시 재일동포의 대부분은 한국 출신의 1세 혹은 일본출생 2세들이 많았다. 그들에게 북송은 지리적으로 가깝고 언어와 문화의 공통성이 있다고 하더라도 현실적으로는 미지의 사회이고 그곳으로의 이주는 원래의 나라로 돌아간다는 귀국보다는 실질적으로 외국 이민에 가까웠다. 흔히 대규모 국제인구이동은 사람들을 밀어내는 경제적 요인 등 배출요인(PUSH Factor)과 사람들을 끌어들이는 이주국의 경제적 요인 등 흡인요인(PULL Factor)이 상호작용하는 것으로 설명되고 있다. 그러나 재일동포의 북송사업에 의한 인

---

11) 小島晴則, 『最後の別れ』, 高木書房, 2016, 562쪽.

구이동은 실제로 일본, 북한, 한국이라는 3개국의 정치 경제적 상황이 맞물려 실현되었다고 볼 수 있다. 그러면 다음 장에서 재일동포의 해방 전후 모국귀환과 북송사업의 차이에 대하여 상세히 살펴보고자 한다.

3. 해방 전후 재일코리안의 모국귀환과 북송 귀환

1) 1945년 해방 직후 재일코리안 모국귀환

1945년 8월 15일 일본의 패전으로 해방을 맞이할 당시 일본 거주 재일코리안은 약 246만 명 정도였다. 이들 대부분은 한국에서의 신국가건설을 기대하여 미국 군정하에 있는 한국으로 귀국을 희망했다. 특히 일본에서 군수공장이나 탄광 등 가혹한 노동현장에 전시 동원되었던 노동자들은 군수공장의 조업정지나 해고, 배급의 정지 등에 직면하여 조선인 병사, 군속(일본 내지에 징병 된 재일동포 및 일본군의 일원으로 전쟁터에서 일본으로 복귀한 재일동포 등)들과 함께 모국의 귀환을 서둘렀다. 그러나 일본 정부에 의한 모국귀환은 바로 개시되지 않았기 때문에 개인들이 소형어선 등을 집단으로 조달하여 현해탄을 건너는 사람들도 있었다.

일본 정부는 1945년 9월 1일 '조선인집단 이입근로자 등의 긴급조치에 관한 건'을 발표하여 한반도 남쪽으로의 집단귀국을 공식화하였다. 재일동포의 귀환업무가 본격적으로 시작된 것은 미국 점령군 및 연합국 최고사령관 총사령부(GHQ)가 귀국에 관여하면서부터이다.

미군 점령군(GHQ)은 1945년 11월 1일 '비일본인의 일본으로부터의 귀환에 관한 각서'를 일본 정부에 전달하고 조선 남부로의 귀환에 이용하는 항구나 귀환의 우선순위 등 본격적인 귀환업무를 지시하였다.[12] 같은 해 12월 상순에는 GHQ의 통제하에 일본의 행정기관이 귀국자의 보호, 안전, 복지, 승선항까지의 운송 책임, 귀환을 위한 보급, 시설비용, 승선료, 철도운임 등을 부담하도록 지시했다. GHQ는 운송능력의 부족을 보완하기 위해 미군 상륙용 구축함을 동원하여 귀환을 지원했다. 귀국자의 지원은 당시 결성되었던 '재일조선인연맹'이 적극적으로 참여하였고 철도나 승선의 지원은 일본 정부에 의해 반강제적으로 의뢰했다.

이러한 귀환 과정에서 1945년 해방부터 이듬해인 1946년 3월까지 7개월간 공식적으로 귀환한 재일동포가 90만 명, 자력으로 선박을 조달하는 등 비공식적인 방법으로 귀국한 재일동포가 40만 명 등 총 130만 명 정도가 한국으로 귀환하였다.[13] 이후 계속해서 재일동포의 한국으로의 집단귀국은 한국전쟁이 발발하기 직전인 1950년 5월까지 계속되었다.[14] 그리고 1945년 8월부터 1950년 5월까지 한국으로의 총 귀국자는 141만 명에 달했다.

그러나 해방 직후 북한으로의 집단귀국은 거의 없었다. 그 이유는 당시 미군 점령군(GHQ)이 북한을 점령하고 있던 소련군과의 합의에 이르지 못하고 있었기 때문이다. 그리고 1946년 12월 19일 '소련지구귀환에 관한 미소 협정'이 체결되자 과거 북위 38도선 이북의 한반도 북부에 거주하여 이 지역에서 출생한 조선인 1만 명을 대상으로 1947년에 집단귀국이 실현되었다. 그러나 당시 귀국희망자는 거의 없었고 실제 귀국자는 351명 정도였다. 해방 직후 집단귀국에서 주목할 만한 것은 일본 패전 직후 200만 명에 가까운 재일코리안 중 130만 명이 1946년 3월까지 7개월간에 걸쳐 귀국했음에도 불구하고 이후 한국전쟁이 발발하기 직전인 1950년

---

12) 당시 귀환의 우선순위는 복귀한 군인, 전시동원 근로자, 기타 순이었다.
13) 당시 귀국은 일본 정부의 비용부담이 원칙이었다.
14) 한국전쟁 후에도 일본 정부 부담이 아닌 한국으로의 개별 귀국은 가능했다.

5월까지 4년간 10만 명 정도만 귀국한 사실이다. 한국으로의 귀국은 이미 1946년 초기 무렵부터 감소하기 시작했다.

　이러한 귀국자 수의 감소이유에 대해 1946년 GHQ 조사 따르면, 한국귀환을 망설이게 하는 요인으로 경제적 제한, 한국의 상황, 재일동포의 일본 생활 적응 등을 꼽았다. 먼저 경제적 제약요인이었던 귀환지참금의 제한은 통화 유출에 의한 일본경제부흥의 지장초래, 한국의 인플레를 우려한 GHQ의 결정으로 1인당 1,000엔 정도의 지참금(나중에 완화), 250파운드의 휴대 수화물의 제한 등이었다. 그러나 1,000엔이라는 지참금 제한액은 당시 한국을 통치하던 미군행정청의 상부 기관이었던 미군 제24군단 사령부조차 '귀환하는 모든 조선인은 곧 생활보호자가 될 것이다.'라고 우려할 정도로 적은 액수였다. 미군행정부는 지참금 제한액을 1만엔 정도로 인상하도록 제안했지만, GHQ 경제담당 부서의 반대로 수용되지 못했다.[15)]

　둘째, 당시 한국 상황은 정치 경제적 혼란을 가리킨다. 정치적으로 한국은 1945년 12월 미국, 영국, 소련 3국의 외상회담에 의한 모스크바협정에서 결정된 한국신탁통치안을 둘러싸고 1946년 초기부터 찬성하는 좌파 세력과 반대하는 우파세력 간의 대립이 격화되고 있었다. 경제적인 혼란도 심각하여 공업생산의 위축과 초인플레 상태가 계속되고 있었다. 한국의 1946년 제조업 주요 부문의 생산액은 거의 모든 산업에서 20~50% 정도로 감소하였고 1945년 물가수준도 1944년의 11.7배에 달했다. 경제적 혼란의 주요 요인은 일본 식민지지배로부터 해방에 의한 경제산업구조의 급변이었다. 식민지기 일본 제국주의 영역 혹은 통치하에 있었던 일본과 조선, 만주는 블록경제의 분업구조로 한국경제는 대외의존적인

---

15) 坂中英德他, 『北朝鮮帰国者問題の歴史と課題』, 207쪽.

일본과의 수직분업이라는 경제적 구조의 특징을 가지고 있었다. 그러나
일본의 패전으로 한반도의 일본경제, 일본 소유자의 경영이 전면적으로
붕괴하여 일본 제국주의 경제의 붕괴로 이어지면서 블록경제의 분업 관
계도 단절되었다. 또한, 미소에 의한 한반도 분할점령으로 남북 간 분업
체계도 단절되어 한국은 자금과 원료, 생산재 등이 절대적으로 부족하였
다.16) 미군정청이 한국의 혼란을 수습하기 위한 적절한 대책을 세우지
못한 가운데 일본에서 140만 명, 중국 동북지역에서 40만 명 정도의 대량
귀국자가 유입하였기 때문에 실업이 대량으로 발생하여 식량부족과 주
택 부족이 심각한 상황이었다.

　이러한 경제구조의 상황에서 GHQ는 해방 후 한국에서 '취업난과 생활
비의 급등이 귀국자가 직면하는 2대 문제'로 귀국 후 일본으로 유턴하는
다수 불법 입국자의 발생 요인이 되고 있다고 지적하였다.17) 또한, 유턴
하는 재일동포로부터 한국의 상황이 재일코리안 사회에 전달되고 남북
분단과 미소 대립으로 한국이 언제 어느 때 전쟁터로 돌변할지도 모른다
는 불안감 때문에 재일코리안들이 모국귀국을 주저하게 하였다.

　해방 이후 일본 귀환자를 제외하고 한반도에서 일본 입국은 원칙적으
로 금지되었다. 그러나 한국의 생활난과 일본 엔의 교환정지 등으로 귀
국 후 밀항으로 일본으로 유턴하는 재입국자들이 증가하였다.

　당시 일본에 잔류하고 있던 재일코리안 대부분은 일본 체류 기간의
장기화로 일본에 생활기반을 갖추고 있었던 동포들이었다. 이 때문에 한
국이 정치 경제적으로 혼란한 상황에서 귀국을 망설였다. 당시 민단청년
회의 조사결과에서도 귀국을 포기한 이유로 귀국 후 생활보장이나 모국
의 정세 불안, 한국전쟁, 식량사정 등 귀국 후 생활환경에 대한 불안감이

16) 당시 북한은 중공업지대, 한국은 농업과 경공업 지대이었다.
17) 坂中英德他, 『北朝鮮帰国者問題の歴史と課題』, 新幹社, 2009, 211쪽.

크게 작용한 것으로 나타났다. 반대로 일본 잔류를 선택한 이유로서는
경제사정, 생활안정, 귀국할 수 없는 사정(친일 협력) 등 생활상의 이유
가 많았다. 일본 정부가 1946년 3월 재일동포 대상으로 귀국희망의 여부
를 조사한 결과 등록자의 총 약 64만 명 중 귀국희망자는 약 51만 명으
로 일본 잔류희망자는 약 13만 명 정도에 불과했다.[18]

　해방 직후 일본 잔류를 선택한 대부분의 재일코리안 1세들은 생활상
의 이유에서 잠정적인 거주를 선택했다. 그러니까 모국의 정치적 경제적
상황이 어느 정도 안정되고 생활이 가능해지면 귀국이 언제든 재연될 가
능성을 가지고 있었다. 이러한 이유로 1950~60년대까지 재일코리안 1세
들의 잠재적인 귀국희망은 강했다. 그들은 잠정적으로 일본에서 안정된
생활을 확보하고 언젠가는 모국 고향에 돌아가 생활하려는 희망을 품고
있었다.[19] 당시 재일코리안들은 일본 잔류가 장기화되지 않고 모국도 곧
있으면 통일이 될 것으로 생각하고 있었기 때문이다.

　따라서 1950년대 중반부터 시작된 북송사업은 이와 같은 해방 직후의
일본 잔류의 사정, 고향 한반도와 거주지 일본과의 사이에서 재일코리안
1세의 불안한 심리를 고려할 필요가 있다. 1950년대 당시 재일코리안 사
회는 일본 영주를 당연한 전제로 하는 현재 분위기와는 전혀 달랐고 북
한 이미지도 현재와는 정반대였다고 볼 수 있을 것이다.

2) 1959년 이후 재일코리안 북송 귀환

　일본 내 재일코리안 사회의 분단에 가장 큰 영향을 미친 사건은 조련

---

18) 坂中英德他, 『北朝鮮帰国者問題の歴史と課題』, 新幹社, 2009, 209~211쪽. 귀국희망은 한국이
　　약 504,359명, 북한이 약 9,701명이었다.
19) 小林知子, 「戦後における在日朝鮮人と『祖国』-朝鮮戦争期を中心に」, 『朝鮮研究会論文集』 34,
　　1996.

해산 이듬해 발발한 한국전쟁이었다. 재일코리안 대부분은 한국전쟁으로 남북정권 어느 한쪽을 지지하는 활동에 나섰기 때문이다. 민단은 연합군인 한국 측에 참전하는 의용병을 모집하여 실제로 462명의 군인과 군요원을 다양한 작전과 전투에 파견하였다.[20] 북한을 지지하는 총련의 활동가들은 한국전쟁 직후 각지에 조국방위대를 결성하여 1951년 1월 9일 구 조련계와 민단계 청년조직인 건청의 일부가 참여한 새로운 비공식적인 단체인 '재일조선통일민주전선(민전)'을 결성하였다. 민전을 지도한 일본공산당의 군사방침에 따라 미군의 '조선침략'으로부터 조국을 지킨다는 민전계 활동가의 활동으로 미군과 한국군에 보내는 군수품생산과 운송저지투쟁이 전개되기도 하였다.

이에 따라 재일코리안에 의해 재생산된 모국에 대한 애착은 더욱 강화되었고 좌파 우파 모두 한국전쟁을 모국 존폐의 위기로 받아들였다. 이러한 위기의식과 함께 재일코리안 1세뿐만이 아니라 재일코리안 2세 및 일본출생의 젊은 재일코리안 세대들조차 모국과의 일체감과 모국지향의 민족의식이 싹트기 시작했다. 이와는 달리 미국을 적대시하는 북한을 지원한 민전계의 과격한 투쟁은 GHQ나 일본 정부와의 대립을 한층 격화시켰고 일본 사회에서 과격한 재일코리안 이미지의 구축으로 관계가 극도로 악화되었다. 이러한 가운데 일본 정부의 재일코리안에 대한 은행융자나 취업차별은 더욱 강화되었다.

한국전쟁 중 재일코리안의 법적 지위도 크게 바뀌었는데 샌프란시스코 강화조약이 발효된 1952년 4월 28일 일본 정부는 재일코리안에 대하여 국적이탈을 조처하고 체류자격을 취득하지 않고 계속해서 일본에서 체류할 수 있는 임시조치 법률 제126호를 공포하였다. 이에 따라 재일코

---

20) 재일동포 한국전쟁 학도의용군은 총 462명이 참전하여 135명이 전사하였다.

〈사진 5〉 한국전쟁과 재일학도의용군 참전

리안은 일본 정부의 임시조치에 따라 체류가 허가된 매우 불안정한 법적 지위에 놓이게 되었고 재일코리안 사회의 생활과 정체성은 매우 불안정한 상태로 남게 되었다.

　이러한 가운데 한국전쟁 휴전 직후부터 민전에 의한 북송운동이 전개되었다. 먼저 민전 활동가들은 한국전쟁기 미군의 한국지원을 저지하는 투쟁의 전개 등 북한과의 구체적인 연계와 심리적인 연대가 있었다. 이후 한국전쟁 휴전과 함께 민전계의 기술자나 활동가의 일부가 북한의 경제부흥과 건설에 공헌하고 싶다는 귀국희망을 표면화하였다. 여기에다 일본사회에서 재일코리안의 차별배제도 하나의 요인이 추가되었다. 불안정한 법적지위로 전환된 재일코리안은 일본사회의 민족차별에 직면하게 되었고 대부분은 취업차별로 파칭코산업, 야끼니쿠산업, 토목건축업, 폐기물처리재생업 등 불안정한 직업에 종사하였다. 이러한 가운데 한국전쟁에서 다수의 희생자와 월남자가 발생하였고 전후 경제복구 3개년계획에 필요한 인재부족에 직면하고 있던 북한은 민전에 의한 전후 복구지원과 기술자, 사절단파견을 지지하였다. 일본 정부도 정치적으로 과격한 이미지의 재일동포 귀국희망자들이 북한으로 이주할 것을 기대하고 있었지만, 한국정부 반대의 예상으로 처음에는 신중히 대처하였다.

한국전쟁 직후부터 민전에 의해 전개되었던 북송운동은 1955년 총련이 결성되면서 재편되어 북한지도 하에서 본격화되기 시작했다. 총련은 결성 당시 귀국지향이 강했던 재일코리안 1세들이 구성원의 대부분을 차지하였고 재일동포의 차별과 빈곤을 극복하기 위한 수단으로 총련의 강령을 수용하였다. 당시 총련은 재일코리안 약 60만 명을 대표하는 단체로 소개되고 있었지만, 총련계 세력은 약 17만 명 정도로 이들 중 남녀 성인이 과반수를 차지하였다. 총련은 산하에 많은 단체와 민족학교를 두고 1980년대까지 재일코리안 사회에서 압도적인 영향력을 행사하였다. 이러한 총련이 북한을 지지하고 기관지와 민족학교에서 북한을 대대적으로 선전함으로써 재코리안 사회에서 북한에 대한 긍정적인 이미지를 한층 강화해 나갔다. 총련은 긍정적인 이미지를 지속해서 유지하기 위해 재일동포에 대한 물질적 지원이 필요하다고 판단한 북한은 1957년부터 매년 총련에 거액의 교육지원금을 지원하기 시작하였고 이는 재일코리안 사회의 북한 지지층 확대로 연결되었다. 그리고 귀국운동에 대한 한국 정부의 반대에 대비하여 일본 측은 일본적십자가 주체가 되어 북한으로의 집단귀국을 시행하는 방안을 모색하게 되었다.[21] 북한은 귀국문제를 통해 대일접근을 도모하고 조일 간의 왕래, 무역, 조일 간의 합법적인 연락루트 구축, 북한 건설에 필요한 물자와 자금 도입의 루트를 구축하려는 의도가 있었고 초기에는 대규모 집단귀국을 상정하지 않았다.

---

[21] 북한귀국에 대하여 한국 정부는 '북송'으로 지칭하여 반대하였는데 그 이유로는 재일동포가 대한민국 국민으로 한국의 관할권=통치권의 문제로 공산주의 선전과 전투력 증강을 들었다.

〈표 13〉 재일코리안 북송 귀환의 역사적 전개 과정[22]

연도	북송 전개 과정의 주요 내용
1958.08.08	김일성 '재일동포의 귀국을 환영한다.'라는 연설
1958.09.16	남일 외무상, 귀국희망자를 인도하여 줄 것을 일본 정부 앞으로 성명 발표
1958.10.16	김일 부수상, 선박이 준비되어 있음을 주장
1958.11.17	동경에 '재일조선인 귀국협력회' 설립
1959.01.29	후지야마 외무상, 참의원 본회의에서 '재일조선인의 조선 귀환은 가까운 시일에 계획을 발표할 수 있다.'라고 발표
1959.02.02	기시 수상, 중의원 예산위원회에서 '송환을 한다.'라고 발표
1959.02.13	인도적인 문제로서 적십자 국제위원회 개입하에 귀국을 수행한다는 취지의 각의 양해. 국제위원회도 자유의사에 의한 귀국이라면 지원한다고 공표
1959.04.13	조일 적십자 제1회 회담 제네바에서 개최. 북한 측은 소련 배를 사용, 모든 절차는 조선총련을 창구로 수행하고 싶다고 주장
1959.04.14	제4회 회담. 의사 확인 등에 따라 일본적십자 측 문서로 설명
1959.04.15	제2회 회담. 북한 측 귀국희망자의 의사확인을 거부
1959.04.17	제3회 회담. 북한 측 국제위원회 개입 반대. 일본적십자는 조선총련 명부 존중을 거부
1959.04.20	제4회 회담. 의사확인 등에 따라 일본적십자 측 문서로 설명
1959.02.13	제3회 회담. 북한 측 국제위원회 개입 반대. 일본적십자는 조선총련 명부 존중을 거부
1959.08.13	캘커타에서 조일적십자 대표 귀국 협정 조인
1959.09.21	희망귀국자 귀국신청 접수 개시
1959.12.05	일본적십자 니가타센터 개설(구 미국 주둔군 기숙사)
1959.12.14	귀국 제1차 선박 출항(284세대 975명, 이후 1961년 11월 10일 제80차 선박까지 매주 1회, 1척의 귀국선 운항)
1960.07.13	조선적십자는 귀국 협정의 무수정 연장을 전보로 제안. 일본적십자사는 조선적십자회의 이 제안에 대하여 니가타회담을 제안. 8월 25일부터 9월 23일까지 니가타회담 결렬
1960.10.27	제2차 니가타회담, 귀국 협정을 1년 연장 합의
1961.07.29	조선적십자회로부터 협정의 무수정 연장 제안
1961.07.31	일본적십자사 동의 회답
1961.11.17	제81차 선박으로부터 매주 1회 1척으로 수정
1962.01.18	조일적십자 간 귀국선의 운항을 월 2회로 운영하는 것에 합의
1962.06.23	조선적십자회는 협정을 현행 그대로 1년 연장 제안

1962.07.06	일본 정부는 각의에서 귀국희망자의 취급에 대하여 '귀국희망자의 현상으로 보면 귀국 협정의 기간만료 후(11월 12일) 취급은 적십자의 원칙에 따라 처리한다.'라고 양해
1962.11.08	처리 방법에 대하여 니가타회담, 협정의 1년 연장, 매회 귀국자 수는 약 200명 등으로 합의
1963.08.02	조선적십자회는 협정의 1년 연장 제안, 일본적십자도 바로 동의 회답
1964.06.16	니가타지진으로 일본적십자 니가타센터, 니가타항의 시설이 피해를 받아 일시적 귀국업무 중단 결정
1964.07.28	조선적십자로부터 협정 1년 연장 제안
1964.07.30	일본적십자도 제안에 동의
1964.09.26	일본적십자 니가타센터 시설 복구, 귀국업무 재개
1966.07.02	조선적십자회는 협정의 1년 연장 제안
1966.08.23	일본 정부는 각의에서 귀국희망자의 취급에 대하여 다음과 같이 양해 첫째, 협정을 11월 12일부터 1년 연장, 둘째, 연장은 이번만 허용. 셋째, 협정 종료 후 귀국희망자에 대해서는 정부도 편의를 공여한다.
1966.09.07	일본적십자사는 협정의 1년 연장에 동의, 조선적십자회는 귀국희망자가 있는 한 협정의 무조건 연장을 요청
1967.04.21	일본 정부 각의 첫째, 귀국신청은 8월 12일로 종료, 협정 기간 중 귀국신청자의 귀국을 종료한다. 둘째, 신청종료 후 일반 외국인과 같이 임의로 출국할 수 있도록 배려할 것을 보고
1967.08.25	협정연장문제에 관하여 모스크바에서 조일적십자 단체에 의한 회담 개시
1967.09.23	모스크바회담 결렬
1967.10.16	조선적십자회로부터 협정의 무수정 연장과 회담의 재개 요망
1967.11.27	조일적십자 단체는 콜롬보에서 협정연장에 대하여 회담 개시
1968.01.24	콜롬보 회담 결렬
1971.02.05	모스크바에서 조일적십자 간 합의서와 회담 요록이 작성되어 귀국사업 재개 합의
1971.05.14	재개 제1선박(제156차 귀국선 출항)

　　그러나 북송문제는 1955년 후반부터 북한의 전략과 정책상의 의도, 총련과의 연계로 재일동포의 귀국희망, 일본 측의 귀찮은 존재의 추방 등이 공명하여 전개되기 시작했다. 총련 초기 북송운동은 북한의 대일 대

---

22) 小島晴則,『最後の別れ』, 高木書房, 2016, 661~663쪽. 내용에 의해 연구자가 작성하였다.

남정책의 추진과 홍보 수단으로 전개되어 소규모의 귀국자를 대상으로 한 과대한 선전까지는 아니었다. 북한은 북송운동 초기 그 자체를 정책의 중점에 두지 않고 상정된 귀국자도 북한의 진학생, 오무라수용소의 귀국희망자, 개인 사정으로 귀국을 희망하는 재일동포 등에 한정하였다.

하지만, 총련에 의한 북송운동이 갑자기 대규모로 전환된 이유는 1958년 8월 11일 총련 가와사키지부 나카도메분회가 개최한 8월 15일 기념 집회의 참가자들이 일본 생활에 전망이 없으므로 북한으로 귀국할 수밖에 없다고 일본 정부에 대한 귀국의 시급한 실현을 요구하는 귀국촉진결의대회를 개최했기 때문이다. 당시 가와사키지부는 김일성 앞으로 귀국을 희망하는 편지를 보낼 것을 결의하였고 이어서 총련 각지의 집회에서 집단 귀국결의가 채택되었고 총련계 민족학교 교원, 학부모, 학생들도 북한귀국을 호소하기 시작했다. 이러한 상황에서 김일성은 모든 귀국을 시야에 두고 대규모 귀국을 추진하는 방침으로 전환하였다. 재일동포의 급격한 귀국희망자의 증가와 북한이 그것을 수용하는 형태로 김일성은 1958년 9월 8일 귀국자를 열렬히 환영하고 그들의 생활과 진학을 보장한다는 의사를 표명하였다. 또한, 김일성은 재일동포의 수용을 '민족적 의무'로 규정하고 북한의 민족애와 체제 우월성을 선전하였다. 이러한 북한의 움직임에 대해 당시 소련 정부도 적극적으로 지원하였는데 귀국 실현을 사회주의권 전체의 홍보자료로 활용할 수 있었기 때문이다.

북송운동은 김일성의 환영 표명으로 대규모로 전개되어 1958년 10월부터 1959년 3월까지 북송운동 관련 대소집회가 약 8,275회 정도 재일코리안 사회에서 개최되었다는 것이 59년 5월 총련 제5회 전체 대회에서 보고되었다. 이 무렵부터 북한에 대한 '지상낙원'이라는 선전이 총련 기관지 등에 등장하기 시작했다. 일본의 주요 신문들도 귀국운동과 북한에 대한 호의적인 내용을 집중적으로 보도하여 재일동포의 귀국희망을 급

〈사진 6〉 니가타항 북송 귀환 장면(만경봉호)

격히 전파하였고 이에 따라 귀국희망자도 폭발적으로 증가하기 시작했다. 총련은 1958년 10월 5일 17,130명, 10월 30일 37,000명, 1959년 1월 말 귀국희망자가 11만 7,000명으로 확대되어 약 4개월 만에 10만 명이 증가하였다고 발표하였다.

북한의 선전과 북송 운동의 확대, 그리고 이를 부추긴 일본 매스컴의 보도로 차별과 빈곤이라는 일본 사회에서의 배제, 독재와 인권탄압의 이미지가 강했던 한국에 대한 환멸로 재일코리안들은 북한을 기대하기 시작했다. 이러한 과대한 선전을 통한 대규모 북송 운동은 총련 초기의 운동 의도와는 전혀 달랐고 일본 정부에 대한 귀국실현을 압박하는 요인으로 작용하였다. 한편 총련계 재일동포와 일본인 지원자의 쌍방에서 '조선인이 조선의 나라로 돌아가는 것은 당연하다.'라는 국민국가의 환상이 존재하고 있었던 것도 사실이다. 북한의 전략으로 대규모화된 북송운동은 총련계 재일동포의 귀국희망과 일본인 보수파를 중심으로 하는 귀찮은 존재의 추방, 일본 진보파를 중심으로 한 사회주의적 환상이라는 공통된 '국민국가 환상' 등에 의해 점점 고조되어 갔다.

이러한 일본 내 여론이 점차 고조됨에 따라 일본 정부는 1959년 2월 13일 귀국 실행을 각의 결정하였다. 각의 양해에서는 거주지 선택의 자유라는 국제 통념에 따라 "귀국희망자의 의사확인 등으로 적십자국제위원회의 중재를 의뢰한다. 일본 측은 귀국선을 제공하지 않는다."라고 결정하였다. 일본에서 귀국선을 제공하지 않는 이유는 송환이 아니라 자유의사에 따른 귀환의 편의 제공으로 표면상 귀환자가 속하는 국가가 배를 제공하는 것이 합당하고 한국에 대한 정치적 고려, 항행의 안전보장이 없고 이미 북한이 귀국선과 귀국비용을 제공하고 있다는 이유에서였다.

이외에도 일본 정부가 재일코리안의 북송을 결정한 이유는 다음과 같다. 먼저 집단귀국운동에 따른 치안상의 이유 및 재일동포의 범죄율 증가, 생활보장수급세대의 증가 등으로 희망자를 귀국시키는 것이 유리하다는 의견이 일반여론과 여당 내에서 높아졌다. 둘째, 귀환을 인정하는 것에 의해 북한과 국내 좌익계 정당, 단체의 정책적 모략의 봉쇄, 셋째, 이승만 라인 문제, 어업문제, 귀환문제로 한국과의 합의 곤란, 넷째, 한일회담 휴회 중 귀국사업을 시행하여 최대 장애물을 제거하고 장래 회담 재개에 임하는 것이 유리하다는 판단 등이 작용하였다.

〈사진 7〉 북송 귀환 반대운동(1959년 2월)

이러한 과정을 거쳐 1959년 8월 상순 적십자국제위원회는 귀국사업의 협력을 표명하여 8월 13일 조일적십자는 귀환협정을 체결하였다. 그리고 한국 측의 거센 반발에도 불구하고 마침내 1959년 12월 14일 니가타 항에서 최초의 귀국선이 출항하였다. 북송은 1960~61년 절정에 달하여 40,936명, 22,801명이 북한으로 이주하였으며 1959년 12월부터 1961년 말까지의 최초 2년간 총 44,779명이 귀국했다. 그리고 1984년까지 25년간

〈표 14〉 재일코리안 북송 귀환 현황[23]

연도	월	제( )차 선박	횟수	귀국자 수	비고
1959	12	1-3	3	2,942	
1960	1-12	4-51	48	48,946	
1961	1-12	52-85	34	22,801	인플루엔자 유행
1962	1-12	86-101	16	3,497	콜레라 유행
1963	1-12	102-113	12	2,567	
1964	1-12	114-121	8	1,822	니가타 지진 발생
1965	1-12	122-132	11	2,255	
1966	1-12	133-144	12	1,860	
1967	1-12	145-155	11	1,831	
1968-70					중단-협정연장 회담
1971	5-12	156-162	7	1,318	만경봉호 취항
1972	3-12	163-166	4	1,102	
1973	3-10	167-169	3	704	
1974	2-11	170-172	3	479	
1975	3-12	173-175	3	379	
1976	3,10	176-177	2	256	
1977	4,10	178-179	2	180	
1978	3,9	180-181	2	150	
1979	3,9	182-183	2	126	
1980	6	184	1	40	
1981	9	185	1	38	
합계		185		93,293	

[23] 小島晴則, 『最後の別れ』, 高木書房, 2016, 663쪽. 귀국자 수는 제1선박으로부터 제185선박까지 93,293명으로 인플루엔자 유행 때문에 제55차 선박 2개월 정지, 제98차 귀국자 콜레라로 인해 3개월 정지, 제159차 선박부터 만경봉호가 취항하였다.

지속하였는데 귀환협정을 매년 북한, 총련, 일본지원단 등이 연장을 요구하였기 때문이다. 이러한 협정연장의 배경에는 재일동포 귀국에 따른 정치적 경제적 이익을 확보하려는 북한의 의지가 강하게 작용했던 것으로 짐작할 수 있다.

3) 모국귀환과 북송 귀환의 차이

북송사업은 1958년 여름부터 북한의 전략으로 재일코리안의 대규모 귀국운동으로 전개되어 단기간에 약 11만 명 정도의 방대한 귀국희망자가 출현하였다. 그리고 실제로 북송사업으로 93,340명의 재일동포가 북한으로 귀국했다. 재일동포가 귀국을 희망한 구체적인 동기는 주로 다음과 같은 이유를 들 수 있다.[24] 첫째, 생활상의 기회 확대(생활난으로부터 탈출, 자녀의 장래에 대한 불안 해소, 진학과 취업의 실현, 무상의료 기대 등), 둘째, 사회주의 조국 건설에 공헌한다는 보람과 정신적 충족, 셋째, 북한 주도의 남북통일 준비, 넷째, 가족과의 재회와 합류(특히 북한 지역 출신의 귀국자), 다섯째, 한국으로의 강제송환 회피, 여섯째, 총련 조직 내와 북한 측의 사정에 의한 귀국(애국심을 보여주기 위한 활동가 본인과 가족 등의 귀국, 기술자집단과 과학자집단의 귀국, 총련 내 대립과 조직 사정에 의한 귀국(본국 소환, 공작원의 가족과 관계자의 귀국), 일곱째, 강제송환과 강제귀국, 여덟째, 가족(세대주) 의사에 따른 귀국(일본인 아내) 등이었다.

거기에다 이러한 재일코리안 북송의 발생 배경에는 1970년대부터 1980년대에 걸쳐 진행된 과도기 재일코리안 사회의 패러다임전환을 들 수 있

24) 坂中英徳他, 『北朝鮮帰国者問題の歴史と課題』, 新幹社, 2009, 275~276쪽.

다. 먼저 이 시기는 재일코리안들이 귀국지향에서 일본 영주지향으로 전환되기 시작한 시기였고 남북에 대한 이미지가 북한으로부터 한국으로 전환되기 시작한 시기였다. 북송사업 당시 재일코리안 사회는 언젠가 모국에 귀국할 것이라는 잠정적인 귀국지향의 동포들이 많았고 북한에 대한 이미지 또한 한국보다 훨씬 긍정적이었던 시기였다. 그러나 이러한 시기적 배경이 전환되고 있었던 과도기였다.

또한, 재일코리안의 귀국사업의 배경에는 해방 직후부터 재일코리안 1세들의 잠재적인 귀국희망이 존재하고 있었기 때문에 귀국희망과 일본에서의 차별, 생활난 등으로 북한과 연계된 총련의 귀국운동이 전개되어 일본 정부에 계속해서 귀국 실현을 요구하였다. 이러한 재일코리안 1세들을 중심으로 한 귀국희망이 있었고 빈곤과 차별, 불안정한 법적지위 등 재일동포를 둘러싼 일본 국내 배출요인과 총련운동에 의한 사회주의 동경과 환상이라는 북한에 대한 기대라는 흡인요인이 존재하고 있었다. 거기에다 재일동포를 둘러싼 치안과 재정상의 부담을 경감하려는 귀찮은 존재로 여기고 있었던 일본 정부가 편승하는 형태로 귀국사업이 시행되었다. 이에 대해 당시 한국 정부는 귀국사업을 북송사업으로 여기고 반대하였는데 그 이유는 재일코리안에 대한 관할권(통치권)의 확보를 목적으로 일본에서 현지 정주화정책을 기본으로 재일동포의 법적지위의 안정화를 요구하였기 때문이다. 이러한 가운데 재일코리안에게 불행했던 것은 일본에 의한 식민지통치정책과 해방 직후 모국의 독립과 분단에 의한 농락, 이후에도 계속 남북 양측의 모국에 의한 치열한 쟁탈전의 대상이 되었다는 것이다.

이상과 같이 일본 정부의 재일코리안에 대한 귀찮은 존재의 추방이라는 희망, 일본 사회에서 재일동포에 대한 차별과 소외, 재일동포에 대한 차별해소와 공생에 대한 일본 정부의 노력 부족, 거기에다 일본 매스컴

〈표 15〉 재일코리안 모국귀환과 북송 귀환의 차이[25]

구분	해방 직후 모국귀환	1959년 북송 귀환
귀환의 특성 및 차이	• 1945년 해방부터 이듬해인 1946년 3월까지 7개월간 공식적으로 귀환한 재일코리안이 90만 명, 자력으로 선박을 조달하는 등 비공식적인 방법으로 귀국한 재일동포가 40만 명 등 총 130만 명 정도가 한국으로 귀환 • 재일코리안의 한국으로의 집단귀국은 한국전쟁이 발발하기 직전인 1950년 5월까지 계속. 1945년 8월부터 1950년 5월까지 한국으로의 총 귀국자는 141만 명 • 한반도 북부에 거주하여 이 지역에서 출생한 조선인 1만 명을 대상으로 1947년에 집단귀국 시행. 그러나 당시 귀국희망자는 거의 없었고 실제 귀국자는 351명 정도 • 해방 직후 200만 명의 재일코리안 중 130만 명이 1946년 3월까지 7개월간에 걸쳐 귀국했음에도 불구하고 이후 한국전쟁이 발발하기 직전인 1950년 5월까지 4년간 10만 명 정도 귀국. 한국으로의 귀국은 이미 1946년 초기 감소	• 일본 정부의 귀찮은 존재의 추방이라는 희망, 일본 사회에서 재일동포에 대한 차별과 소외, 재일코리안에 대한 차별 해소와 공생에 대한 일본 정부의 노력 부족, 거기에다 일본 매스컴에 의해 한국의 정치적 경제적 혼란이 재일코리안 사회에 전달됨에 따라 1958년 이후 북한에 대한 긍정적인 정보 급격히 증가 • 1950년대 말부터 한국의 정치적 경제적 혼란이 가중되고 1960년경에는 4·19 학생운동으로 이승만 정권이 붕괴하여 북한 주도의 남북통일이 가까워졌다는 소문이 총련계 재일코리안 사회 확대 • 이러한 상황 속에서 총련계 재일코리안을 중심으로 북한에서의 생활이 일본보다 물질적 정신적으로 풍요로운 생활이 가능할 것이라는 기대감이 한국과는 대조적으로 확대되어 북한으로의 귀국희망자가 급증
귀환 요인	• 일본에서 군수공장이나 탄광 등 과혹한 현장에 전시 동원되었던 노동자들은 군수공장의 조업정지나 해고, 배급의 정지 등에 직면하여 조선인 병사, 군속 등 모국귀환 • 귀국 포기 이유: 귀국 후 생활을 보장할 수 없다거나 모국의 정세 불안, 한국전쟁, 식량사정 등 귀국 후 생활환경에 대한 불안감. 일본 잔류 선택 이유는 경제사정, 생활안정, 귀국할 수 없는 사정(친일 협력) 등 생활상 이유	• 1950년대 잠재적인 귀국희망과 모국지향이 강함. 모국의 경제사정이 호전되어 귀국하더라도 일정의 생활수준이 가능하게 되면 귀국희망이 재연될 가능성 잠재. 한국의 정치적 경제적 상황, 일본의 배출요인, 북한의 흡인요인 등 다양한 요인들이 상호 연계되어 재일동포 대상 북송사업 전개

25) 이 표는 연구자가 연구내용을 바탕으로 작성하였다.

에 의해 한국의 정치적 경제적 혼란이 재일코리안 사회에 전달됨에 따라 1958년 이후 북한에 대한 긍정적인 정보가 급격히 증가하였다. 이러한 가운데 1950년대 말부터 한국의 정치적 경제적 혼란이 가중되고 1960년 경에는 4 · 19 학생운동으로 이승만 정권이 붕괴하여 북한 주도의 남북통일이 가까워졌다는 소문이 총련계 재일코리안 사회에 확대되고 있었다. 이러한 상황 속에서 총련계 재일동포를 중심으로 북한에서의 생활이 일본보다 물질적 정신적으로 풍부한 생활이 가능할 것이라는 기대감이 한국과는 대조적으로 확대되어 북한으로의 귀국희망자가 급증하게 된 결정적인 요인이 되었다. 또한, 1950~60년대 당시 재일코리안 사회의 중심이었던 재일코리안 1~2세의 대부분은 잠재적인 귀국희망과 모국지향이 강했다. 모국의 경제사정이 호전되어 귀국하더라도 일정의 생활수준이 가능하게 되면 귀국희망이 재연될 가능성을 충분히 잠재하고 있었다. 이상과 같이 한국의 정치적 경제적 상황, 일본의 배출요인, 북한의 흡인요인 등 다양한 요인들이 상호 연계되어 재일코리안 대상의 북송사업이 본격적으로 전개되었다.

4) 귀환과 모국지향

이 장에서는 1945년 해방 전후 재일코리안의 한국으로의 모국귀환과 1959년 이후 발생한 북송사업에 대한 차이점과 의미를 살펴보았다. 특히, 이 장에서는 재일코리안의 모국귀환과 북송사업의 실체와 의미를 규명하기 위하여 다음과 같은 연구과제를 설정하였다. 첫째, 1945년 해방 전후 모국귀환의 과정이 어떻게 전개되었는지, 둘째, 1959년 이후 진행된 재일코리안 북송사업의 배출요인과 흡인요인은 무엇이었는지, 셋째, 모국귀환과 북송사업의 비교에 따른 재일동포 사회의 영향과 전망 등을 순서대로 살펴보고자 하였다. 북송사업은 일본 주변의 많은 국가와 단체 들이 사업의 추진이나 반대, 혹은 저지라는 입장에서 관여하였다. 당시 일본, 북한, 한국, 미국, 소련 등 정부와 각국 적십자위원회(제네바), 총 련, 민단, 북송사업을 지원한 일본단체 등이 관련된 것으로 나타났다. 이 들 가운데 북송사업의 귀환 협정을 맺은 일본적십자사회와 조일 양 정부 가 협정당사자이지만 직접적인 당사자는 역시 북한으로 귀환한 재일동 포나 일본인 배우자들이라 할 수 있을 것이다. 이 연구 결과는 다음과 같이 요약하여 제시할 수 있을 것이다.

첫째, 해방 전후 재일코리안의 모국귀환은 1945년 해방 전후부터 이듬 해인 1946년 3월까지 7개월간 공식적으로 귀환한 재일동포가 약 90만 명, 자력으로 선박을 조달하여 밀입국이나 비공식적인 방법으로 귀국한 재 일동포가 약 40만 명 등, 총 130만 명 정도가 한국으로 귀환한 것으로 나 타났다. 재일코리안의 한국으로의 집단귀국은 한국전쟁이 발발하기 직 전인 1950년 5월까지 계속되었으며 1945년 8월부터 1950년 5월까지 한국 으로의 총 귀국자는 141만 명이었다. 이들의 귀국요인은 일본에서 군수 공장이나 탄광 등 가혹한 노동현장에 전시 동원되었던 노동자들로 군수 공장의 조업정지나 해고, 배급의 정지 등에 따른 조선인 병사, 군속 등의 모국귀환이라 할 수 있다. 당시 이들 중 일부가 모국귀국을 포기한 이유 에 대해서는 귀국 후 생활을 보장할 수 없다거나 모국정세의 불안정, 한 국전쟁, 식량 사정 등 귀국 후 생활환경에 대한 불안감 등이 크게 작용 한 것으로 나타났다. 또한, 자발적 일본 잔류를 선택한 이유는 경제 사 정, 생활 안정, 귀국할 수 없는 사정(친일 협력 경력) 등 생활상의 이유가 많은 것으로 나타났다.

둘째, 재일코리안 북송사업의 흡인요인과 배출요인에 대해 살펴본 결 과, 일본에서의 배출요인은 귀찮은 존재의 추방이라는 기대심리, 일본 사회에서 재일동포에 대한 차별과 소외, 재일동포에 대한 차별 해소와 공생에 대한 일본 정부의 노력 부족, 일본 매스컴에 의해 한국의 정치 경제적 혼란이 재일동포 사회에 전달됨에 따라 1958년 이후 북한에 대한 긍정적인 정보가 급격히 증가한 데 따른 결과라고 할 수 있다. 반대로 북한으로의 흡인요인은 1950년대 말부터 한국의 정치 경제적 혼란이 가중되고 1960년경 4·19 학생운동으로 이승만 정권이 붕괴되면서 북한 주도의 남북통일이 가까워졌다는 소문이 총련계 중심의 재일동포 사회에 확산되었기 때문이다. 이러한 상황 속에서 총련계 재일동포를 중심으로 북한에서의 생활이 일본보다 물질적 정신적으로 풍요로운 생활이 가능할 것이라는 기대감이 한국과는 대조적으로 확대되어 북한으로의 귀국 희망자가 급증한 것으로 나타났다.

셋째, 재일코리안의 모국귀환과 북송사업이 재일동포 사회에 미친 영향과 전망을 살펴본 결과, 1945년 해방 전후 모국귀환은 당시 남북을 분할점령하고 있던 미소가 합의를 이르지 못하고 있는 상황에서 대부분 미군 통치하의 남한으로 귀국하였다. 그러나 북송사업은 재일동포 사회의 민단과 총련의 결성되고 1950년 한국전쟁을 계기로 남북을 지지하는 세력이 분열되면서 본격화되기 시작하여 약 10년간에 걸쳐 9만 3천 명 정도가 북송되었다. 이후 북송사업을 계기로 재일동포 사회는 영구분열의 길에 들어선 것으로 생각되면 이러한 분단 상태는 남북과 마찬가지로 지금까지 계속되고 있는 것으로 생각된다.

재일코리안 북송사업은 재일동포의 낯선 곳으로의 이민이라는 점에서 이민자에게 필요불가결한 흡인요인의 결여가 북송사업의 큰 문제라 할 수 있다. 북송사업은 '이민'이라는 본질이 북한에 의한 허구의 흡인요인에 의해 귀국으로 전환된 것으로 이민에 대한 정보획득과 출입국 보장이 방치된 점 또한 큰 문제점으로 지적할 수 있을 것이다. 다음 장에서는 재일코리안의 모국귀환 이후 임시적인 체류에서 정주로 전환되면서 재일코리안의 법적지위 문제가 대두하게 되는데 일본 정부의 재일코리안 정책에 대하여 자세히 살펴보고자 한다.

제4장

일본 정부의 재일코리안 정책과 법적 지위

제4장
일본 정부의 재일코리안 정책과 법적 지위

1. 일본 정부의 재일코리안 정책

해방 전후 일본 정부는 구 식민지출신자나 그 자손들인 재일코리안들을 대상으로 식민지지배에 따른 피해보상이나 원상회복의 아무런 조치 없이 외국인등록령에 의한 추방정책을 단행하였다. 특히 일본에서 해방 전부터 구축되어 온 천황제 중심의 '단일민족국가' 신화는 재일코리안들을 대상으로 일본 사회의 강압적인 동화정책을 강요하는데 크게 작용했다. 해방 전후 재일코리안들은 일본 국적을 소유하고 있었지만, 본국의 조선인들은 독립과 함께 조선국적자로 변경되었다. 일본 정부는 일본 거주 재일코리안들에 대해 1945년 12월 '호적법의 적용을 받지 않는 자의 선거권 및 피선거권은 당분간 정지한다.'라고 발표하였다.[1] 당시 일본 호적법은 일본 내지에만 적용되어 구 식민지였던 조선이나 대만에는 별도의 호적법을 적용하였다. 일본 정부는 이러한 호적법을 활용하여 조선

---

[1] 佐藤文明, 『在日 「外国人」読本』, 縁風出版, 2009, 68~69쪽.

인의 권리를 박탈하였다.

이와 같은 구 식민지출신자에 대한 일본 정부의 권리 박탈 시도는 1952년 공포된 유족원호법에서도 유사하게 나타났다. 원호대상자가 일본 내지의 호적법 적용을 받는 자로 제한되어 많은 조선인 유족들이 원호 수급 대상에서 제외되었다. 구 식민지출신자의 국적에 대해서는 1952년 샌프란시스코 강화조약 체결 전까지 유지되었지만 이미 1947년 5월부터 재일코리안들을 외국인으로 취급하는 외국인등록령의 대상자로 삼았다. 그리고 1952년 대일평화조약의 발효 이후 재일코리안에 대한 민족차별 은 국적 구분을 통해 일본 국적에서 한국적으로 합리화되었고 해방 전부 터 일본에 거주하고 있던 재일코리안의 기본 권리와 인권은 무시되었다. 1965년 한일기본조약 체결과 더불어 시작된 1970년대 재일코리안 민족차 별 철폐운동과 시민운동의 확대는 1980년대 지문날인거부운동을 거쳐 2000년 4월 일본 정부가 외국인등록법상의 지문날인제도를 폐지하도록 작용했다. 특히 1989년 일본 출입국관리법 개정은 당시까지만 해도 이민 을 수용하지 않던 일본 정부의 외국인 이민수용정책을 실질적으로 전환 시켰다. 또한, 이 법은 브라질이나 페루 등 중남미 일계인의 일본 취업을 허가함으로써 외국인노동자 도입정책을 허용했다는데 의미가 있다.

〈사진 8〉 한일기본조약과 출입국관리 반대 시위(1965년)

그러나 2007년 11월에 일본 정부가 테러리스트 입국을 방지한다는 목적으로 개정된 출입국관리법(출입국관리 및 난민인정법)에 의해 일본 국제공항과 항만에서 입국 및 재입국을 희망하는 16세 이상의 모든 외국인으로부터 생체정보(지문 및 사진)를 제공하도록 규정하였다. 2009년 일본 정부는 당시 지방자치단체가 외국인에게 발행하던 외국인등록증 발급을 폐지하고 법무성 입국관리국이 직접 체류카드를 발급하고 지방자치단체는 외국인대장 만을 작성한다는 방침을 정했다. 일본 정부의 새로운 입국체류관리제도는 체류카드가 제도의 핵심 사항으로 일본에서 생활하는 16세 이상의 외국인(특별영주자 제외)을 대상으로 IC칩이 등록된 카드를 수령하여 상시 휴대하도록 의무화하고 있다.[2]

이 장에서는 1945년 해방 이후 일본 정부의 재일코리안 정책을 회고하고 전망하는 데 중점을 두고 있다. 일본은 한국과 가장 가까운 이웃에 거주하고 있으며 해방 이후 70년이 경과되는 시점에서 식민지지배 경험과 90만 명 이상의 재일코리안들이 여전히 생활하고 있는 지역이지만 재일코리안 정책에 관한 연구는 여전히 미흡한 측면이 있다. 이러한 측면에서 이 장에서는 일본 거주 재일코리안 정책에 대하여 국적변경과 정주의 본격화라는 측면에서 크게 미군점령기 일본인 국적 시대(1945~1952년), 한국적 혹은 조선적 재일코리안의 확립기(1952~1991년), 1990년대 출입국관리법 개정 이후 다문화 공생사회와 정주화(1991~2000년대) 등 세 가지 측면에서 순서대로 살펴보고자 한다.

---

[2] 佐藤信行, 「日本の外国人政策と在日コリアン」, 『調布ムルレの会シリーズ13号』, 2010, 1~13쪽.

2. 일본 정부의 재일코리안 정책의 변화 추이

1) 해방 이전 식민지 조선정책과 재일코리안

1945년 해방 직후 일본에서 북한지역으로 재일코리안의 이동은 전체 귀환자 50만 8,000명 중 9,701명 정도로 매우 작은 규모였다. 그 이유는 일본 식민지정책의 결과로부터 기인하고 있다. 가령, 1937년 일본 체류 재일코리안은 약 96만 명으로, 태평양전쟁이 개시된 1941년 약 146만 9천 명에서 1942년에는 약 162만 명 정도로 대폭 증가하였다. 이상과 같이 태평양전쟁 전후 일본 내 재일코리안의 수가 급증하였는데 그 이유는 일본 청년들이 전쟁터로 내몰리고 있는 상황에서 공장과 탄광, 농촌 일손 부족 지역에 조선 청년들로 채웠기 때문이다.[3] 이것이 조선인 강제징용의 직접적인 계기가 되었지만, 남쪽에서는 주로 일본에서 가까운 경상도, 전라도, 제주도 출신 청년들을 일본으로 데려갔고 북쪽에서는 주로 만주로 데려갔다. 이에 따라 해방 당시 대부분의 재일코리안들은 남쪽 출신자들이었으며 북쪽지역 출신자는 전체 5%에도 미치지 못했다.

재일코리안은 1945년 해방 이전 일본에서 치러졌던 선거에 참여할 수 있는 제국신민이었으며 대신에 일본인으로서 전쟁에 동원되기도 하였다. 1945년 한반도가 일본으로부터 해방되었지만, 일본에 생활하던 재일코리안들은 여전히 일본식 이름이나 일본어사용 등 동화정책을 강요당했다. 해방정국 당시 240만 명 정도였던 일본 체류 재일코리안들은 각각 남북한의 해방 조국으로 귀환하였으며 60만 정도가 일본에 잔류하였다. 일본에서 귀환 당시 재일코리안들은 현금으로 1,000엔과 몸에 지니고 탈

---

3) 李進熙, 「日本の外国人政策と在日コリアン」, 『調布ムルレの会シリーズ13号』, 2010, 17~19쪽.

수 있는 정도의 수화물이 허용되었다. 일본 잔류를 선택하게 된 재일코리안들은 1952년 샌프란시스코 강화조약으로 미군 점령군과 일본 정부에 의해 국적이 상실되었다. 이렇게 구 식민지출신의 재일코리안들은 일본에서 국적상실로 인하여 일본 국적자에서 '재일외국인'으로 전환되었다.[4] 이때 미군 점령군에 의해 만들어진 법률이 '외국인등록법'으로 당시까지 존재하지 않았던 지문등록제도에 의해 재일코리안들은 재일외국인으로서 일본 관할구청에 지문을 등록해야 했다.

1945년 일본의 패망, 그리고 약 7년간 이어진 미군 점령군(GHQ)에 의한 일본 통치로부터 1952년 일본이 미군 점령군으로부터 독립된 이후 재일코리안들은 외국인으로 전환되었다. 개인적으로 어떠한 국적 선택권도 없이 일방적으로 일본 정부에 의해 외국인으로 전환된 재일코리안들은 당시 일본 국적을 취득하기 위해서는 귀화할 수밖에 없었다. 이로써 당시 일본 내 외국인의 90% 이상을 차지하고 있던 재일코리안들은 재일외국인으로서 지문날인을 강요당하게 되었다. 이와 더불어 1952년 4월 30일에는 일본 정부에 의해 원호법(전상병자전몰자유족 등 원호법)이 만들어졌다. 이 법은 일본 정부가 전쟁에서 사망하거나 부상당한 사람들을 보상하기 위한 법률로 적용대상에서 국적조항이 등장하게 되었다. 해방 이전 일본인으로서 전쟁에 참여했던 재일코리안들은 국적조항의 적용에 따라 외국인으로 취급되어 원호법 대상에서 제외되었다.

〈표 16〉에 제시한 바와 같이 일본호적법은 본토(내지)에만 적용되어 구 식민지였던 조선이나 대만에는 별도의 호적법(대만 호구규칙, 조선호적령)을 적용하였다. 당시 국적이 같은 일본적이라도 호적은 민족에 따라 대만 민족적, 조선 민족적으로 구분되어 호적과 민적으로 불렀다. 식

---

[4] 이 조약으로 인하여 재일코리안의 지위가 국적 구분에 따라 일본 국적자에서 외국인으로 전환되었다.

민지기 일본국적은 호적, 국적, 민족이라는 세 가지 형태를 띠고 있었다. 이러한 국적 구분을 기준으로 일본 정부는 1947년 5월 외국인등록령을 계기로 1952년 7월에는 재일동포를 대상으로 외국인등록증의 갱신과 지문날인을 강요하였다. 이는 당시 조선인을 대상으로 한 치안대책의 하나로 단속강화가 주요 목적이었기 때문에 동포들의 맹렬한 반대운동에 부딪혔다. 이뿐만이 아니라 일본 정부는 1952년 외국인화 된 재일동포들을 대상으로 신분증명서 상시휴대, 공영주택 입주 제한, 국민연금배제, 아동수당제외 등을 시행하였다. 일본 정부는 국적조항에 의해 일본국민만(자국중심주의)을 대상으로 한 시스템을 만들기 시작했다.[5] 일본국적법은 1984년 '부모양계주의'가 도입될 때까지 아버지가 일본인인 자녀의 경우 일본인으로 간주하고 어머니가 일본인인 자녀의 경우 일본 국적취득이 허용되지 않았다.[6]

〈표 16〉 일본 정부 조선인 호적법의 적용(1945년 12월)[7]

지역적 호적 구분	대상	호적법 적용
내지 호적	일본인 민적	일본호적법 적용
외지 호적	조선인 민적	조선호적령
	대만인 민적	대만 호구 규칙

[5] 田中宏, 「日本の外国人政策と在日コリアン」, 『調布ムルレの会シリーズ13号』, 2010, 59~87쪽.
[6] 일본은 1984년 '부모양계혈통주의'를 도입하여 자녀가 태어날 때 아버지 또는 어머니가 일본 국적인 경우 일본 국적을 취득할 수 있게 되었다. https://matome.naver.jp/odai/2146853219338280101/2146855116754387903(검색일: 2018.07.09)
[7] 佐藤文明, 『在日「外国人」読本』, 縁風出版, 2009, 68~69쪽을 참조하여 필자가 작성하였다. 일본 정부는 호적(민적) 상호 간의 이전에 대하여 '아내가 남편의 집으로 들어간다.'라는 규정으로부터 혼인한 아내에게만 허용하였다. 양자의 경우를 제외하고 남성의 이전은 제한하였다. 이러한 규정은 해방 전후 일본 정부에 의해 국가=민족의 경계선으로 해석되어 호적 절차상 재일조선인 구분 짓기의 기준이 되었다.

2) 미군 점령기 재일코리안 정책(1945~1952년)

1945년 8월 일본의 패전과 더불어 미군점령군의 일본 통치는 군사적인 업무 관할은 막료부, 군정은 연합국 최고사령관 총사령부(GHQ)가 담당하게 되었다. 맥아더가 미국태평양육군사령관과 연합국 군 최고사령관을 겸직하였다. 같은 해 10월에는 미군점령군의 점령기구 정비개편과 일본 각 도도부현의 점령군 주둔으로 미군정부 등이 설치되었다.

1945년 6월 미군 점령군은 '민정가이드 재일외국인'을 발표하였다. 대상은 조선인과 대만계 중국인으로 행동 방침은 다음과 같다. "조선인의 도일 역사는 1910년 조선 강제병탄으로 시작되었다. 도일 배경에는 조선 농민에 대한 일본 자본 진출, 식민지정책, 조선 인구증가, 남한 소작농민의 빈곤 악화 및 농민의 일본 데카세기 진출 등이다. 사회적 지위는 매우 낮고 일본인에게 멸시받고 있으며 일본인으로 동화하지 않고 일본 사회로부터 격리되어 열악한 생활을 영위하고 있다. 재일조선인은 일본 정부의 동화정책에 따라 협화회를 중심으로 활동하고 있다."[8]는 것이었다. 이러한 상황에서 미군 점령군의 주요 목표는 "일본인에 의한 폭력 혹은 사회적 경제적 차별로부터 외국인 보호, 전범 용의자와 협력자 구금, 본인 희망과 본국정부 승낙 시 이들 외국인 보호, 일본 잔류 외국인에 대한 고용과 지원 제공" 등이었다. 특수 외국인 처우에 대해서는 "일본인 폭행으로부터 재일조선인 보호, 재일아시아인 빈곤대책으로서 고용과 구제 중시, 잔류조선인의 차별금지 노력" 등이었다.[9] 미군 점령군은 재일조선인의 일본 잔류를 상정하면서도 일본정부의 경제적 부담과 사회

---

8) 権寿根, 『戦後在日朝鮮人の民族教育擁護闘争ー「4・24阪神教育闘争」60周年を記念してー』, 在日朝鮮人兵庫県民族教育対策委員会, 2008, 8쪽.
9) 権寿根, 『戦後在日朝鮮人の民族教育擁護闘争ー「4・24阪神教育闘争」60周年を記念してー』, 在日朝鮮人兵庫県民族教育対策委員会, 2008, 9쪽.

적 혼란을 이유로 동포들의 모국귀환을 서둘렀다.

미군 점령군은 일본항복문서 조인 후 미국의 대일정책의 기본방침인 '항복 후 미국의 초기 대일방침'을 발표한 바 있다. 여기에는 맥아더가 남한에서 직접 군정을 실시하면서 발령한 '군정법 제21호'에 의해 일본의 조선통치기구 체제유지와 총독부가 해방 직전에 발령한 법령은 효력을 가지고 있다고 판단하여 구조선총독부의 일본인 행정관이 유임한다는 명령을 하달했다. 미군 점령군은 점령통치를 용이하게 추진하기 위하여 초기 대응 방침에는 일본에 현존하는 정치형태를 활용한다고 규정하였다. 이 규정에 따라 미군 점령군의 일본 통치는 일본 보수 세력의 일본 내 사회적 동요와 사회적 혼란 등의 주장을 받아들여 간접통치 형태로 일본의 구 관료체제를 유지하는 선에서 가닥을 잡았다. 이렇게 하여 재일조선인들은 1946년 1월 '각 지역 일본으로부터 정치상 및 행정상 분리에 관한 총사령부각서'가 발령되기까지 미군 점령군과 일본 정부의 직접 통치를 받게 되어 이중통치를 받는 상황이 전개되었다.

해방 후 재일조선인의 법적지위에 대해 1945년 11월 미군 점령군은 기본지령에 의해 군사상의 안전이 허용되면 해방 인민으로 처우해야 하지만 일본인의 용어에는 포함하지 않는다는 견해를 밝혔다. 그러나 이들이 현재 일본 국민이기 때문에 필요한 경우 적국인으로 대우한다는 이중적인 태도를 견지하였다. 즉 재일조선인을 해방민족으로 처우하기도 하지만 일본국민이기 때문에 필요한 경우 적국인으로 간주한다는 것이었다. 이 규정은 1946년 6월 미군 점령군 극동위원회의 정책 결정에서 그대로 결정되어 같은 해 11월 '조선인 귀환에 관한 총사령부 민간정보교육국발표'와 '조선인 지위 및 취급에 관한 총사령부 외국 발표'에서도 일본 국적 유지를 확인하였다. 이러한 미군 점령군의 재일조선인에 대한 이중 법적지위 규정은 당시 애매한 법적지위로서 재일동포 사회의 반발을 불러왔다.

1945년 8월 15일 공식적으로 일본이 포츠담선언에 의해 패망을 선언하여 재일조선인들은 해방을 맞이하였다. 해방되자 일본 내 재일조선인사회는 18일 도쿄 스기나미구에서 '체류조선인 대책위원회', 22일에는 시부야구에서 '재일본조선인귀국지도자위원회'를 조직하였다. 이들 양 단체가 통합되어 '재일본조선인회'를 발족하였다. 이 단체가 나중에 '재일본조선인연맹'의 모체가 되었다. 1945년 9월 10일에는 산재 된 단체들이 합류하여 '재일본조선인연맹중앙결성준비위원회'를 조직하였다. 오사카를 중심으로 한 관서지방에서는 다양한 단체들이 합류하여 '재일본조선인연맹관서총본부준비위원회'를 조직하였다. 이들 조선인단체들이 1945년 10월 15~16일 도쿄 히비야 강당에서 일본에서 처음으로 재일조선인들의 전국 조직이 모이게 되었다. 그러나 1945년 11월 홍현기를 중심으로 '조선건국 촉진청년동맹', 1946년 1월 '신조선건설동맹'이 결성되었지만, 곧 해산하였고 같은 해 10월 박열 단장을 중심으로 '재일본조선거류민단'을 결성하였다.

〈사진 9〉 재일본조선인연맹 중앙위원회(1946년)

해방 이후 재일조선인 귀환정책은 미군 점령군의 지령을 일본 정부가 판단하여 구체적으로 정책화시키는 방향으로 흘러갔다. 일본 정부는

1945년 8월 30일 일본 외지로부터 귀환하는 일본인의 긴급원호 조치에
관한 구체적인 원호를 설치하여 일본인의 모국귀환을 속속 진행하였다.
8월 31일 일본 내무성은 약 240만 명에 달하는 재일조선인 가운데 노무
자의 귀환을 지시하였다. 그리고 1946년 12월 19일 '일본으로부터 집단
귀환의 종료에 관한 총사령부 각서'를 공포하여 '귀환사무소'를 폐쇄함으
로써 약 60만 명의 재일조선인들이 일본에 잔류하게 되었다.

　미군 점령군은 1941년 태평양전쟁 전후부터 일본에 관한 철저한 연구
로 점령 이후 통치에 대해 구체적인 계획을 세우고 있었지만, 일본 식민
지였던 남한에 관한 연구는 부족했다. 때문에 미군 점령군은 해방 이후
남한에서 친일파 총독부관료, 경찰관, 식민지기구와 간부들을 통치관료
로 활용할 수밖에 없는 구조였다. 그리고 이러한 남한 내 미군 점령군에
대한 반발은 1948년 제주도 4·3 민주항쟁사건으로 표출되기도 했다. 거
기에다 1948년 중국공산당 세력의 대두, 유럽에서 사회주의의 전개 등
대내외적으로 사회주의 세력이 맹위를 떨치던 시기였다. 이러한 상황에
서 미군 점령군은 일본을 반공의 방파제로 삼기 위해서 일본 내 공산당
과 좌익세력에 대한 대대적인 탄압을 전개하였고 조선인단체와 조선학
교도 그 대상에 포함되었다.

　결국, 해방 후 미군 점령기 재일조선인정책은 1945년 11월 공포한 '일
본점령 및 관리를 위한 지령'에 의해 '조선인은 군사상 가능한 선에서 해
방민족으로 취급하였지만, 필요할 경우 적국인으로서 다룰 것'이라는 지
령에서 명시하고 있는 바와 같이 이중적인 태도를 보였다.[10] 이 규정에
따라 미군 점령군은 해방민족이었던 조선인들을 또다시 일본의 지배하
에 둠으로써 차별과 멸시의 대상이 되도록 방치했다. 이에 따라 재일조

---

10)　権寿根, 『戦後在日朝鮮人の民族教育擁護闘争―「4·24阪神教育闘争」60周年を記念してー』, 在
　　日朝鮮人兵庫県民族教育対策委員会, 2008, 351~355쪽.

선인의 법적지위는 애매한 규정 때문에 경우에 따라서는 일본인과 조선인으로 구분되어 일본 정부의 재일조선인 관리체제를 강화시키는 데 활용되었다. 결국, 해방민족이었던 재일조선인의 민족적 권리가 미군점령군과 일본 정부의 판단에 좌지우지되는 절반의 해방이라는 운명에 처하게 되었다. 여기에다 해방 초기 미군 점령군은 일본의 보수세력과의 연합으로 재일조선인을 통제하기 위해 1946년 4월 '재일조선인의 불법행위에 관한 총사령부 각서'를 발령하였다. 이로 인해 미군 점령군은 재일조선인의 관리체제를 일본 정부에 양보하는 꼴이 되었고 일본 정부는 재일조선인을 일본 사회로부터 완전히 배제시킬 수 있는 기회였다.[11] 일본 정부는 미군 점령군의 이러한 이중적인 재일조선인정책을 악용하여 총사령부 각서발령 후 재일조선인에 대한 제도적 관리체제를 강화하였다.

이러한 미군 점령군의 관리체제하에서 가장 큰 피해를 본 것은 재일코리안들이 설립한 조선학교였다. 1952년 샌프란시스코 강화조약 체결까지 일본인 국적이었던 재일코리안들은 일본의 법률에 복종해야 한다는 미군 점령군의 정책과 일본 정부의 탄압으로 1949년 11월 조선학교 335개교를 강제적으로 폐쇄하였다. 재일조선인들은 식민지 동화교육으로 1945년 해방정국에서 민족교육에 대한 희망에 부풀어 있었지만, 미군 점령군에 의해 또다시 동화교육을 강요당하는 처지에 놓였다.

결국, 미군점령군의 재일조선인정책은 일본 통치를 쉽게 주도하기 위해 일본 보수세력과의 연합으로 대중운동단속령(1945년 10월), 조선인 불법행위에 관한 총사령부 각서(1946년 4월), 외국인등록령(1947년 5월), 한신교육투쟁과 비상사태발령(1948년 4월) 등으로 전개되었다.

조선학교가 미군 점령군의 억압 대상이 된 이유에 대해서는 1947년

---

11) 権寿根, 『戦後在日朝鮮人の民族教育擁護鬪争ー「4・24阪神教育鬪争」60周年を記念してー』, 在日朝鮮人兵庫県民族教育対策委員会, 2008, 352쪽.

3월 공포된 미국 트루먼 독트린 선언에서 기인한다. 당시 미국의 극동아시아전략 실패로 조선의 군사기지화 전략, 일본의 반공기지화의 역할, 그리고 가장 큰 이유로는 재일조선인의 조련활동이 미군 점령군의 일본 점령정책의 방해꾼으로 생각했기 때문이다. 이 때문에 미군 점령군에 따르지 않는 재일조선인들은 곧바로 조선으로 송환한다는 강경 태도로 1948년 4월 24일 효고현에서 '제1차 고베투쟁'이라는 비상사태선언이 발령되었고 이후 최악의 사태로 전개되었다.

미군 점령군과 일본 정부의 조선학교폐쇄는 1948년 4월 오카야마사건, 24일 고베사건, 26일 오사카사건 등으로 확대 전개되면서 비상사태가 선언되었고 이로 인해 '5.5각서'의 파기와 조련의 해산을 초래하였다. 이러한 상황에서 재일조선인의 법적지위는 외국인 지위로서의 자주권 요구, 일본 국적자로서 일본 법률의 적용을 강요하는 이중적인 모순에 빠지게 되었다. 조선학교는 1948년 5월 10일 조련중앙총본부와 문부성이 합의한 '문부성과의 협정내용에 관한 건'이라는 통지를 받고 1948년 12월까지 시행한 인가 신청 기간에 문부성에 인가신청서를 제출하여 '재단법인조련학원'으로 인가받을 예정이었다. 그러나 1948년 10월 19일 조련학교 92개교(소학교 68개교, 중학교 4개교, 고교 2개교)에 폐쇄를 통고했고, 다른 260개교(소학교 237개교, 중학교 17개교, 고교 6개교)에 대해서는 2주 이내에 사립학교 신청절차를 밟도록 학교개조를 권고했다. 그리고 11월 제2차 조치로서 개조 권고를 제출한 260개교 중 이에 응하지 않은 120개교를 폐쇄하고 신청절차 중이던 140개 학교 중 오사카 백두학원(초중고)만 사립학교로 인정하고 나머지 137개교에 대해서는 모두 불인정하여 총 349개교에 대한 폐쇄 명령을 단행하였다.

1949년 9월 당시 요시다 내각의 문부성은 조선인학교에 대한 대안으로서 미군 점령군의 승인을 얻어 10월 조선학교를 일본 법률에 적용한다는

방침을 정하고 제2차 조선학교폐쇄, 개조조치를 단행하였다. 이렇게 하여
조선학교에 대한 제2차 폐쇄령조치가 발령되어 제1회 때인 1949년 10월
도쿄조련소학교와 조련중앙고등학원 등 2개교가 대상이었지만 제2회 때
인 1949년 11월 4일에는 조선학교 전체에 대한 전면적인 폐쇄조치를 단
행하였다. 1952년 4월 강화조약 발효를 계기로 재일조선인 교육정책은
일본 정부로 이양되어 국적 구분에 의한 외국인으로서 민족교육이 강조
되었고 1955년 총련의 결성과 56년 일본 내 조선대학의 창립으로 새로운
전기를 맞이하게 되었다.

3) 한국전쟁과 조선인연맹의 해산

1950년 6월 한국전쟁에 앞서 미군 점령군은 1949년 7월 '조선인연맹'을
강제 해산시키고 중앙간부들을 공직에서 모두 추방하였다. 당시 일본 전
국적으로 조선학교가 초등학교 331개교, 중학교 5개교, 고등학교 4개교
등이 있었지만 1948년 4월 한신교육투쟁을 계기로 조선인연맹 구성원들
이 시위를 주도한다는 이유에서 강제 해산하였다. 그 이면에는 1948년부
터 동서대립이 격화되고 처칠의 '철의 장막' 선언 이후 냉전체제가 본격

〈사진 10〉 한신교육투쟁과 조선학교 폐쇄령(1948년)

화된 국제적인 정세도 작용하였다. 이에 따라 한반도의 남쪽은 미군, 북
쪽은 소련 점령군에 의해 조선의 독립을 둘러싼 미소공동위원회의 논쟁
이 격화되었다. 1947년 10월 미군 점령군은 미일소공동위원회를 결렬시
키고 조선신탁통치를 반대한 조선인연맹을 재일조선인사회로부터 격리
시켜 강제해산을 단행하였다.

　해방 이후 재일조선인사회는 재일본조선인연맹을 중심으로 결속하여
귀환업무, 치안유지협력, 피해자 구제활동, 문화활동촉진 등을 주도하였
다. 조련은 남북분단을 계기로 남한 단독선거반대, 북한지지, 미군 점령
군의 북한국기 게양금지령 반대, 외국인재산취득에 관한 정령 반대, 생
활보호운동 등을 전개하였다. 이러한 민족운동을 전개한 조련과 민청에
대해 미군 점령군과 일본 정부는 북한창건일인 1949년 9월 8일 정식 해
산명령을 내렸다. 동시에 일본 정부는 미군점령군의 지시하에 '단체 등
규정령'에 의한 법무총재부 고시 제51호의 발령과 재일조선인의 강제송
환을 목적으로 '외국인등록령위반자의 퇴거에 관한 국가지방경찰본부경
비부장통첩'을 발령하였다. 법무부는 '조련과 민청이 폭력주의 및 반민주
주의적 단체에 해당한다.'라고 규정하여 해산을 발령하였는데 그 이유로
서 〈표 17〉과 같다.

〈표 17〉 미군 점령군의 조련과 민청의 해산 이유[12]

사건 일자	조련과 민청 해산의 주요 이유
1946년 12월	재일조선인 생활옹호전국대회결의문의 전달 및 총리관저 데모행위
1948년 4월	한신교육투쟁사건 봉기 참여
1948년 9월	점령군의 금지명령에 반하여 북한의 국기 게양
1949년 6월	교토 조련지부구성원에 의한 경관 폭행
1949년 6월	후쿠시마 현 히라경찰서 조련지부구성원에 의한 습격
1949년 6월	국철 노동분쟁 시 치바현 조련지부구성원에 의한 JR운행 방해
기타 이유	민간과의 대립, 투쟁의 반복

한국전쟁이 한창인 1951년 9월 8일에는 미일 간 샌프란시스코 강화조약이 조인되어 1952년 4월 발효되었다. 강화조약은 미일안보조약과 동시에 체결되어 조선을 적대시하는 정책을 강화하였다. 그 결과는 일본 정부는 재일조선인을 일방적으로 '일본국민'에서 재일외국인으로 전환시켰다. 미군 점령군은 초기에는 재일조선인을 일본 국적자로 취급하면서도 1947년 5월 '외국인등록령'을 제정하여 재일조선인의 관리체제를 강화하고 위반자를 강제 퇴거하는 이중정책을 취하여 일본 정부의 통치하에 두었다. 외국인등록령은 재일조선인의 출입국과 강제퇴거를 철저히 시행하기 위해 1951년 10월 '출입국관리령'으로 독립시켰다. 그리고 실제로 1950년 10월 나가사키현 오무라 시에 설치된 '오무라수용소'를 통해 1953년까지 약 7,000명의 재일조선인들을 강제 송환시켰다. 외국인등록령은 1952년 4월 외국인등록법으로 격상되어 재일조선인을 외국인으로서 단속을 강화하는 데 활용하였다. 이들 외국인등록령과 외국인등록법은 재일조선인의 역사적 특수성을 무시하고 이들을 외국인으로서 관리, 감독, 감시, 간섭, 차별 등의 방법을 강화하기 위한 탄압의 도구로 활용되었다. 1952년 샌프란시스코 강화조약을 계기로 재일조선인에 대한 억압정책이 미군 점령군에서 일본 정부로 이양되었고 일본국적자라는 규정이 완전 소멸되어 외국인으로서의 일본 정부의 차별과 억압이 본격화되었다.

---

12) 権寿根, 『戦後在日朝鮮人の民族教育擁護闘争ー「4・24阪神教育闘争」60周年を記念してー』, 在日朝鮮人兵庫県民族教育対策委員会, 2008, 234쪽의 내용을 바탕으로 필자 작성.

3. 1952년 샌프란시스코 강화조약과 재일코리안 정책

1) 1965년 한일기본조약과 재일코리안의 법적 지위

해방 전후 일본 정부는 1947년 외국인등록령을 제정하고 재일조선인을 치안관리 대상으로 삼았다. 그리고 1951년에는 외국인등록령을 출입국관리령으로 제도적으로 분리하였다. 재일코리안은 1910년부터 1945년 해방 전까지 일본 국적을 가지고 선거권을 행사하였다. 해방 전 재일동포의 선거권은 '조선 및 대만재주동포정치처우조사령'의 답변 취지에 따라 1945년 4월 1일 귀족원령이 개정되어 '조선에서는 임기 7년 칙임의원 7명을 귀족원에 선출하는 제도가 존재하였다.' 중의원에서도 조선에 중의원의원선거법을 시행하여 만1년 이상 직접 국세 15엔 이상을 납부한 자를 선거권자로 인정하는 직접 제한선거의 규정에 따라 조선 각 도 선거구로부터 23명의 의원을 선출해야 한다는 답변을 1945년 3월 총리 앞으로 제출하여 이에 따른 법안의 의회 제출 준비가 완료된 상태였다. 또한, 1944년 일본 각의는 일본 내지에 정주하는 조선인들에게 희망자에 한하여 일본 호적에 이적할 수 있도록 인정하는 결정을 내렸다.[13]

이러한 재일코리안에 대한 선거권의 의무와 권리는 1952년 이후에도 승계되어 일정 기간 내에 일본 국적을 취득하든지 아니면 포기하든지 선택권을 재일동포 개인에게 맡겨야 했다. 제2차 세계대전 이후 식민지를 경영하였던 유럽 국가들이 국내 거주 식민지출신자들에게 국적을 부여했다. 가령 영국은 연방 내 거주하는 독일인, 프랑스에 거주하는 알제리인, 독일 내에 거주하는 오스트리아인 등 식민지출신자들에게 국적을 선

13) 洪正一, 「地方参政権を要求する」, 『法的地位に関する論文集』, 在日本大韓民国居留民団, 1987, 31쪽.

택하도록 배려했다. 일본 정부는 구 식민지출신자인 재일코리안들에게 1947년 외국인등록제도를 적용하여 선거권을 박탈하였고 1952년 샌프란시스코 강화조약 발효일로부터 무국적자 외국인 신세로 전락시켰다.

〈사진 11〉 재일코리안 법적지위 규탄 민중대회(1963년)

재일코리안들은 1965년 6월 한일법적지위협정 체결에 의해 한국적이 확정되었다. 1952년 샌프란시스코조약 발효 이후 귀화제도가 시작되었지만, 심사기준이 엄격하고 심사 기간이 짧아 귀화자들은 연간 약 2천 명 정도에 지나지 않았다.[14] 구 식민지출신자라는 역사적 특수성에 의해 재일동포 협정영주자들은 일본 국적을 취득할 권리가 있음에도 불구하고 일반외국인으로 규정되어 그 권리를 인정하지 않았다. 재일코리안들 또한 논리적 모순이었지만 일본 내 소수민족인 한국인으로서 한국 국적을 유지하면서 일본국민과 동등한 대우를 받기를 원했던 측면도 있었다.

1965년 '재일동포 법적지위협정'에 의해 인정된 영주권은 재일코리안 2~3세를 대상으로 한 것으로 재일코리안 3세 이상에 대한 명확한 규정은

---

14) 田駿, 「在日韓国人のいまと第三代目以降の展望」, 『法的地位に関する論文集』, 在日本大韓民国居留団, 1987, 3~6쪽.

없었다. 협정 제2조 1항에서는 25년 후 재일코리안 3세대가 등장하는 시기인 1991년까지 협의한다고 정하고 있을 뿐이다. 협정영주자는 1965년 체결된 한일법적지위협정(한일 간 일본에 거주하는 한국인의 법적 지위와 대우에 관한 협정)에서 규정하고 있는 영주권 취득자를 말한다.

이 협정에서는 영주권 허가대상자에 대하여 다음과 같이 규정하고 있다.[15] 첫째, 1945년 8월 15일 이전부터 영주권 신청 시까지 계속해서 일본에 거주하고 있는 자(신청은 협정 효력발생일인 1966년 1월 17일부터 5년 이내). 둘째, 첫째 항의 직계비속으로 1945년 8월 16일 이후 협정효력발생일로부터 5년 이내(1961년 1월 16일까지) 일본에서 출생하여 신청시 계속해서 일본에 거주하고 있는 자(신청은 1966년 1월 17일부터 5년 이내. 단 1970년 11월 17일 이후 출생한 자에 대해서는 출생일로부터 60일 이내). 셋째, 영주허가를 받은 자의 자녀로서 1971년 1월 17일 이후 일본에서 출생한 자(신청은 출생 후 60일 이내)로 제한하며 이들 자손의 일본 거주에 대해서는 협정의 효력발생일로부터 25년이 경과될 때까지는 한국 정부의 요청에 따라 일본정부가 협의에 응할 것을 의무화했다. 협정효력일 25년이 경과되는 날은 1991년 1월 16일로 '1991년 문제'는 이들 자손의 법적지위협정에 관해 한일정부 간 직접적인 협의를 지칭한다.

2) 1991년 문제와 재일코리안 정주

1965년 한일 간 법적지위 협정체결에서 한국 측은 먼저 재일동포 자녀에 대한 영주권 보장을 요구했다. 그러나 일본 측은 일본 내 소수민족문제를 발생시킨다는 이유로 영주권 대상자를 샌프란시스코 강화조약 발

---

15) 金敬得, 「「91年問題」と在日韓国人」, 『法的地位に関する論文集』, 在日本大韓民国居留民団, 1987, 16~17쪽.

효 시까지 일본에서 출생한 자(일본 국적을 보유했던 자)로 제한하고 이후 출생한 자에 대해서는 귀화나 출입국관리령(1981년 출입국관리 및 난민인정법으로 개정)에 의한 일반영주권을 신청하도록 주장하였다. 이에 대해 한일 정부 간의 협상에서 한국 정부가 25년 후인 1991년 재일동포 영주권의 재협상안을 제안하여 이를 일본 정부가 수용함으로써 한일법적지위협정의 규정이 되었다. 당시 일본 정부가 재일코리안에 대한 영주권 보장을 반대한 이유에 대해서는 이 제도가 향후 재일코리안의 일본 동화를 방해할 것으로 간주했기 때문이다.

〈사진 12〉 지문날인 거부 운동과 외국인등록법 개정 요구 운동(1983년)

1965년 한일조약 체결 이후 협정영주권자는 재일코리안 2~3세들이 재일코리안 사회의 중심을 차지하게 되면서 자손 대대로 일본에 영주한다는 정주의식의 근본적인 변화를 초래하였다. 그리고 일본에서 행정차별을[16] 비롯한 다양한 차별철폐운동이 시작된 것은 한일조약 체결 후인 1970년대 무렵이다.[17] 1965년 한일기본조약 체결 이후 일본 정부는 1972년 국제

---

16) 행정차별은 공영주택 및 공단주택입주 차별철폐, 국민금융공고 및 주택금융공고의 임대차별철폐, 외국인등록법과 출입국관리령 일부개정, 국공립대학교원채용조치법 제정, 국민연금 및 아동수당 관련 3법 일부개정 등 재일동포에 대한 행정면에서의 차별을 지칭한다.

인권조약비준, 82년 난민조약비준에도 불구하고 여전히 불안정한 법적
지위에 처해있던 재일코리안들에게 1991년 '출입국관리에 관한 특례법'
의 제정으로 전환기를 맞이하였다.

　1980년대 이후 한일 정부 간의 협상이 진전되어 재일코리안의 체류권
개정이 양국 외무상의 '각서' 형태로 교환되었다. 주요 내용은 다음과 같
다. "첫째, 협정3세(한일기본조약으로 25년간 영주가 인정된 자녀와 자
손)에 대해서는 영주를 인정한다. 둘째, 종래 7년 이상 징역 또는 금고
이상에 처한 자 이외에는 강제송환(퇴거) 사유로부터 제외되는데 그 사
유를 내란, 외환(법무대신이 일본의 이익, 공안에게 해를 입혔다고 결정
한 자) 등의 죄로 한정한다. 셋째, 지금까지 원래 허가 1년, 연장 1년 이
내의 재입국허가를 원래 4년, 연장은 1년으로 한다." 등이었다.[18] 1965년
이후 '협정영주권'을 취득하기 위하여 종래 외국인등록으로 출신지역을
조선 혹은 한국으로 기록한 사람들은 '한국'을 국적으로 선택해야 하고
기타는 당분간 체류자격을 가질 수 있다고 인정하는 126호 해당자로서
구분되었다. 1981년에는 법 126호와 그 자손에게 특별영주제도가 적용되
었다. 특별영주자란 외국인등록 신청 시 '조선'으로 기재한 사람들이다.
일본 정부는 북한과의 수교가 없다는 이유로 외국인등록법의 신청에 의
해 '조선'을 국적보다는 하나의 기호로 간주하였다.

　결국, 일본 정부는 협정영주권자의 자손을 대대로 영주권 보장보다는
출입국관리국령의 일반영주권의 범위에 포함하여 일반영주권의 허가요
건을 완화하는 방향으로 가닥을 잡고 실무자협의회를 개최했다. 일본 정
부는 국적 부여(귀화 조건)의 자유재량을 강화하여 재일코리안을 동화의

17) 洪正一, 「地方参政権を要求する」, 『法的地位に関する論文集』, 在日本大韓民国居留民団, 1987, 29~30쪽.
18) 佐藤文明, 『在日「外国人」読本』, 縁風出版, 2009, 194쪽.

길로 최대한 활용한다는 방침이었다. 이것은 한일회담 당시 한국 정부도
이동원 외무부장관이 '재일동포는 곧 자연적으로 일본인으로 동화될 운
명에 처해있다.'라고[19] 발언한 것과 일본 측 이케가미 쓰토무 법무성입
국관리국 참사관이 재일코리안 3세의 시대에는 실질적인 국적문제가 대
부분 자연 소멸될 것이라는 발언과 궤를 같이하고 있다.[20]

일본 정부는 1969년 출입국관리법의 제정을 시도하였는데 반대운동에
부딪혀 폐안되었고 1981년 출입국관리 및 난민인정법을 비준하였다.
1985년 1월 1일부터 시행된 일본 정부의 신국적법은 재일동포의 귀화 조
건을 일부 완화했지만, 자유재량의 원칙은 그대로 두었다. 신국적법은
부계주의에서 부모 중 누군가가 일본국민이면 그들 사이에 태어난 자녀
는 일본 국적을 취득할 수 있는 부모양계주의로 전환하여 국적선택제도
신설과 국적 완화 등의 내용을 대폭 개정하였다.[21]

다음 〈표 18〉에 제시한 바와 같이 일본 정부는 1989년 일본 내 외국인
노동자의 급증에 대응하여 외국인등록법을 개정하였다. 이때 활동에 제
한이 없는 체류자격으로 '영주권자' 외에도 일본인이나 영주권자의 배우
자, 1952년 이전 일본 국적자의 자녀 등에게 특별영주자격을 부여하였다.
1991년에는 일본과의 평화조약에 의해 일본 국적을 이탈한 자들의 출입
국관리에 관한 입국관리특례법을 제정하였다.[22] 1999년에는 외국인등록
법의 개정으로 지문날인폐지를 결정하여 2000년 4월 1일부터 시행하였다.
일본 정부는 1990년 입국관리법개정, 1991년 입국관리특례법제정, 1992년

---

19) 徐海錫, 「在日同胞社会の現状と今後の展望ー1990年代を目前にしてー」, 『法的地位に関する論文集』, 在日本大韓民国居留民団, 1987, 47~48쪽.

20) 이후 재일동포의 일본인과의 혼인과 동화 등에 의한 자연소멸의 주장은 일본 이민정책의 근간이 되었다. 坂中英徳, 『日本型移民国家への道』, 東信堂, 2013, 67~71쪽.

21) 일본의 구국적법과 신국적법에 관한 논의에 대해서는 丹野清人, 『国籍の境界を考える』, 吉田書店, 2013, 76~81쪽.

22) 佐藤文明, 『在日「外国人」読本』, 緑風出版, 2009, 78~80쪽.

외국인등록법제정 등으로 외국인문제의 중심대상을 올드커머에서 뉴커
머로 전환시켰다. 하지만 여전히 재일외국인의 문제는 재일코리안의 인
권보장과 소수민족과의 공생문제로 남아있으며 이는 향후 뉴커머들이
해결해야 할 과제이기도 하다.

〈표 18〉 1985년과 1986년 재일코리안 3세의 법적 지위 한일 협의 내용[23]

연도	한국 측 요구항목	주요 내용
1985년	체류권	본래 협정영주자격이 있는 일반영주자와 협정영주자를 새로운 협정에서 일원화
	강제퇴거	협정 중인 '강제퇴거조항' 폐지
	직업선택	공무원 채용 시 국적조항 철폐, 취업차별 시정을 위한 정부와 지방공동단체, 민간기업체의 의식문제로 노력
	사회보장	완전 적용보장
	교육	일정 재적 학교에서의 민족교육 커리큘럼 신설, 통명사용이 많은 것에 사회적 의식문제로서 배려
	귀화	귀화신청 시 한국명 허가
1986년	지문날인	제도개선조치 요구, 지문날인거부를 이유로 재입국 불허가, 체류기간 단축 등의 조치완화
	외국인등록증 상시휴대의무	외국인등록증 상시휴대의무 폐지
	취업문제	지방자치단체직원, 국공립 초중고 교사채용 문호개방, 민간기업 채용 장려
	사회보장	각종 사회보장 수혜를 일본인과 공평한 수준 유지 배려
	일본사회 인식	재일동포 법적지위 및 처우를 중장기적 안정적으로 구축하기 위하여 재일동포에 대한 일본사회 인식개선
	3세 이상의 법적지위	재일동포 3세 이상 자손의 일본 안정적 거주 및 법적지위협정 협의

해방 이후 일본 정부는 재일코리안 도항의 역사와 현실을 고려하지
않고 일반외국인으로 취급하여 모든 권리를 박탈했다. 특히 재일코리안

23) 徐海錫,「在日同胞社会の現状と今後の展望—1990年代を目前にして—」,『法的地位に関する論文集』, 在日本大韓民国居留民団, 1987, 48~49쪽. 내용을 중심으로 필자가 정리한 표이다.

을 대상으로 출입국관리령을 전면 적용하여 강제퇴거 위협, 지문날인강요, 외국인등록증 상시휴대의무에 따른 사생활침해와 사회보장배제 등 생활 전반에 걸친 광범위한 민족차별법령을 제정하였다. 메이지유신 이후 식민지과정에서 구축된 조선인에 대한 편견과 차별의식은 해방 이후 재일코리안들에게도 그대로 계승되어 일본인으로의 귀화와 동화를 강요하였다. 재일코리안은 1945년 해방과 더불어 냉전이데올로기 대립으로 미군 점령군과 일본 정부에 의해 일본국적에서 한국적(조선적)으로 전환되었고 민단과 총련으로 이분되어 일본 정부의 관리를 받게 되었다. 1970년대 이후 일본 정부의 재일코리안 정책은 기존의 사상적인 이분통치에서 영주정주자라는 법적지위의 다양화로 정책이 전환되었다.

1970년대 중반 재일코리안들은 대전환기를 맞이하게 되었는데 그것은 재일코리안 2~3세들의 일본 정주가 자명한 현실이 되었기 때문이다. 이 전까지만 해도 재일코리안들은 일본을 잠시 머무는 장소로 생각했으며 통일이 되면 언젠가 조국에 귀국하리라는 기대가 강했다. 그러나 일본 정주가 기정사실로 되면서 일본의 사회 제도적 차별과의 투쟁도 본격화되었다. 가령, 1970년 박종석의 히다치제작소 취업차별, 1976년 김경득의 국적조항에 따른 사법연수원 입소거부 등 사회 제도적 차별철폐에 맞서는 시민운동이 활기를 띠었다. 1980년대~90년대에는 이러한 시민운동의 연장선에서 지방공무원채용, 도영 주택 및 공단주택 주거문제, 지방참정권과 생활권 확보운동 등으로 확대되었다.

3) 재일코리안 정주와 경제활동

지금까지 일본 정부의 재일코리안 정책에 대해 크게 세 시기로 구분하여 설명하였다. 이를 간략히 요약하면, 다음 〈표 19〉에 제시하고 있는

바와 같이 재일코리안 정책은 일본인 국적시대, 한국조선인 국적시대,
다문화 정주시대로 구분할 수 있다. 재일코리안 정책의 발생요인은 1952년
미군점령군의 동아시아전략과 외국인등록령, 그리고 샌프란시스코 강화

〈표 19〉 재일코리안 정책의 주요 변화(1945~1991년)[24]

시대적 구분	국적 구분	재일동포 관련 주요 정책의 변화
해방 전후 미군점령기 (1945~1952년)	일본인 국적 시대	1947년 5월 외국인등록령 1951년 10월 출입국관리령 1952년 4월 전상병자전몰자유족 등 원호법 1952년 4월 외국인등록법 일본인과 조선인 사이의 애매한 법적지위, 경우에 따라 해방민족과 적국인으로 취급 미국의 동아시아 전략에 따른 조선학교 폐쇄와 조련 해산
재일동포 확립기 (1952~1991년)	한국적 혹은 조선적 시대	1952년 4월 샌프란시스코 강화조약 1965년 한일기본조약 체결 1985년 부모양계주의 도입 일본 국적에서 한국적, 조선적으로 전환 1965년 협정영주와 재일코리안 3세의 체류권 관련 91년 문제 발생 1970년대 이후 사상적 이분통치에서 영주정주자의 다양화 및 차별투쟁의 본격화 1980년대~90년대 시민운동－지방공무원 채용, 도영주 택 및 공단주택 주거문제, 지방참정권과 생활권 확 보 투쟁
다문화공생사회와 정주화 (1991년~2000년대)	동화, 귀화, 정주화	1991년 출입국관리에 관한 특례법 제정, 재일코리안 3세 영주권 부여 국적 부여(귀화 조건)의 자유재량 강화와 재일동포 의 동화정책 활용 1990년대 이후 재일동포의 일본인과의 혼인과 동화 에 의한 자연소멸론 등장 재일동포의 인권보장과 소수민족과의 공생문제 부상 인구감소와 인구절벽시대 일본이민정책의 대전환 재일동포 국적, 인권, 차별, 배제문제 미해결

24) 이 표는 본 논문의 연구 결과를 토대로 연구자가 작성하였다.

조약에 따른 일본 정부의 국적박탈로부터 비롯된 것으로 볼 수 있다. 일본 거주 재일코리안들에게 1952년 샌프란시스코 강화조약에 의한 일본 정부의 국적구분 강요와 1965년 한일기본조약에서 영주권에 의한 체류권보장이 가장 중요했지만, 다음으로 중요한 것은 직업선택이나 취업문제였다. 왜냐하면 재일코리안들이 일본에서 생존하기 위해서는 체류권과 함께 생계를 유지하기 위한 경제활동이 필요했기 때문이다. 이에 따라 재일코리안들이 1952년 일본국적에서 한국적으로 전환되면서 가장 큰 문제는 국적조항(한국적 혹은 조선적)에 따른 취업차별이었다.

재일코리안의 취업차별사건은 1970년대로 거슬러 올라갔다. 그러니까 재일코리안의 민족차별철폐운동이 시민운동으로 확대된 사건은 1970년대 취업차별에서 시작되었다고 볼 수 있다. 민족차별운동의 발단이 된 사건은 1970년대 아이치현 거주 박종석이 히다치제작소에 입사했는데 재일코리안 2세라는 이유로 합격이 취소된 사건이었다. 박종석은 히다치제작소에 합격 후 재일코리안 2세였기 때문에 회사에 호적등본을 제출할 수 없었고 대신 외국인등록증명서를 제출하였다. 그러나 회사에서는 '외국인은 규정상 채용하지 않는다. 이력서에 본명을 사용하지 않았기 때문에 취업해서는 안 된다.'라고 주장하며 채용을 취소하였다. 이에 따라 '박종석을 둘러싼 모임'이 일본인과 재일코리안 사회를 중심으로 만들어졌고 이 사건을 정식으로 요코하마지방재판소에 제소하였다.[25] 일본 본사에 대해서는 모임회원들이 취업차별 규탄 투쟁을 전개하였고 한국에서는 히다치 제품 불매운동과 기도회를 개최하였다. 결국, 히다치제작소가 사죄하고 1974년 7월 박종석이 재판에서 승소하였다. 이 사건은 이후 재일코리안의 취업차별에 대한 대전환의 계기가 되었지만, 일본 사회

---

25) 佐藤文明, 『在日 「外国人」 読本』, 緑風出版, 2009, 57~60쪽.

에서 취업차별의 벽은 여전히 해결되지 못한 채로 남아있다. 결국, 재일
코리안 자녀들은 일본인들이 가기 싫어하는 일본기업, 중소영세기업, 재
일동포경영기업, 자영업 등을 계승하는 쪽으로 진로를 선택하게 되었다.
일본 지방공무원의 채용에 걸리는 국적조항의 문제가 민간기업의 민족
차별을 조장하고 재일코리안 자녀에 대한 편견이나 차별의식 형성에 악
용되고 있는 것이 현실이다.

〈사진 13〉 취업차별 철폐 운동(1970년)

1974년 7월 박종석이 히다치제작소 취업차별에 승소하기까지 재일코
리안을 고용하지 않는 것이 일본 사회의 상식에 속했다. 이러한 가운데
재일코리안 3세의 일본 사회에 정주하는 경향이 증가하고 자신들의 노
력과 힘에 의해 일본 사회에서 생존해나가지 않으면 안 되는 상황이 계
속되었다. 재일코리안들은 육체적인 노동으로 힘겹게 마련한 자본금으
로 자영업을 시작하여 가족을 종업원으로 고용하는 자영업을 일본 각지
에 창업하였다. 이미 이러한 재일코리안 기업이 1940년대 말부터 창업되
기 시작하여 해방 이후 경영규모를 확대하는 기업들도 생겨났다. 재일코
리안들의 업종은 서비스업, 소비자금융업, 토목건축업, 고물이나 고철 폐
지수집업 등이 대부분이었다. 이들 중 재일코리안 기업에서 두각을 나타

낸 것이 사카모토방직과 롯데기업이었다.

재일코리안의 3대 산업은 파칭코 등 유기업, 부동산금융업, 야끼니쿠 레스토랑업 등으로 일본인들이 투자하기를 꺼리는 업종에 집중되어 있다. 비교적 영세기업으로 출발한 재일코리안 기업들은 부동산이나 금융업의 경우 동포끼리의 거래에서 일반기업으로 확대된 측면이 있고 금융기관의 경우 비교적 창업하기 쉬운 신용금고 형태로 일본 각지에 설립되었다.[26] 대표적으로는 한국계의 상은은 오사카상은, 도쿄상은, 오사카흥은, 그리고 총련계의 조은 등이 있고 이들은 재일한국인신용조합협회(한신협)과 재일본조선신용조합협회(조신협)라는 연합회를 만들어 상호 협력해오고 있다.[27] 또한, 재일코리안 상공인들은 재일한국인상공회의소, 재일본조선인상공회연합회, 한국청년회의소(KJC) 등 경제단체를 조직하여 상호부조와 정보를 교환해 오고 있다. 재일코리안 기업이나 동포단체들은 재일코리안 청년들에게 취업처가 되기도 했고 취업차별이 심한 일본 사회에서 재일코리안 기업에 취업하는 청년들도 상당했다. 또한, 재일코리안 상공인들은 민족학교 기부, 조선장학회나 한국장학회 기부 등을 통해 민족단체의 운영이나 민족학교 유지에 크게 공헌했지만 이러한 경향이 언제까지 지속될 수 있을지는 아직 미지수이다.

26) 임영언, 「재일한인 기업가와 모국」, 『일본 한인의 역사(상)』, 국사편찬위원회, 2009, 312~343쪽.
27) 임영언외, 「재일코리안 금융업의 창업과 성장 과정에 관한 연구: 민단계와 총련계 기업의 비교를 중심으로」, 『아태연구』 20(2), 2013, 33~64쪽.

4. 재일코리안 정책의 미래와 전망

이 장에서는 일본 정부의 재일코리안 정책에 대하여 국적 박탈과 정주의 본격화라는 측면에서 크게 미군 점령기인 1952년까지 일본인 국적시대, 1965년 이후 한국적 혹은 조선적의 재일동포 확립기, 1990년대 입국관리법 개정 이후 다문화공생 사회와 정주화 등 세 가지 측면에서 살펴보았다. 그 이유는 재일동포의 국적 전환이 이후 정책 전환에 가장 큰 영향을 미친 사안이었고 지금도 여전히 계속되고 있는 문제이기 때문이다. 기존연구에서는 재일코리안의 국적전환에 대하여 스스로 한국적 선택이라는 긍정적인 측면이 강조되어 온 것이 사실이지만 근본적 출발은 미군 점령군과 일본 정부의 강제적 성격이 강했기 때문이다. 또한, 그동안 해방 이후 재일동포의 역사가 70년 이상 경과하고 있지만, 일본에 의한 식민지 지배경험과 90만 명 이상이 생활하고 있는 재일코리안 정책 전개에 관한 관심은 그리 많지 않았다. 당연히 그들이 어떻게 일본에 거주하게 되었고 어떠한 과정을 거쳐 오늘에 이르게 되었는지 미군 점령군－일본 정부－한국 정부의 정책적인 측면에서 그들을 이해하기란 쉽지 않았다. 이 장에서는 이러한 문제의식에서 출발하여 재일코리안 사회를 이해하는 데 조금이나마 도움을 줄 수 있을 것으로 기대해 본다. 이 장에서 재일코리안 정책과정에서 도출된 연구결과들을 살펴보면 다음과 같다.

첫째, 재일코리안들은 1952년 샌프란시스코 강화조약으로 일본 국적이 박탈될 때까지 미군점령군과 일본 정부에 의해 이념 대립에 휘말리게되었고 결국 일본 내 이념 대립의 여파가 국내 좌우대립으로까지 영향을 미치는 결과를 초래하였다. 이는 단순히 재일코리안 문제가 일본 내 해방민족만의 문제가 아니었고 국제정세 속에서 고착화하였다는 것을 방증하고 있는 것으로 생각된다.

둘째, 1965년 한일기본조약은 일본 거주 식민지 후손들을 한국적과 조선적으로 구별하여 체류문제와 25년 후 재일코리안 3세의 영주권문제로서 91년 문제를 발생시켰다. 이는 이후 일본사회의 출입국관리법의 개정을 촉진시켜 일본 다문화사회 이행과정에서 출입국법률개정에 크게 기여한 것으로 보인다. 또한, 이로 인해 재일코리안 사회에서 사상적 이분통치가 약화된 반면, 국적차별에 따른 일본 정부를 향한 재일코리안의 민족차별투쟁이 본격화되는 계기를 마련하였다. 그러나 재일코리안 사회 내 사상적 대립은 잠재된 상태로 여전히 계속되고 있는 문제이다.

셋째, 1991년 일본 정부의 출입국관리에 관한 특례법 제정은 재일코리안 외에도 일계인 및 기타외국인노동자의 수용을 촉진하였으며 일본이 다문화사회로 진입하는 계기를 촉발했다. 이는 일본 사회에서 재일코리안이 외국인이라는 인식을 약화하기도 했지만, 반면 외국인의 배제는 재일코리안의 배제라는 문제를 초래했다는 점에서 주목할 필요가 있다. 이는 현재 일본 내 외국인 혐오가 배외주의 형태로 표출되고 있는 문제이기도 하다.

넷째, 일본 정부의 소수민족정책에 의한 재일코리안의 국적 구분은 직업선택이나 취업문제 등 민족차별운동을 촉발했고 1970년대 이후 대대적인 시민운동으로 확대되었다.

결론적으로 재일코리안 문제의 발생 요인은 광의적인 측면에서 1952년 미군 점령군의 동아시아전략과 일본 정부의 외국인등록법에 따른 국적 박탈에서 비롯된 것으로 볼 수 있다. 이는 좀 더 넓은 의미에서 당시 국제사회정세와 일본 사회 내 이데올로기 대립의 측면에서 재일코리안 문제의 발단을 살펴볼 수 있을 것이다. 이러한 상황에서 일본 정부에 의한 재일코리안의 국적 박탈은 근본적으로는 불안한 체류보장과 취업차별을 초래하였고 외국인의 지위로서 재일코리안의 민족차별투쟁을 촉발하였다. 이러한 일본 정부의 재일코리안 정책에 대한 근본적인 해결 방법은 1952년 당시 식민지 자손이라는 국적회복에 있을 것으로 생각되지만 1952년 국적박탈과 1965년 한일기본조약에 의한 한국·조선적 회복, 그리고 이미 재일코리안으로서 50년을 살아온 역사도 무시할 수 없는 상황이 되었다. 이는 역설적으로 재일코리안들이 일본에서 한국적으로 살아갈 수밖에 없는 이유가 되었다.

〈사진 14〉 재일코리안 민단 신회관 낙성식(1994년)과 고베 대지진 현장 방문(1995년)

그러나 일본 거주 재일코리안 정책의 근본 요인이 일본 정부에 있음에도 근본적인 해결책의 제시보다는 외국인 지위로서 시대마다 새롭게 등장하는 출입국관리체계 강화는 여전히 반복을 거듭하고 있으며 이로 인한 외국인 차별과 배제는 한층 강화된 측면이 있다. 그럼에도 불구하고 재일코리안들의 역사에 잘못이 있다면 남북분단에 따른 민단과 총련의 사상적 대립과 불화가 해방 이후 여전히 존재한다는 사실을 지적할 수 있을 것이다.[28] 그러나 보다 더 큰 문제는 한일 정부와 국민 간의 재일코리안 역사에 관한 몰이해와 상호소통의 문제이며 재일코리안의 국

28) 임영언, 「디아스포라적 관점에서 본 북한-총련-일본 관계 연구」, 『한국동북아논총』 18(1), 2013, 297~304쪽.

적을 과거로 되돌릴 수는 없다 할지라도 거기에 따른 한국 정부, 민단과 총련의 노력이 부족했다는 점이다. 이 장에서는 재일코리안 사회의 정책에 대하여 미군점령군－한국 정부－일본 정부 간의 포괄적인 정책결정 과정에서도 국적변경에 초점을 두고 전개하였기 때문에 민단활동에 치우친 측면이 있다. 향후 연구에서는 재일코리안 정책 결정과정에서 누락된 총련사회의 활동과 운동의 전개를 집중 조명할 필요가 있을 것으로 생각된다. 다음 장에서는 재일코리안 기업의 형성과 모국투자에 대하여 구체적으로 살펴보고자 한다.

제**5**장

재일코리안 기업의 형성과 모국투자

제5장
재일코리안 기업의 형성과 모국투자

1. 재일코리안 기업의 형성

　이 장에서는 1960년대 남북한 경제개발 초기에 재일코리안의 모국투자와 사회적 공헌을 재검토함으로써 모국경제발전에 대한 그들의 활동과 역할을 규명하는 데 있다. 1945년 해방과 더불어 수립된 남북한 정부의 최대의 관건은 경제재건이었다. 특히 한국은 이승만 정권 이후 박정희 정권이 들어서면서 본격적인 경제재건정책을 전개하기 시작하였다. 북한의 김일성 정권은 소련이나 중국과는 다른 독자적인 사회주의국가 건설을 목표로 경제재건정책을 전개하였다. 그러나 민간경제와 경영활동의 제도적 허용 여부에 따른 자본주의와 사회주의를 표방한 남북한의 경제성장은 점점 경제발전의 격차가 표면화되기 시작했다. 이러한 남북 경제성장의 차이에서 비롯된 위기감으로 경제정책의 수정은 위험요소가 큰 외국자본의 도입보다는 김일성이 주목한 것이 일본에 거주하는 재일코리안 기업가의 활용이었다. 한국의 박정희 정권도 모국지향이 강했던 재일코리안 기업가들에게 주목하였다. 이렇게 남북한 모두가 당시 자국의 경제재건과 발전을 위해 민간경제의 경영활동을 일본 거주 재일코리안에게 허용하였다.

1945년 이후 남북한의 경제 근대화를 위한 경제정책의 추진 혹은 수정은 당시 전통적으로 하위신분이었던 상공업자의 지위를 높여 전통적인 한민족의 문화구조를 전환하는 계기가 되었다. 남북한은 당시 기민 대우를 받고 있던 일본 거주 재일코리안 1세들에게 경제재건을 위한 모국투자를 요청하였다. 남북 최고 정치권력자들이 재일코리안 1세들에게 모국투자를 요청한 것은 기존 권력구조의 변화를 의미한 것으로 재일코리안 1세 기업가들은 이러한 모국요청에 적극적으로 응하였다. 또한, 남북한 최고 권력자로부터 모국투자요청은 직업적으로 하위에 속했던 상공업자들에 대한 전통적인 한민족의 직업관을 바꾸는 계기가 되었다. 왜냐하면, 과거 한민족의 전통적인 직업관에 사로잡혀있던 재일코리안 1세들에게 정치가나 고급관료, 학자 등은 되지 못하더라도 모국 고향에 공헌할 기회가 주어졌고 이는 '금의환향'의 모국투자로 이어졌기 때문이다.

재일코리안 기업가들의 '금의환향'의 모국투자의 기대는 이윤추구나 경제적 합리성에 근거하기보다는 사회적 명예나 지위 등을 중시하는 비합리적인 한민족 전통사상에 근거하고 있다. 이들은 일본에서 경제적으로 성공하여 부유했지만, 사회적 신분이 낮은 업종에서 성공했기 때문에 양반의 후손임을 자랑하는 그들의 자존심을 재산으로 충족시키지는 못했다. 그들이 무엇보다도 중시한 것은 모국정부와 권력자들의 요청에 헌신적으로 투자하여 조국의 발전에 공헌한다는 애국자로서의 체면과 명예를 유지하는 것이었다.

재일코리안 1세 기업가들은 모국과 고향에 공장을 건설하여 지역 고향사람들에게 일자리를 제공하고 일본의 공업기술을 이전하여 국산공산품을 제조하고 그것을 해외나 국내의 유통망을 통해 판매하기를 원했다. 이렇게 함으로써 그들은 모국정부로부터 애국자로서 인정받고 훈장을 수여하였다. 그들에게 애국훈장은 국가와 사회적 성공의 객관적인 증거이기도 했고 이를 통해 애국애족정신을 과시하면서 양반의 자손으로 체면을 지킬 수 있었다. 고향사람들에게는 선망의 대상으로 존경받으며 수구초심의 애향정신을 보여줄 수 있는 통로였다.

재일코리안 1세 기업가들이 모국에서 동포로서 환영받기 위해서는 표면상으로라도 애국적 기업가와 애국적인 상공인이라는 인상을 보여줄 필요가 있었고 그들의 고향에서 동포로 인정받기 위해 고향에 물질적 공헌을 위해 노력했다. 이 때문에 일본에서 어느 정도 성공한 재일코리안 1세 기업가들은 그들의 기업활동과는 무관한 고향에의 사회적 공헌을 위해 노력했다.

구체적인 사례로는 재일코리안 1세 기업가들이 고향에서 조상의 사당이나 묘지 정비와 비석 건립, 조상의 위업을 자랑하는 기념비 건립, 문화재의 보존, 구청, 학교, 다리 등 공공시설의 건립, 기업과 공장유치, 부조회나 장학금의 원천자금 제공 등에서 찾아볼 수 있을 것이다. 주로 외지에서 성공한 재일코리안 1세 기업가들이 고향에 공헌하는 것은 한민족의 전통적인 효도문화로부터 기인한 당연한 책무로 생각할 수 있을 것이다. 이것은 또한 친척이나 고향사람들에 대한 도덕적 부채를 불식시키기 위해 면죄부 역할을 하는 기업가정신이기도 했다.

재일코리안 1세 기업가들이 거주국 일본에서가 아니라 모국과 고향에서의 평가를 우선하는 금의환향의 기업가정신은 불리한 기업환경에 놓인 재일코리안 1세들에게 기업가 활동을 촉진하는 동기가 되었다. 또한, 재일코리안 기업가의 활동에 의한 이윤획득은 모국이나 고향에서의 성공의 명확한 지표가 되었고 이로 인해 재일코리안 사회에서 자기 신분을 높여줄 것이라는 확신을 가지고 있었다.

이 장은 1960년대 초기 재일코리안의 남북한 모국투자와 사회적 공헌에 대한 1960년대부터 1980년대 초까지의 기초자료를 토대로 그들의 모국경제발전에 기여와 역할에 대하여 살펴보고 재일코리안의 자본과 사회적 공헌이 어떠한 사회적 변화(혁신)를 초래하였는지에 대하여 검토하고자 한다. 이를 위해 이 장에서는 선행연구를 통한 이론적 검토, 남북한 경제정책에 의한 재일코리안의 모국투자와 모국경제발전의 비교분석을 통해 그 차이점과 특징을 도출하고자 한다.

2. 재일코리안 기업 모국투자의 촉진 요인

재일코리안 1세 기업가들의 남북경제성장에 미친 영향에 살펴보기 위해서는 재일코리안의 자본이나 투자를 수용함으로써 모국의 경제성장이 어느 정도 촉진되었는지를 판단해주는 근거자료의 기준이 중요할 것으로 생각된다. 여기에서는 재일코리안의 자본이 한국의 경제성장에 미치는 영향에 대하여 경제자본(Economic Capital)의 측면에서 모국투자와 이로 인해 발생된 모국의 사회 혁신(Social Innovation)에 대해 살펴보고자 한다. 먼저 상대적으로 고도의 기술이나 기능을 소유하고 있는 재일코리안의 기술이나 자본을 남북한 사회가 각각 수용함으로써 사회혁신을 촉진하고 산업구조의 고도화에 기여하여 자국의 경제성장을 촉발한다는 연구결과도 있다. 또한, 고도의 기술과 기능을 가진 재일코리안의 모국 수용은 생산성이 높은 자본과의 보완관계를 대체시킨다는 사실도 선행 연구에서 지적되고 있다. 그밖에도 해외로부터 우수인재를 수용함으로써 특허 취득 건수 등의 사회 혁신과 관련된 통계가 증가한다는 연구결과도 확인되고 있으며 우수인재로서 해외 거주 재일코리안을 수용하는 것은 사회혁신에도 효과가 있다는 연구결과도 있다. 이 때문에 각국에서는 해외 거주 재외동포의 양적 수용뿐만 아니라 질적인 수용을 중시하여 우수인재에 대한 우대정책과 선택적 이민정책을 실시하는 국가도 다수 존재한다.

이에 관한 구체적인 연구를 살펴보면, 차로프와 르마이트리(Chaloff and Lemaitre)[1]가 지적하고 있는 바와 같이 재외동포의 활용론적 측면에서 우대조치정책을 도입함으로써 많은 국가에서 제도의 선택적 수용이 시행되고 있음을 지적한 바 있다. 이러한 경향은 지금까지 그렇게 시행해 왔던 것처럼 향후 당분간 지속될 것으로 생각된다.

한편 해외 거주 재외동포의 모국수용이나 외국인의 수용, 특히 고도의 기술이나 기능을 가진 재외동포를 모국에 수용할 경우 양쪽 사회 모두에 영향을 미친다는 연구결과도 있다. 가령, 재외동포를 이민으로 수용하는 경우 모국에 가족을 형성하여 차세대 노동력을 담당할 후세대의 출생으로 인구성장률이 증가하고 수용되는 재외동포들이 우수인재일 경우 연구개발에 그들을 투입함으로써 사회 혁신을 유발한다는 것이다. 또한, 한 국가의 경제성장에서 기술진보가 담당하는 역할이 크기 때문에 재외동포를 우수인재로서 수용할 경우 혁신을 촉진한다는 것이다.[2]

국가의 다양성이 혁신에 영향을 미친다는 흥미로운 연구도 있다. 인간의 지식은 비슷한 것들이 많이 모여 있으면 상승효과를 발생시키지 못하지만 서로 다른 지식을 공유하고 새로운 지식을 창조하기 위해서는 공통

1) Chaloff, J. and G. Lemaitre, "Managing Highly-Skilled Labour Migration: A Comparative Analysis of Migration Policies and Challenges in OECD Countries", OECD Social Employment and Migration Working Papers 79, 2009.

2) Giovanni, P., "Higher Education, Innovation and Growth." In P. Garibaldi Brunello G and E. Wasmer, eds. *Education and Training in Europe.* Oxford: Oxford University Press, 2007, 56~70쪽.

의 지식(공통의 언어와 관심 있는 분야에 대한 지식)이 필요하다는 것이다.[3] 즉, 한 국가의 다양성이 진행되면 될수록 좋은 것이 아니라 적절한 다양화의 진행 정도가 존재하고 있음을 보여주는 연구 결과라고 할 수 있다. 특히 이 장의 내용과 관련하여 산업구조의 고도화나 기업의 신규 참여에 대하여 노동집약적인 기업과 미숙련노동자의 비율이 높은 기업에서 재외동포를 수용할 경우 그 기업의 존속 확률을 중장기적으로 높여 산업구조의 고도화를 지연시킨다.[4] 반대로 산업구조의 고도화 시기에 노동집약적인 산업을 그 나라에서 수용할 경우 국가의 경제성장률을 매우 높인다는 연구결과도 있다.

이상과 같이 기존연구 결과를 종합해보면, 남북한이 1960년대 초기 경제개발정책을 추진할 당시 재일코리안 1세 기업가의 기술과 자본을 활용하고 노동집약적인 산업에서 산업구조의 고도화나 경제성장의 기초를 다졌다는 점에서 많은 유사점과 차이를 내포하고 있다. 이러한 점에서 재일코리안 1세 기업가에 대한 남북한 투자유치 및 모국에 대한 경제적 공헌의 촉진이 남북한 경제에 어떠한 영향을 미쳤는지 살펴볼 필요가 있다. 따라서 본 장은 재일코리안 1세 기업가들의 모국공헌과 투자가 모국 경제성장에 어떠한 영향을 미쳤는지에 대하여 분석하고자 한다. 이를 위해 남북한의 재일코리안에 대한 경제정책과 모국투자에 대한 기초자료를 중심으로 분석하고자 한다.

[3] Berliant, M. and M. Fujita, "Culture and Diversity in Knowledge Creation", *Regional Science and Urban Economics* 42, 2012, 648~662쪽.
[4] 中村二朗・内藤久裕・神林龍・川口大司・町北朋洋, 『日本の外国人労働力ー経済学からの検証』, 日本経済出版社, 2009.

3. 남북한경제정책과 모국투자 동향

1) 박정희의 경제정책과 재일코리안 한국 투자

(1) 재일코리안 기업 대상 경제정책

1961년 5월 16일 군사쿠데타로 정권을 장악한 박정희는 먼저 국가재건최고회의, 혁명재판소, 혁명검찰부 등을 신설하였다. 또한, 부정부패의 적발이나 민중구제를 혁명공약으로 내걸고 부정축재 처리법, 농어촌 고리대금정리법 등을 제정하였다. 한편 국내 정치적으로는 중앙정보부를 신설하고 반공주의를 표방하였으며 혁신정당, 학생단체, 교원노조 등을 탄압하였다. 그는 약소국 한국의 정치적 과제가 인권이나 민주주의보다는 국민의 의식주를 해결하는 경제재건이 우선임을 믿고 있었다. 그리고 이를 달성하기 위해서는 경제자금과 선진기술이 절실히 필요했고 조달 대상 국가로서 미국과 일본을 선택하였다. 박정희는 1961년 10월부터 대일교섭에 착수하여 같은 해 11월 도일하여 당시 이케다 수상과 회담하였다. 그러나 일본과의 외교교섭은 한국여론의 강한 반대에 부딪혔고 군사쿠데타를 군사혁명으로 지지해준 민단, 특히 모국지향이 강했던 재일코리안 1세 기업가의 존재에 주목하였다. 그리고 박정희는 1961년 12월 민단계 재일코리안 1세 기업가 약 50명을 한국에 초대하였다.[5]

박정희가 이들을 모국에 초청한 이유는 민단계 재일코리안 1세들이 군사쿠데타를 군사혁명으로 지지한 바 있고 이들 대부분이 자기와 동향의 경상도 출신이었다는 점, 일본에서 사업을 전개하고 있기 때문에 차별당하고 있었다는 점 등이 작용하였다. 현실적으로 정치보다 경제재건

---

5) 李鐘宰, 「ロッテの錦衣還鄉」, 『財閥の履歷書』, 韓国日報, 1993, 158쪽.

이 최대의 우선 과제로 확신한 박정희는 해외 거주 재일코리안 1세들에게 과감히 도움을 요청하였다. 그리고 초청한 재일코리안 1세들에게 자신을 지원하는 것은 개인이 아니라 국가를 지원하는 것으로 경제적 지원과 모국투자를 요청하였다. 재일코리안 1세들은 자신들의 입장을 존중해주고 정중하게 국가적 지원을 요청하는 박정희에게 적극적인 지원을 약속하였다. 이와 같이 재일코리안 1세 기업가에 의한 모국이나 고향에 대한 물질적 공헌은 한국 최고 권력자로부터의 요청이라는 대의명분에 의해 실현되었다. 그리고 박정희의 요청으로 민단계 재일코리안 1세 기업가의 일부가 모국으로 재산을 반입하였다.[6]

이와 더불어 1965년 6월 22일 한일기본조약이 체결되자 한일 양국은 식민지지배 청산을 뒤로 한 채 국교수립을 적극적으로 추진하였다. 한일 국교수립의 대가로 박정희는 일본으로부터 무상경제협력 3억 달러, 정부차관 2억 달러, 상업차관 3억 달러 등 총 8억 달러를 일본으로부터 지원받게 되었다. 한일기본조약에 의해 체결된 '한국과 일본과의 재산 및 청구권에 관한 협정'이나 '재일한국인법적지위협정' 등은 민단계 재일코리안 1세 기업가들에게 모국투자에 의한 금의환향을 실현할 수 있는 법적 근거를 마련해주는 역할을 하였다.

여기에다 박정희는 1966년 8월 3일 '외자도입법(대한민국법률 제1802호)'를 공포하여 재일코리안 1세의 모국투자를 외국인 대우로 우대할 것을 보장하였으며 9월 24일에는 '외자도입법시행령(대통령령 제2756호)', 11월 24일에는 '외자도입법 시 규칙(경제기획원령 제43호)'을 공포하였다. 당시 공포된 외자도입법의 일부를 살펴보면 다음과 같다.[7]

6) 河明生, 『マイノリティの起業家精神―在日韓人事例研究―』, 株式会社ITA, 2003, 96~97쪽.
7) 河明生, 『マイノリティの起業家精神―在日韓人事例研究―』, 株式会社ITA, 2003, 97쪽.

"제1장 총칙

제1조 (목적) 이 법은 경제자립과 그 건전한 발전 및 국제수지의 개선에 기
　　　여하는 외자를 효과적으로 유치, 보호하고 동 외자를 적절히 활용
　　　관리하는 것을 목적으로 한다.

제2조(정의) 이 법에서 사용하는 용어의 정의는 다음과 같다.

　1. '외국인'이란 외국의 국적을 보유하고 있는 자연인 혹은 외국의 법률
　　에 따라 설립된 법인을 말한다.

　2. '대한민국 국민'이란 대한민국의 국적을 보유하고 있는 자연인 혹은
　　대한민국의 법률에 따라 설립된 법인(지방자치단체를 포함). 다만 대
　　한민국의 국적을 보유하는 자연인으로 외국에서 10년 이상 영주하고
　　있는 자에 대해서는 이 법 내의 외국인에 관한 조항을 적용한다. (중략)"

(2) 재일코리안 기업의 한국 투자

한국 정부의 외자도입법으로 재일동포에 대한 대우는 재일코리안 1세
에게 유리한 사회경제적 조건을 제공하였다. 게다가 한국 정부의 경제
관료들이 재일코리안 기업가들에게 모국투자를 적극적으로 권유하였다.
이러한 적극적인 경제정책으로 재일코리안 자본이 모국으로 대량 유입
되기 시작했다.[8]

한국은 이러한 재일코리안의 자본과 베트남전쟁 파병의 대가로 미국
으로부터 약 13억 달러의 차관을 들여와 1967년 시작된 제2차 경제개발
5개년 계획의 실행 비용으로 경제발전에 활용했다. 이때 비약적인 성장
을 이룩한 것이 일본 기술에 의존한 노동집약형 산업이었던 섬유산업으
로 재일코리안 1세 기업가인 사카모토 방적의 서갑호였다.

한국의 경제성장은 당시 한국 사회를 지배하고 있던 유교적 가치관에
의해 비교적 하위에 속했던 상공업자의 지위에 큰 변화를 가져왔고 이에

---

8) 在日韓国人商工会連合会, 『韓商連二十年史』, 1982, 29쪽.

따라 재일코리안의 모국이나 고향에 대한 물질적 공헌이 높게 평가되는
계기가 되었다. 그리고 비교적 저학력자가 많았던 재일코리안 기업가들
의 모국진출과 고향에 대한 물질적 공헌은 그들의 꿈과 희망이 되었다.
재일코리안 기업가들의 모국과 고향에 대한 물질적 공헌은 그들이 모국
과 고향 사람으로부터 환영받는 조건이 되었다.

〈표 20〉 민단계 재일코리안 1세 기업가의 한국 투자 현황(1965~1987년)

산업 구분	재일코리안 1세 기업가 모국투자 및 기업명
섬유공업	서갑호(방림 등), 이상실(홍진견직), 정원환(안양모방), 강태수(익설산업), 김광수(한국모리야마)
화학공업 고무공업 요업	안재호(대한합성화학공업), 신길수(동양화학), 김득룡(대생화학공업), 김점개(동방금형정공), 임춘선(금양), 김성규(천일제지), 오병학(계림화학공업), 이용재(타이거특수도장), 김원석(신흥고무), 김원태(한국마쓰타타일), 김경룡(한성공업), 조소수(한국광주가마)
기계·전자	김용태(한국마벨), 류원영(한국전자), 김상호(신한일전기), 강고원(한국대동전자공업)
공업 금속공업	천순구(진흥), 박병헌(대성전기공업), 하용락(한국미다치전기), 김석철(한국공화전기), 남환(이성전자), 고성규(대한노블전자), 최상옥(한국후지공업), 배선(한국음향), 고운종(한일유압), 김종달(협립에몰전공업), 이상수(회전스시본부), 박중의(한국도모에) 곽소석(써니 전기공업), 강용득(한국대화기업), 최만직(한국일신), 오문필(부산정기), 강병준(삼화제강), 류찬우(풍산금속), 황칠복(내셔널 화스너), 강택우(삼화실업), 강태홍(에이블), 김선덕(고주파), 김병오(삼룡철강공업), 김영진(팔미금속공업), 구호모(GMB)
건축자재 건설토건	이진영(주일), 홍갑식(한국홍진), 이옥룡(선일통산), 김재운(한국세라믹), 배효태(동광산업) 성해룡(대성기업), 윤인술(태진건설)
식품공업 기타 공업	신격호(롯데), 정태주(풍진화학공업), 최성단(풍진화학공업), 권태은(남부햄), 박영수(정붕물산), 권회준(한구산업), 김영창(동도카페트), 이창원(토미제화), 이남채(한국공영안경공업), 채문웅(대아네슬러화장품공업), 백맹덕(고성산업), 이동호(남양상사), 문찬주(동아오일실)

수산업	임춘기(여수수산), 최용기(남해흥업)
운수 해운	김권준(댄진운수), 김용지(대성산업), 김충진(경북여객자동차), 박종(부관페리), 김태일(선일상선)
금속 무역 · 상업 부동산	이희건(신한은행동/제일투자금융), 하도진(우양상호신용금고), 하병욱(마산상호신용금고), 황무영(코스모), 박래운(한국구영), 이중석(세익실업), 박재경(협화교역상회), 배석은(대한상품), 강하구(삼계산업), 박성준(신원빌딩), 하경완(경한산업), 곽을덕(신화종합개발), 오병학(오풍물산), 홍준기(공동산업), 김학진(행진개발)
관광호텔 골프장	장태식(대한관광개발), 곽유지(유진관광), 서재식(하남호텔), 류용갑(페리관광호텔), 이순희(파레스관광호텔), 이경순(신성산업), 김유만(뉴코제호텔), 박진용(금오산관관개발), 윤수효(대인상사), 김재택(강남교역), 이영덕(여수관광호텔), 배종성(제일흥업), 류문석(서울관광호텔), 김영자(뉴대구호텔), 전종상(동대구관광호텔), 정휘동(퍼시픽호텔), 노구용(신도관광), 김진원(백암온천호텔), 안철중(제주로얄호텔), 신격호(롯데), 허필섭(제1스포츠센터), 김태진(신태진), 황용부(도고컨추리클럽), 서인석(여주컨추리클럽)
기타업종 미상 등	정현식(동양항공여행사), 오승명(제주중앙농장), 권일호(완남), 김정희(리치로베), 한동석(코스모), 김경헌(한국안전시스템), 김철삼(아펠다), 임영웅(한국상업개발), 이강우(동아흥행), 신혜일(그라피카), 남연규(남화공업), 박창식(흥화비엠), 고주상(삼화화학), 하성오(삼양산업), 박노진(캐논세라믹), 김병수(크린랩), 신혜일(크레용)

출처: 在日本大韓民国居留民団, 『民団四十年史』, 1987, 757~769쪽.

더욱이 재일코리안 기업가들에게 모국투자에 대한 긍지와 자부심, 그리고 명예심을 촉발한 것은 박정희가 주도한 수훈제도라고 할 수 있다. 훈장수여는 1963년 3월 건국보장수훈을 수여한 서상한으로부터 시작되어 1981년 8월 15일까지 약 400여 명의 민단계 재일코리안 1세 기업가들이 훈장을 수여받았다.[9] 여기에 응해 재일코리안 기업가들은 오사카 만국박람회의 한국관, 주일한국오사카영사관, 새마을운동, 방위성금, 서울올림픽 등 모국사업에 적극적으로 지원하기 시작했다. 이에 따라 재일코

[9] 在日韓国人商工会連合会, 『韓商連二十年史』, 1982, 401~413쪽.

리안 1세 기업가의 모국투자도 앞의 〈표 20〉에 제시한 바와 같이 삼성
E&M 김용태의 한국마벨창업, GMB의 구두모에 의한 한국 GMB 베어링창
업, 경인전자, 삼성라제타, 대한노블전자 등 다양한 업종에서 투자사업이
활발하게 진행되었다.[10]

2) 김일성의 경제재건정책과 북한투자 요청

(1) 재일코리안 기업 대상 경제정책

총련계 재일코리안 1세 기업가의 대부분은 한국의 남쪽 출신자들이
많았다. 이들이 왜 북한을 지지하는 총련에 가입하여 활동하였는지는 좀
더 논의가 필요할 것으로 생각된다. 그러나 여기에서 실마리를 찾아보면
어느 정도 짐작이 가능하다. 1946년 2월에 결성된 재일본조선인상공회연
합회는 초기 좌우 중립파로 정치적 신조를 묻지 않았고 정치적 사상적
대립도 없었다. 거기에는 대부분이 순수한 재일코리안 1세 기업가들이었
다. 그러나 당시 재일조선인상공연합회는 일본에서 외국인재산취득령
적용 제외 등 재일코리안 1세의 경제적 권리를 획득하는 과정에서 중요
한 임무를 수행하였다. 그리고 이들은 재일코리안에 대한 차별이 강화될
수록 재일코리안 1세들의 조직 단결력을 강화하고 있었다.

당시 모국 한반도의 상황은 1953년 한국전쟁이 휴전되자 북한은 소련
의 경제원조로 순조롭게 경제성장을 진행하고 있었다. 남한은 이승만 정
권의 실각 후 박정희 군사정권의 등장으로 총련계 사람들에게는 좋지 않
은 이미지가 강했다. 이승만 정권의 반일주의와 재일코리안에 대한 기민
정책은 모국지향이 강했던 재일코리안에게 큰 실망감을 안겨주었고 북

한 정권에 대한 기대로 돌아섰다. 당시 이승만 정권은 철저한 반일주의
로 북한의 김일성 정권도 반일주의를 표방했지만, 재일코리안에 대한 정
책은 남한과는 약간 대조적이었다.

1954년 8월 북한의 남일 외무상은 재일동포가 북한의 공민이며 일본
정부가 공민의 생명재산의 안전, 거주와 취업의 자유, 민족교육 등을 보
장해야 한다는 취지의 성명을 발표했다. 일명 남일성명은 자기들의 불행
한 환경의 원인을 식민지화에 기인한다고 믿고 있었던 재일코리안 1세들
에게 큰 감동을 주었다. 더구나 재일코리안들은 처음으로 자신들의 권익
보장을 일본 정부에 당당하게 요구하는 북한의 존재를 인식하게 되었다.

북한의 '남일성명'은 일본 거주 재일코리안의 조직화에 큰 영향을 미
쳤다. 이로 인해 1955년 5월 25일 총련이 결성되었다.[11] 총련은 일본 공
산당의 지도를 받았던 재일조선인연맹이나 재일민주민족전선과는 달리
일본의 내정불간섭과 준법정신을 목표로 내걸었다. 조직의 최대 목적은
재일조선인의 권리옹호였다. 당시 일본에서는 사회당과 노동조합 등 사
회주의 지향 세력이 대두되었던 시기로 재일코리안 좌익세력과 연대를
강화하던 상황이었다. 이러한 세력연대를 추진한 것이 총련이었다. 총련
은 재정적 기반을 확보하기 위해 당시 정치적 중립성이 강했던 재일조선
인상공회연합회와의 연대를 강화하였다. 총련의 설득으로 재일조선인상
공회연합회는 1959년 6월 15일 제13회 총회에서 총련의 가맹을 결정하였
다. 이러한 과정을 거쳐 당시까지만 해도 북한 정권을 지지하지 않았던
중립파의 재일코리안 1세들이 총련의 구성원이 되었다.

또한, 총련 조직이 중립적인 입장의 재일코리안 1세의 마음을 움직이
게 한 것은 미군점령기 접수된 조선학교 권리교섭을 통해 회복시킨 일이

11) 河明生, 『マイノリティの起業家精神ー在日韓人事例研究ー』, 株式会社ITA, 2003, 106~107쪽.

었다. 조선학교의 설립 초기에는 재정적 기반이 약했으며 이를 지원한 것
이 북한의 김일성이었다. 1957년 북한 정권은 총련에 대하여 민족교육의
지원금으로 약 3억 엔을 송금하였다. 이후 계속해서 북한은 1975년 5월
까지 59회에 걸쳐 약 194억 엔을 조선학교에 송금한 것으로 알려졌다.[12]

　모국 귀국지향이 강했던 재일코리안 1세들은 이승만 정권의 기민정책
에 실망하여 북한의 민족교육지원을 대대적으로 환영하였다. 이들 민족
교육자금이 총련 조직이나 재일코리안 1세들이 일본에서 송금한 자금이
었을지라도 식민지를 경험한 재일코리안 1세들에 의한 북한지원이라는
선전은 북한을 긍정적으로 생각하도록 했다. 특히 재일코리안 1세들에게
'우리에게는 조국이 있다.'라는 선전 문구는 당시 재일조선인의 입장을
잘 대변해주고 있다.

　모국 귀국지향이 강했던 재일코리안 1세 중심의 총련 조직은 일본에
서 유치원부터 대학까지 민족교육기관으로서 조선학교를 성장시켜 나갔
다. 조선학교는 총련의 마음을 지탱하는 고향으로 운동회나 학예회 등을
통해 재일조선인사회의 연대감을 형성해나갔고 차별을 받고 있던 재일
코리안 1세들의 마음을 대변하는 기관으로써 틀을 잡아 나갔다. 이러한
이유로 총련계 재일코리안 1세들은 조선학교에 대한 재정적 지원을 아
끼지 않았다.

　총련 산하의 조선학교는 조선상공회, 신문사, 출판사, 신용조합 등 각
종 기업단체를 산하에 두고 경제적 기반을 탄탄히 세워나갔다. 이를 통
해 조선학교 졸업 후 학생들의 일자리를 확보하는 한편 학교생활을 통한
연애와 결혼이라는 재일조선인 1세들의 결혼관에 적합한 환경을 제공하
였다. 또한, 당시 총련의 일본 정부와의 교섭능력은 민단을 능가하는 힘

---

12) 韓徳銖, 「金日成主席の指導で勝利の一路を歩んできた朝鮮総連の二〇年」, 『在日朝鮮人運動に
　　かんする論文集』, 在日本総連連合会, 1980, 59쪽.

이 있었고 산하의 재일조선인상공회연합회를 활용한 재일동포 1세 기업가들의 세무 대책에도 적극적으로 대응하여 지지 세력을 확보하였다.

1976년 11월 총련 산하 재일조선인상공연합회는 일본 국세청과 교섭하여 다음과 같은 5개 항을 요구하였다.[13] 첫째, 조선인의 세금 문제는 모두 상공회와 세무 당국과의 합의에 따라 공정하게 해결한다. 둘째, 정기 정액의 상공회비는 손금으로서 인정한다. 셋째, 민족학교의 부담금은 긍정적으로 해결한다. 넷째, 경제활동에 관한 제3국 여행, 조국 방문 비용은 손금으로 인정한다. 다섯째, 법정에서 소송 중의 안건은 합의로 해결한다.

이처럼 재일코리안 문제에 적극적으로 대처했던 총련은 대중적 기반을 확보하게 되었고 민단을 능가하는 지지 세력을 확보하였다. 재일조선인상공회연합회 지방지부는 대부분 총련지방지부와 동일한 건물 내에 자리하고 있으며 조선학교와 가까운 곳에 있다. 이렇게 함으로써 재일코리안 1세에게 조선학교는 상호부조 정신이 강한 모국고향의 마을공동체와 유사한 형태를 유지할 수 있었다. 이와 더불어 1950년대 후반 북한경제의 활성화와 총련계 재일코리안 1세의 활동으로 1959년에 귀국사업이 시작되어 약 9만 명의 총련계 재일조선인들이 북한으로 귀국하였다. 북한의 귀국사업과 더불어 총련계 재일코리안 1세 기업가들에 의한 북한 경제건설 참여와 무역사업이 본격적으로 시도되었다.[14]

(2) 재일코리안 기업의 북한투자 현황

1961년 김일성은 북한 경제발전을 위한 7개년계획에 착수하였다. 그러

---

13) 朝鮮商工新聞社, 『民族と経営理念』, 朝鮮新報社, 1986, 96쪽.
14) 古田博司, 「主体思想とはなにか―北朝鮮における儒教の伝統と現代」, 『文化会議』 266, 1991, 3쪽.

나 같은 시기 한국에서는 박정희에 의한 군사쿠데타가 발생했다. 권력을
쟁취한 박정희는 반일주의를 표방한 이승만 정부와는 달리 일본과의 국
교수립을 서둘렀고 일본도 이를 환영하였다. 이러한 가운데 김일성은 소
련이나 중국 등의 정치 동향에 좌우되지 않은 독자노선의 길로 '조선식
사회주의건설'을 표방하였다. 김일성은 이를 정당화하기 위한 독자적인
이데올로기 수립에 착수하였는데 이것이 이른바 '주체사상'이었다. 김일
성이 표방한 주체사상에 근거한 '조선식사회주의건설'은 1984년 한계에
도달하였고 외화부족 등으로 북한사회는 경제적 곤란에 직면하게 되었
다. 이에 따라 1984년 9월 김일성은 외국기업의 북한에서의 경영활동을
보장하는 '합영법'을 제정했다. 그러나 외국기업들이 북한을 신뢰하지 않
았고 오히려 1987년 서방국가들이 북한을 채무불이행국가로 지정하였다.
이러한 가운데 외자유치와 외화가 필요했던 김일성은 총련의 존재에 주
목하게 되었다. 총련은 재일코리안 1세 기업가들에 의해 축적된 경제적
기반이 있었고 김일성은 총련계 재일코리안 1세 기업가를 통해 일본의
기술과 자본을 획득하고자 하였다. 그리고 이것을 가장 신속하게 획득하
는 방법이 재일코리안 1세 기업가로부터의 모국투자라고 생각했다.
　김일성은 절대적 충성을 맹세하는 한덕수 의장이 이끄는 총련을 북한
의 경제재건에 활용하였다. 그리고 재일코리안 1세들이 스스로 북한에
기부나 투자하는 형식을 취했다. 1973년 5월 김일성은 총련 결성 18주년
기념 재일동포상공인조국방문단을 북한에 초대하였다. 그리고 그 자리
에서 재일코리안 1세들에게 조국의 소중함과 조선식사회주의건설에 상
공인들의 동참을 요청하였다. 김일성은 해방 후부터 "수공업과 상공업의
자유를 인정하고 이것을 장려해 온 자신의 견해와 상공인 정책을 설명하
고 조국을 위해 애국사업에 적극적으로 참여할 것을 요청하였다."15)
　1974년 북한은 외화부족으로 인해 국제무역대금결제가 지연되었다.

김일성 정권은 외화가 필요했으며 한덕수 총련 의장은 새로운 재일코리안의 경영자상으로서 애국적인 상공인을 표방하였다. 애국적인 상공인이란 경제활동으로 '조선식사회주의건설'에 공헌한다는 점에서 과거 반혁명분자로 몰렸던 자본가나 상인과는 구별되었다. 즉, 애국적 상공인은 총련에 의해 새롭게 창출된 신분의 일종이었다.[16]

당시 한덕수 총련 의장이 애국적 상공인이라는 용어를 공식으로 사용한 것은 1975년 총련 결성 20주년을 기념하여 발표한 '김일성의 지도로 승리의 길을 걸어온 조선총련 20년'이라는 기념사에서였다. 애국적 상공인의 명칭은 전국 총련 조직, 특히 세금업무를 담당하고 있던 재일조선인상공회를 통해 확대되었다. 애국적 상공인의 신분은 총련의 북한에 대한 애국적 공헌 혹은 기부금의 액수에 의해 좌우되었다. 이것은 매년 4월 15일 김일성 생일, 9월 9일 북한건국기념일, 10월 10일 조선노동당창설일 등을 기념하여 기부되었다. 1982년 1월 김일성은 애국적 상공인에 의한 거액의 기부금을 받기 위해 '조선민주주의인민공화국 사회주의 애국상'을 제정하여 그 취지를 총련에 전달했다. 그 취지문을 살펴보면 다음과 같다.

"재일조선상공인은 영원한 조국, 조선민주주의인민공화국의 해외공민으로서 무궁한 민족적 긍지와 자부심을 가지고 총련의 지도하에 조국의 융성발전과 민족의 번영을 위한 애국 활동에 헌신하고 있다. 조국으로부터 멀리 떨어진 일본에서 재일조선상공인들은 조국을 열렬히 옹호하고 있고 민주주의적 민족 권리를 지키고 조국의 자주적 평화통일을 앞당기고 일본인을 비롯한 세계의 진보적 인민과의 연대를 강화하는 성스러운 위업에 크게 기여하고 있다. 공화국인민위원회는 당과 공화국 정부에 높

15) 在日本総連連合会, 『朝鮮総連』, 1991, 163쪽.
16) 呉圭祥, 『在日朝鮮人企業活動形成史』, 雄山閣, 1992, 147쪽.

은 충성심과 애국적 헌신을 발휘하여 사회주의국가의 융성발전과 총련
의 애국사업에 재일조선상공인의 공로를 국가적으로 표창한다(중략)."[17]

이에 대한 화답으로 총련은 1982년 김일성 70세 생일을 기해 기부금을
모아 공장건설자재, 자동차, 기계 등과 함께 북한으로 보냈다. 이때 약
50억 엔을 함께 송금하였고 1억 엔 이상을 기부한 상공인에게는 김일성
이름으로 사회주의 애국상을 수여하였다. 총련계 재일동포1세 기업가들
에게 애국적 상공인의 신분은 그들의 자존심과 명예심을 충족시켜주었
다. 그들 대부분은 일본에서 파칭코산업, 야끼니쿠산업, 소비자금융, 고
무제조업 등 낮은 신분의 산업에 종사하면서 조국을 위해 일한다고 자부
하고 있었다.[18]

북한은 1984년 9월 '합변법'을 제정하였다. 김일성은 1985년 5월 총련
결성 30주년 기념축하대회에 축전을 보내어 상공인을 총련의 기본적 군
중, 애국사업의 주인으로 규정하여 상공인 중시의 태도를 분명히 밝혔
다. 또한, 재일동포상공인의 애국적 업적에 대하여 애국적 상공인, 진보
적 상공인으로 높이 평가하고 동포상공인을 재일조선인운동, 조선 총련
의 기본군중으로 규정하여 영광의 길로 칭찬하였다. 이후 총련의 핵심세
력은 총련 활동가로부터 상공인=기업가, 경영자로 바뀌었다.[19]

김일성은 1985년 10월 재일코리안 1세 기업가들이 축적한 사업기반을
승계하는 재일조선청년상공인 대표단을 북한에 초대하여 합변사업의 취
지를 설명했다. 그리고 1986년 2월 김일성은 재일본조선인상공회연합회
결성 40주년 기념감사단을 북한에 초대했다. 이들 재일코리안 1세 기업

17) 吳圭祥, 『企業權確立の軌跡－在日商工人のバイタリティー』, 朝鮮商工新聞社, 1984, 150~151쪽.
18) 吳圭祥, 『在日朝鮮人企業活動形成史』, 雄山閣, 1992, 147쪽.
19) 玉城素, 「朝鮮総連四十年史－朝鮮総連は何をやってきたのか」, 『朝鮮総連の研究』, 在日本総
連連合会, 1992, 43쪽.

가를 중심으로 한 애국적 상공인에 대하여 사회주의 영토 내 자본주의적
수단을 인정한다는 것을 공언하고 애국적 합변사업에 적극적인 참여를
요청했다. 이때 김일성은 합변기업의 취지에 대하여 "사회주의 조국발전
에 공헌하고 동시에 재일본조선인상공인의 지위를 확립하는 것"이라고
강조했다. 이러한 김일성의 적극적인 노력으로 총련계 재일코리안 1세
기업가들은 다음 〈표 21〉과 같이 합변기업의 형태로 북한투자에 적극적
으로 응하였다.[20]

〈표 21〉 총련계 재일코리안 1세 기업가의 북한 합변기업(1985~1993년)

산업 분류	합변기업
광업	산금광합변회사(85), 월명산합변회사(87), 지성금산합변회사(흑연, 92), 광만합변회사(92), 금산합변회사(텅스텐), 명심합변회사(흑연)
섬유산업	모란봉합변회사(신사복, 87), 낙원성화피복합변회사(87), 평양실크합변회사(생사, 88), 원산애국편물유한회사(견직물, 87), 청천강합변회사(견사, 88), 대풍합영상사(구두모, 88), 진달래합변회사(부인복, 89), 평양피복합변회사(의류, 92), 전진합변회사(셔츠 기성복, 92), 개선피복합작회사(92), 명해고급기제복공장(92), 봉선화합변회사(의류), 문평합변회사(편물), 애국목단피복공장(고급양복), 은봉합작회사(방직), 여명합변회사(피복)
고무화학산업	흥덕합변회사(타이어, 87), 평양세라믹합변회사(압전소다), 마천전용합변회사(마그네사이트가공), 동흥산합변횟(염화비닐수지제품)
기계전기산업	남산합변회사(변압기, 87), 선봉합변회사(변압기, 87), 춘유합변회사(텔레비부속품, 87), 명전합변회사(의료기구, 87), 금강원동기합변회사(소형엔진), 6/14합변회사(전자로보트)
금속산업	조선은동합변회사(기념메달, 89), 조선금성합변회사(수도꼭지, 91), 국제화학합변회사(레어메탈, 91), 조선대성광명합작회사(금속연마)
식품산업	이영삼평양꿀밤연구소(86), 서산합변회사(양봉, 87)
수산업	칠보소수산물합변회사(88), 운단생산합변회사(성계, 88), 대덕산합변회사(90), 조선3방연합합변회사(93), 평양양어합변회사, 낙원생물합작회사, 해담합변회사

---

20) 朝鮮商工新聞社, 『民族と経営理念』, 朝鮮新報社, 1986, 32쪽.

기타경공업	2/6합변회사(벼짚가공), 노아나미용연구회(인삼크림, 87), 만장대합변회사 (약초류, 88), 평양포장재합변회사(포장박스, 89), 평양피아노합변회사(89), 광포합변회사(오리털, 89), 신흥합변회사(자전거, 89), 만풍합변회사(다다미, 89), 밀림유니합변회사(나무젓가락, 90), 대성6/4합변회사(일용품, 91), 진흥합변회사(수예품, 91), 김만합변인쇄공장(92), 대성철재가공무역회사(양식기, 91), 나진목재가공합변회사(파레트), 만경대우산합변회사, 무지개합합변회사(바리깡), 테크보합변회사(지갑), 소강합변회사(향수), 사문합변회사(약초), 폐각합작회사(비누), 능은합변회사(봉사망)
운수업	관광대동합변회사(관광운수, 88), 신건도합변회사(냉동화물선, 88), 광운합작회사(승용차/버스, 92), 황세합변회사(운송)
금융업	낙원금융합변회사(87), 조선합변은행(89)
서비스요리 식당업	창광청량음료점(86), 대동강합변식당(86), 동해관유한책임회사(87), 창광합변회사(87), 류경합변회사(88), 평운합변식당(88), 순정합변회사
기타 서비스	평양골프장합변회사(87), 능라합변회사(양복점, 87), 도라지합변회사(상점, 89), 평양합변골프연습장(90)
기타	고려합변회사(무역, 90), 대동강자동차수리합변회사(엔진재생수리, 89), 덕산건설기계합변회사(건설차량수리, 89), 대성보석합작회사(보석연마), 흑룡합변회사

출처: 宮塚利雄,「合弁事業の新たな展開」,『北朝鮮』所收, サイマル出版会, 1993, 122~123쪽.

3) 재일코리안 기업의 남북한 투자 전개 과정

지금까지의 연구결과를 토대로 여기에서는 남북한 모국투자의 역사적 전개 과정에 대한 차이점을 살펴보고자 한다. 다음 〈표 22〉는 남북한 모국투자의 전개 과정을 연표로 정리하여 제시한 것이다. 먼저 남한의 재일동포에 대한 경제정책의 전환과정에 대하여 살펴보면 1961년 5월 박정희의 군사쿠데타 성공과 함께 우호 세력이었던 경상도 출신 재일코리안 1세 기업가들을 모국에 초청하였다. 그리고 1962년 경제개발 5개년계획에 착수하면서 경제개발에 필요한 자금을 일본으로부터 빌려오게 되었다. 1965년 당시 한일기본조약 체결을 계기로 일본으로부터 총 8억 달러

에 상당하는 차관을 지원받았다. 한국의 본격적인 경제개발에 앞서 재일
동포의 기술과 자본유입 방안이 필요하게 되었는데 그것이 바로 1966년
8월에 시행한 '외자도입법'이었다. 외자도입법은 재일코리안 1세 기업가
들에게 외국인 대우로 모국 한국에 투자할 수 있도록 투자기회의 물꼬를
터주었고 이를 수단으로 재일코리안들은 모국고향에 적극적으로 투자하
기 시작했다. 이때 한국에 진출한 재일코리안 기업으로 가장 비약적인
성장을 이룩한 것이 일본기술과 한국노동력에 의존한 노동집약형산업인
섬유산업으로 한국경제발전의 비약적인 도약기를 가져다주었다. 이후
재일코리안 기업이 한국에 진출하기 시작하면서 한국의 경제성장과 더
불어 1977년에는 재일코리안 모국투자를 지원하기 위해 재일코리안 금
융기관이 설립되었다. 재일투자금융은 77명의 재일동포 주주가 자본금
30억 원을 모아 개시되었다. 제일투자금융 개설을 계기로 재일동포 모국
투자는 더욱 활성화되었다. 제일투자금융은 나중에 신한은행의 개설로
이어져 재일동포의 모국진출, 모국경제 기여의 새로운 영역을 개척하는
촉매제가 되었다.[21]

　1981년 4월 재일코리안 모국투자은행이 설립되었는데 민단과 한신협,
한상련에 공동으로 모국 재무부에 교민은행설립을 요청하였다. 같은 해
9월 15일에는 신한은행 설립준비위원회가 결성되었다. 준비위원회에 참
여한 재일코리안들은 이희건 회장을 비롯해 19명이었다. 신한은행 1982년
6월 한국은행으로부터 은행설립허가를 받았으며 7월에는 서울로얄호텔
에서 창립주주총회를 열고 7월에 영업을 공식적으로 개시했다. 은행설립
자본금 250억 원은 재일코리안 주주 341명이 전액 출자한 것이었다. 한
국 최초의 순수 민간자본 은행이었던 신한은행은 재일코리안들이 자립

21) 在日本大韓民国民団,『民団70年史』, 2018, 109쪽.

적으로 세운 민간 금융사로 재일동포의 모국투자의 대표적인 사례로 꼽
히고 있다.[22]

〈사진 15〉 재일코리안 모국투자협회와 88서울올림픽 후원회 결성(1982년)

　요약하면 한국은 1960년대 경제개발계획과 더불어 재일코리안의 진출
을 촉진한 외자도입법의 시행, 이를 발판으로 노동집약적인 방직산업의
진출과 한국의 경제성장으로 이어졌으며 이후 많은 재일코리안 기업의
투자와 모국공헌이 실현될 수 있었다. 그리고 1979년 박정희 대통령은
모국투자와 사회발전에 공헌한 재일코리안 기업가 59명에게 국민훈장을
수여하였다.

〈표 22〉 재일코리안 기업의 남북한 투자의 역사적 전개 과정[23]

한국/연도	주요 내용	북한/연도	주요 내용
1952.	한일국교수립 교섭 개시	1946.2.26	재일본조선인상공회연합회 결성
1961.5. 16.	박정희 군사쿠데타 발생	1953.	한국전쟁 휴전
1961.10.	대일교섭착수	1954.8	북한 남일 외무상 재일동포 북한의 공민, 공민의 생명 재산의 안전, 거주와 취업의 자유, 민족교육보장 성명 발표
1961.11.	박정희 일본 이케다 수상과 회담		
1961.12.	민단계 재일동포1세 기업가 50명		

22) 在日本大韓民国民団, 『民団70年史』, 2018, 118쪽

	한국 초청	1955.5.25.	재일동포 조직화 추진, 총련 결성
1962.	경제재건정책, 제1차 경제개발5개년계획 착수	1957.	북한정권 총련 민족교육 지원금 3억 엔 송금, 1975년 5월까지 59회 총 194억 엔 송금
1962.6.	통화개혁 실행, 통화호칭 환에서 원으로 변경		
1963.10.	박정희 대통령 취임	1959.6.15.	재일본조선인상공회연합회 제13회 총회에서 총련 가맹 결정
1965.6.22.	한일기본조약 체결, 일본 무상경제협력 3억 달러, 정부차관 2억 달러, 상업차관 3억 달러 지원	1959.	북송사업 개시, 약 9만 명 북한 귀국
		1961.	경제개발 7개년 계획 개시
1966.8.3.	박정희 대통령 외자도입법(대한민국법률 제1802호) 공포, 재일동포1세 모국투자 외국인대우로 우대	1965.4	인도네시아 방문 김일성 주체사상 강조
		1967.	주체사상에 의한 유일사상 체계화 추진
1966.9.24.	외자도입법시행령(대통령령 제2756호) 공포	1973.	오일쇼크, 북한 무역수지 악화
1966.11.24.	외자도입법시행규칙(경제기획원령 제43호) 공포	1973.5.26	총련결성 18주년 기념 재일동포상공인조국방문단 북한 초청
1967.	제2차 경제개발 5개년계획 개시	1974.	북한 무역대금 결제 지연
1967.4.29.	모국초청사업 서울연락사무소 설치	1974.2	김일성 주체사상 총련 파급
1967.12.27.	민단결성 20주년 기념 초청 모국가족 제1진 방일	1975.	경제6개년계획 성과발표
1968.2.22.	서봉균 재무부장관 동포중소기업에 500만 달러 융자 발표	1976.11.	총련 재일본조선인상공회연합회 일본 국세청과 교섭 세무대책요구
1968.6.15.	국회 재일동포실태조사위원 김상현 의원 방일	1982.1.23	애국적 상공인 대상 조선민주주의인민공화국 사회주의 애국상 제정
1968.8.8.	모국 가뭄 피해 구호위원회 구성하여 구호운동 전개		
1969.2.27.	모국 국회 재일동포 실태조사단 의원 일행 방일	1984.	조선식사회주의건설 실패 인정
1969.7.27.	제4회 모국하계학교 재일동포학생 554명 입학	1984.9.	외국기업 경영활동 보장 합영법 제정
		1984.9.8	합변법 제정
1970.1.1.	마산수출자유지역설치법 공포	1985.5.25	총련의 핵심적 세력으로 상공인 중시
1974.4.18.	박대통령 민단간부 접견 해외동포 지원약속		
1975.4.8	재일동포 60만 새마음보급운동	1985.10.16.	재일조선청년상공인대표단 북한 초청

1975.4.14.	조총련 산하동포 성묘단 사업 개시	1986.2.28.	재일본조선인상공회연합회결성40주년기념감사단 북한 초청
1976.5.12.	재일동포 공동묘지 망향의 동산 기공	1987.	서구 유럽 은행단 북한 채무 불이행국 지정
1977.8.10.	재일동포 모국투자 지원 제일투자금융주식회사(이희건) 영업 개시		
1977.11.22	한일친선협회(서울 대한상공회의소) 설립, 김종필 전 국무총리 회장 선임		
1979.5.15.	재일동포 59명에게 국민훈장 서훈		
1983.10.22.	재일한국과학기술자협회 설립총회 (도쿄상은 박권희 회장)		
1983.11.15.	도쿄청상, 자선골프대회 240만 엔 경주나자래원 기부		
1984.3.15.	청상연합회의 민단 산하단체 가입 신청 승인		
1986.9.1.	재일동포 모국교류시설 제일스포츠센터 개설		
1986.11.15.	재일동포 88서울올림픽대회 후원성금, 대장성 고시 제162호 지정기부금 인정		
1987.11.25.	재일한국부인회 모국산업시찰단 80명 방한		
1988.6.20.	신한은행 도쿄지점 개점		
1992.2.25.	모국투자협회(회장 박종) 국산품 애용운동 전개		

북한은 한국에 앞서 1954년 8월 재일코리안에 대하여 북한 공민으로 인정하고 공민의 생명과 재산의 안전, 거주와 취업의 자유, 민족교육보장 등을 담은 남일성명을 발표하여 공민화 작업을 본격화하였다. 이를 계기로 1955년에는 재일코리안의 조직화를 추진하여 총련을 결성하였으

23) 이 표는 본문의 내용을 바탕으로 연구자가 작성하였다.

며 1957년에는 총련의 조직기반인 조선학교에 지원금 3억 엔을 송금하고 1975년 5월까지 총 59회에 걸쳐 194억 엔을 송금하였다. 1959년에는 재일본조선인상공회연합회가 제13회 총회에서 총련 가맹을 결정하자 김일성은 1973년 총련 결성 18주년 기념 재일동포상공인조국방문단을 북한에 초청하였다. 1976년 총련 재일본조선인상공회연합회는 일본 국세청과 교섭으로 세무 대책을 요구하여 재일조선인상공인들의 세금업무를 지원하였다. 1982년에는 재일조선인상공인 가운데 애국적 상공인을 대상으로 '조선민주주의인민공화국 사회주의 애국상'을 제정하여 북한 투자를 장려하였다. 1984년에는 조선식사회주의건설 사업이 실패로 돌아가자 재일동포의 북한 투자를 촉진하기 위해 외국기업을 대상으로 경영활동을 보장하는 합영법과 합변법을 제정하였으며 총련의 핵심세력인 상공인들에 대해 주목하기 시작했다. 1985년에는 재일조선청년상공인대표단을 북한에 초청하여 이들을 적극적으로 끌어안으며 북한 투자와 사회적 공헌을 독려하였다.

특히, 1986년 6월에 설립된 재일조선합영교류협회는 북한의 대외경제협력추진위원회와의 합영(합변)으로 조선국제합영총회사를 설립하여 합변, 합작, 가공무역 등 경제교류사업의 활성화와 거래 확대를 위해 활동을 전개하였다. 이 협회는 북한의 합변법 시행에 따라 북한과의 합변, 합작, 가공무역 등 경제교류의 창구로서 알선, 소개, 경제동향조사와 통보, 투자정보의 공개, 투자설명회 개최, 북한방문절차 등 각종 절차적 편의를 재일코리안에게 제공하였다.[24]

---

[24] 在日本朝鮮人総連合会, 『朝鮮総連―朝鮮総連結成50周年に際して―』, 在日本朝鮮人総連合会, 2005, 103~104쪽.

4. 재일코리안 기업과 모국경제발전

이 장의 목적은 1960년대 남북한 경제개발 초기 단계에 재일코리안의 모국경제발전에 대한 모국투자와 사회적 공헌을 재검토하고 그들의 활동과 역할을 규명하는 데 있었다. 특히 1960년대부터 1980년대 초까지의 재일코리안의 남북한 모국투자와 사회적 공헌에 대한 기초자료를 토대로 모국경제발전에 대한 기여와 역할에 대하여 살펴보고 재일코리안의 자본과 노동력이 어떠한 동기에 의해 유입되고 이를 통해 어떠한 사회적 변화를 초래하는지에 대하여 검토하였다. 연구방법은 선행연구를 통한 이론적 검토, 남북한 경제정책에 의한 재일코리안의 모국투자와 모국경제 기여, 북한의 경제정책과 모국투자를 비교 분석하여 그 차이점과 특징을 도출하였다. 남북한이 1960년대 초기 경제개발계획을 추진할 당시 재일코리안 1세 기업가의 기술과 자본을 활용하였다는 점에서 공통점과 차이점을 내포하고 있다. 특히 남북 모두가 초기 노동집약적인 방적 산업의 투자를 통해 자국 산업구조의 고도화나 경제성장의 기초를 다졌다는 점에서 공통점이 존재한다. 그러나 남북한 모국투자 상의 차이점도 분명히 존재했다.

이 연구결과는 다음과 같다.

첫째, 한국은 1960년대 초 경제개발실행단계에서 재일코리안 1세 기업가의 자본과 기술을 본격적으로 도입하기 시작한 것으로 나타났다. 북한은 1950년대 후반 조선학교 지원을 대대적으로 표방하였고 1980년대 이후 재일조선인상공인을 대상으로 북한 투자와 사회적 공헌을 요청한 것으로 나타났다.

둘째, 재일코리안의 자본과 기술을 도입하기 위한 남북한 경제정책은 한국의 경우 1960년대 초 박정희에 의한 '외자도입법', 북한의 경우 1980년대 초 김일성에 의한 합변법(합영법)의 제정이었다.

셋째, 재일코리안 1세 기업가의 한국 투자 시 산업별 특성은 금속공업과 관광호텔 골프장이 많았고 북한 투자는 섬유산업과 경공업에 치중한 경향이 있었다. 그러나 한국 사회에서도 경제개발 초기 노동집약적인 방적 산업이 한국경제의 기틀을 다지는데 크게 작용한 것으로 나타났다.

넷째, 남북한 정권은 재일코리안 1세 기업가 대상의 모국투자를 위한 유인책으로는 한국의 경우 훈장 수여, 북한의 경우 '사회주의 애국상'을 제정하여 수여하여 투자를 촉진하였다.

다섯째, 남북한의 모국투자 촉진은 한국의 경우 1970년대 후반 재일코리안의 모국투자를 지원하는 제일 투자금융주식회사의 설립, 북한은 1986년 조선국제합영총회사의 설립으로 북한 투자와 사회적 공헌을 본격화하였다.

이상에서 살펴본 바와 같이 남북한은 시기적으로 약간 다르지만, 경제개발 초기에 외국자본의 도입보다는 재일코리안 1세 기업가들의 자본과 기술에 의존하여 경제개발 정책을 추진하였고 재일코리안 1세는 그들의 모국과 고향에 기꺼이 투자하는 태도를 보였다. 그러나 재일코리안 기업가의 이러한 모국투자는 기존의 선행연구에서 주장하는 금의환향 정신이나 합리적인 기업가정신보다는 일본에서 차별당하는 민족으로서 모국의 발전을 기원하는 마이너리티 기업가정신이 더 크게 작용했을 것으로 생각된다. 이에 대한 논의는 다음 장에서 구체적인 사례를 통해 살펴보고자 한다.

제6장

재일코리안 올드커머 기업의
성장과 모국진출

제6장
재일코리안 올드커머 기업의 성장과 모국진출

이 장에서는 재일코리안 올드커머 기업 중에서도 롯데 신격호, 소프트뱅크 손정의, 수림문화재단 김희수 이사장을 중심으로 일본에서의 기업의 성장과 모국진출 과정을 살펴보고자 한다. 재일코리안 기업가 중에는 귀화와 일본 통명을 사용하는 이들도 있지만, 민족정체성을 그대로 유지하고 있는 이들도 많다. 그들은 일본 사회에서 불가시적인 존재이지만 기업가로서 강인함이 배어 있고 민족정체성을 유지하면서 일본경제에 크게 기여한 혁신적인 기업가들이기도 하다. 그리고 일본 사회의 차별과 배제에 맞서 불안정 지위에서 창업하였고 과잉경쟁에서 생존한 기업가들이기도 하다. 이러한 이유로 재일코리안 2세들에게는 안정적인 직업을 갖도록 높은 교육 기회를 제공하였고 그들이 주류사회로 진출함에 따라 기존의 재일코리안 기업의 정신을 계승하고자 하는 인재나 차세대들이 점차 사라지고 있는 현실에 직면하고 있다. 흔히 일반적인 창업에는 혁신적인 아이디어, 진보적 기술, 창업자금과 비전 등이 필요하지만 재일코리안 기업가의 발상에는 유연성과 기회를 창출하는 마이너리티 기업가정신을 소유하고 있는 것으로 나타났다. 그들은 일본이라는 특정 시장에 안주하기보다는 모국투자와 글로벌시대 최적의 사회적 수요를 발굴하여 도전정신으로 신사업을 창출해 왔다.

그러면 이 장에서는 재일코리안 기업 가운데 일찍부터 모국진출에 앞장서 온 롯데와 소프트뱅크, 모국 인재양성 힘쓴 전 중앙대학교 김희수 이사장의 경영전략과 기업가정신에 대하여 살펴보고자 한다.

1. 재일코리안 기업 롯데의 경영전략과 기업가정신

1) 도일과 기업 성장 과정

롯데 신격호는 1922년 경상남도 울주군 삼남면 시골에서 태어났다. 농가의 장남으로 태어나 나중에 리더십을 발휘하는 원천이 되었다. 당시 일본 제국주의 시대로 조선유교교육을 받고 자라났다. 신격호는 서당에서 보통학교를 거쳐 울산농업전수학교에 진학하여 농업기사의 기술을 배웠다. 당시 농가의 자녀로서는 교육의 혜택을 많이 받은 편이었다. 졸업 후 함경북도 명천의 종묘장에서 연수를 수료하고 경상남도도립 종축장의 기사가 되었다. 당시 식민지시대 취업 사정을 고려하면 상대적으로 안정된 엘리트 코스였다. 그의 아버지는 신격호를 안정시키기 위해 부농의 딸과 결혼시켰다. 그러나 향학심이 강했던 신격호는 일본으로 유학을 결심하여 고향마을을 떠났다. 그리고 부산에서 일본행 부관연락선을 타고 시모노세키로 도항했다. 일본 통명의 사용은 신격호가 도일을 계기로 '시게미쓰(重光)'를 사용하기 시작했던 것으로 추측된다. 신격호는 도일 후 고향의 친구에게 부탁하여 도쿄로 상경하였으며 그의 하숙집에서 유숙하게 된다. 친구가 와세다대학 학생이었던 관계로 신격호도 와세다실업보통과 정시생으로 입학했다. 그리고 학생 시절 간다(神田)의 헌책방을 드나드는 문학청년으로 괴테의 시를 애독했으며 작가가 되는 것이 꿈이었다. 그의 일본 생활은 매우 가난하여 우유나 신문 배달, 잡역이나 운반 등 육체노동으로 생활비나 학비를 벌어야 했다. 일본에서 고학이나 차별이라는 엄연한 현실은 그의 꿈으로부터 멀어지게 했으며 직업선택의 자유도 없었다. 유일한 선택은 사회적 지위가 낮은 영리활동으로 지위상승을 도모하는 길밖에 없었다. 그리고 와세다대학 시절 징병을 회피하기 위해 문학에서 이공계로 전공을 바꾸고 태평양전쟁 때는 군수물자나 선반용 오일을 제조하는 연구소에 징병되어 이를 계기로 그의 삶을 송두리째 바뀌었다.

1944년 신격호는 일본인 고물상 하나미즈로부터 선반냉각용오일 제조 공장의 창업을 권유받고 흔쾌히 수락했다. 그리고 도쿄 오모리(大森)에서 창업했지만, 미군 공습으로 소실되었다. 그렇지만 자신을 믿어준 일본인을 배신해서는 안 된다는 것이 그의 믿음이었고 이를 계기로 나중에 "일본에 사는 이상 일본 사회에 융합되어 일본을 위해서 최선을 다해야 한다. 이것이 언젠가는 한국을 위한 것이 된다."라는 기업가정신을 갖게 되었다.[1]

1945년 8월에는 일본의 패전과 더불어 많은 재일코리안들이 귀국을 서둘렀지만, 도일 목적이었던 경제적 지위를 달성하지 못하고 무일푼으로 귀국할 수 없어서 일본 잔류를 선택했다. 그리고 해방 후 정치적 혼란기에 선반냉각용오일 제조의 노하우를 응용하여 군수용오일을 사용한 비누 등의 유지제품의 제조판매를 개시했다. 일본인의 청결지향과 목욕취

---

1) 河明生, 『マイノリティの起業家精神ー在日韓人事例研究ー』, 株式会社ITA, 2003, 130쪽.

향을 예측한 창업이었다.

이를 바탕으로 1946년에는 도쿄 오기쿠보(荻窪)에 히카리특수화학연구소를 설립했다. 그 이유는 동업자가 많아지고 비슷한 상품들이 횡행하여 차별화를 도모하기 위해서였다. 회사의 상품명은 '롯데화장품본점'으로 결정하여 괴테의 '젊은 베르테르의 슬픔'의 영웅인 샤르롯데에서 따왔다. 이후 남성용 포마드나 크림 등을 제조 판매하여 자본을 축적했지만, 화장품 시장의 과잉경쟁과 일본 자생당과 같은 대자본의 활동 재개로 위기를 맞게 되었다. 1947년에는 친구의 권유로 풍선껌 제조판매로 전업하여 세 사람의 친구들과 공동경영으로 신격호가 자금과 공장을 제공하고 나머지 친구들이 껌의 제조와 판매를 담당했다. 그러나 내분에 휩싸여 단독으로 껌 제조판매업을 시작하였다. 당시 일본에서는 껌 업체들 대부분이 영세하였고 기술적으로도 가내수공업 수준으로 수익률이 매우 높았다. 거기에다 껌은 일본에서 걸으면서 씹는 행위 자체가 일본인들에게는 부도덕한 행위로 간주되어 기업가들에게 시장성의 한계를 지적하는 문화구조가 있었다. 이에 따라 껌은 일본인들에게 이질적인 존재로서 식품 관련 대기업 자본이나 구성원들이 껌의 시장성과 장래성을 예측할 수 없었다. 그러나 신격호는 해방 후 일본에서 미군의 상징적인 식문화였던 껌에 몰려드는 어린이들의 광경을 목격하고 껌 산업의 장래 확장성을 예측하였다. 그리고 단맛을 첨가한 풍선껌을 제조하여 어린이들로부터 호평을 받았다.

1948년 6월 신격호는 주식회사 롯데를 창업하여 도쿄 신주쿠에 토지를 구입하고 껌의 대량생산에 착수했다. 해방 후 미군 점령기 때 껌은 기호품으로 취급되어 제도적 지원을 받지 못했고 껌의 원료인 설탕은 통제품목의 일종이었다. 따라서 껌의 판매가격도 일본 정부로부터 인가받아야 했고 대기업 자본이 껌 산업에 진출하지 못하여 오히려 독점사업이 되었

다. 1949년 일본에서는 식품위생법이 제정되어 불량유해식품의 규제가
강화되었다. 이에 따라 기존 유통시스템을 이용할 수 없었던 롯데는 영
업상의 독창성을 발휘할 수 있게 되었다. 또한, 껌의 고품질화를 지향하
여 약제사 등의 전문가를 고용하여 품질향상에 노력한 결과 전체 시장의
20% 정도를 점유하게 되었다. 상승지향이 강했던 롯데는 껌의 제일 생산
자가 되겠다는 야심을 품고 껌의 품질향상에 노력했다. 그는 사업 수행
상의 불확실성, 예상되는 리스크, 동업자와의 알력 등을 반대이유로 내
세우지 않고 동요하는 일본인 종업원들을 강한 리더십으로 결속시켰다.
하지만 껌 업계에서 재일코리안에 대한 일본인의 공격도 계속되었다.
"조선인의 츄잉껌 생산을 저지해야 한다."라는 민족적 감정을 전면에 내
세운 차별과 모욕, 질투와 반발에 대해 그때마다 실력을 키울 수밖에 없
다는 확신을 하게 되었다. 그리고 일본제과업계를 제패해야겠다는 집념
을 가지게 되었다. 신격호는 일본인 업계의 차별에 대해 "공격이야말로
최대의 방어"라는 공격적 경영관을 강화하였다.

2) 롯데의 경영전략

롯데는 천연치클 껌의 상품화에 성공하여 상대 회사와의 경쟁에 대비
하여 영업력을 강화하는 전략을 구사하였다. 먼저 소매점중점주의와 중
소도매다수점주의를 실행에 옮겼다. 자사 제품의 고품질을 소비자에게
직접 호소하기 위해 소매점과의 관계를 강화했다. 그리고 담배 가게에
롯데제품을 진열하도록 지시했다. 또한, 영업을 강화하면서 롯데의 이미
지와 브랜드가치를 제고하는 전략으로 남극학술탐험대에 자사 츄잉껌을
납품하여 그 실적을 강조하였다. 그는 광고선전을 강화하여 광고선전비
가 매출액의 10%를 차지할 정도로 매우 중시했다. 광고가 매출에 직접적

인 영향을 미친다는 것이 그의 확고한 경영철학이었다. 그리고 가장 중시했던 광고는 TV를 통한 광고의 강화였다. 이러한 광고효과로 롯데의 기업이미지와 브랜드가치가 향상되어 1959년 경쟁사를 누르고 껌의 최고 메이커로 우뚝 서게 되었다. 1961년에는 LHP(Lotte Home Proper)제도의 도입으로 인해전술식 영업 전략을 강화했다. 이 제도는 주부 등 여성을 파트타임으로 대량 채용하여 영업훈련과 롯데 자체의 현상광고를 통한 판매촉진을 강화하였다. 그리고 마침내 1962년 롯데는 일본에서 껌 점유율 70%라는 경이로운 기록을 달성하여 신격호 회장이 일본 껌 협회의 회장에 취임하여 업계 최고로 등극하게 되었다. 이후 1964년에는 유럽 선진기술을 도입하여 초콜릿 시장에 참가하였고 1969년에는 캔디시장, 1972년에는 롯데리아 패스트푸드 시장 및 아이스크림 시장, 1976년에는 비스킷 시장에도 참여하였다. 그리고 해방 이후 롯데는 비교적 단기간에 일본을 대표하는 종합과자 메이커로 발전하였다.

3) 모국진출과 기업가정신

신격호는 모국투자를 지향하여 금의환향의 기업가정신을 소유하고 있었으며 롯데의 소유와 경영을 분리하지 않고 자신의 의지를 경영에 관철하려고 노력하였다. 그는 건전한 모국관을 강조하는 애국청년으로 한국의 장래나 한국인의 생활향상에 관심이 있었다. 이러한 경향은 조선의 유교적 영향과 일본 사회의 차별과 배제 경험으로부터 기인하는 것이기도 했다. 그러나 1950년대는 한일국교 정상화가 수립되지 않아 모국투자가 어려웠고 모국 고향에 대한 공헌은 항상 마음에 담아두고 있었다. 1958년 이승만 정권 때 일부 모국투자를 인정하여 한국에 거주하는 동생을 세워 간접적인 모국투자를 통해 한국롯데와 롯데화학공업사를 창업

했다. 그리고 1961년 박정희 정권의 탄생과 1965년 한일국교정상화수립
으로 모국투자의 기운도 활발히 진행되어 갔다. 당시 박정희 정권은 권
력을 유지 강화하기 위한 수단으로 한국경제의 재건을 가장 중요한 과제
로 여기고 외국으로부터 자금과 기술조달을 중시했다. 이러한 상황에서
롯데의 역할은 매우 컸고 신격호는 신흥재벌 창업을 목표로 모국투자계
획을 신중히 추진하였다. 먼저 그는 가와사키제철과 업무제휴를 통해 그
기술을 한국에 이식하고자 제철사업 계획서를 박정희 정부에 제출했지
만, 제철업을 국영사업으로 정한다는 방침에 따라 실현되지 못했다. 다
음으로 가전산업의 한국에서의 설립과 전개를 제안했지만 한국정재계에
서 동포재벌을 일본 자본의 앞잡이로 보고 기간산업에의 진출을 반대했
다. 이를 무마하기 위해 한국롯데를 통한 홍보활동을 통해 일본에서 태
어난 자녀들이 한국 국적을 가지고 있음을 주장했다. 하지만 결국 롯데
는 제과산업으로 모국투자를 전개하는 수밖에 없었다.

신격호는 껌, 초콜릿, 아이스 등 일본롯데의 노하우를 한국롯데에 전
수하는 데 주력했다. 그리고 사이다, 햄, 우유, 술, 축산 등 다른 식품분
야에도 진출에 성공하여 식품그룹을 형성하였다. 그러나 그에 대한 평가
는 비사교적이며 과묵한 성격이라는 평판이 자자하고 이러한 그의 성격
은 빈손으로 사업을 일구는 동안 그가 감내하지 않으면 안 되었던 재일
동포기업가에 대한 차별에 의해 형성되었을 것으로 추측되고 있다. 1978년
박정희 정부는 롯데회장 신격호에게 건국훈장 무궁화장을 수여하여 한
국을 대표하는 애국적 재일코리안 기업가라는 명칭을 부여했다.

1970년대 중반 박정희 정부는 관광사업추진에 의한 외화획득을 중시
하여 신규사업진출을 신격호에게 강력히 요청하였다. 이에 따라 1979년
3월 지상 38층, 지하 3층, 객실 1천 개의 한국 최대 규모의 호텔이 완성
되었다. 그리고 같은 해 12월 한국 최대의 롯데백화점 설립과 동시에 롯

데리아 1호점이 진출하였다. 롯데호텔은 1988년 서울올림픽의 관광무드를 계기로 정상궤도에 올랐다.

이후 한국롯데그룹은 이업종다양화를 추진하여 공해처리기, 사무기기, 음향기기, 석유, 필름, 복사기, 프로야구, 유원지 등 다양한 사업에 진출하였다. 대부분 일본기업 캐논이나 파이오니아 등과의 합병이나 제휴에 의한 일본기술의 전수였다. 이렇게 하여 신격호는 한국에서 다수의 신흥재벌을 형성하여 한국의 경제발전에 공헌한 애국적 기업가로서 금의환향의 기업가정신을 실천한 인물이 되었다.

이상과 같이 신격호는 제2차 세계대전으로 한창 혼란하던 1941년 일본으로부터 해방되기 직전인 한반도에서 일본 시모노세키항을 통해 일본으로 도항했다. 그리고 당시 궁핍한 생활 가운데에서도 와세다실업학교를 졸업했다. 어려운 생활 가운데 수업료를 모아 납부하였고 이러한 어려운 생활로부터 창업을 결심하게 되어 비누와 남성용 포마드를 제조하는 작은 공장을 창업했다. 그는 회사 이름을 '히카리특수화학연구소'로 명명하였으며 문학청년이기도 했던 신격호는 괴테의 '젊은 베르테르의 슬픔'을 애독하여 이 책의 주인공 샤롯데로부터 회사이름을 '롯데'로 명명하였다.[2] 1945년 일본이 패망하고 GHQ가 통치하던 시기 미군들이 즐겨 찾았던 초콜릿과 츄잉껌은 일본인들에게 '하늘에서 떨어진 선물'이었으며 일본 근대민주주의 상징이 되었다. 패전 이후 전환기 일본에서 신격호(重光武雄)는 고품질의 껌 제품을 생산하기 위해 과학자를 고용하여 자사 제품의 껌의 품질을 업그레이드해 나갔다. 당시 단 음식에 굶주려 있던 일본인들에게 롯데 껌은 큰 인기를 구가했다. 이후 롯데는 일본에서 다양한 히트상품을 계속해서 탄생시켰다.

2) デイビッドウィリス・李洙任, 「在日コリアン系起業家」, 李洙任編著, 『在日コリアンの経済活動—移住労働者・起業家の過去・現在・未来』, 不二出版, 2012, 152~153쪽.

롯데는 일본에서뿐만 아니라 한국에도 적극적으로 투자하여 현재 한국에서 10위 권 내의 대규모 재벌회사에 속해 있다. 1980년까지 롯데는 한국에서 신흥재벌이었으며 1989년에는 한국서울에 롯데월드라는 세계 규모의 테마파크를 개설하여 매년 800만 명 이상이 롯데월드를 방문하는 명소가 되었다. 2003년에 실시 된 조사에 따르면 그의 차남인 롯데그룹 부사장인 신동빈은 한국에서 고액납세자로 제2위에 올라있다. 아더 콜(アーサー・H・コール)에 의하면 경영자의 행동은 각각의 사회에 존재하는 고유한 사고와 행동 양식이라는 문화구조에 지배되어 있다고 주장한다.[3] 이러한 재일코리안 기업 1세들이 가지고 있는 유교정신에 입각한 금의환향의 기업가정신을 실현한 기업가는 한국과 일본에서 창업한 신격호라 할 수 있다.[4]

롯데의 창업자인 신격호는 창업 시절부터 시게미쓰 다케오(重光武雄)라는 일본명을 고수하였으며 재일코리안이라는 사실을 숨겼다. 가장 큰 이유는 자신의 회사에 부정적인 이미지를 줄 수 있었기 때문이었다. 하지만 한국에서는 신격호라는 민족명을 사용하였으며 모국에 대한 롯데의 공헌은 최근까지 높이 평가되고 있다.

2. 재일코리안 기업 소프트뱅크의 경영전략과 기업가정신

1) 창업과 기업의 성장 과정

손정의는 1957년 일본 사가현 도스시(滋賀県鳥栖市) 조선인 부락에서

---

3) アーサー・H・コール, 中川敬一郎訳, 『経営と社会ー企業者史学序説』, 東京大学出版会, 1965, 45쪽, 215쪽.
4) 河明生, 『マイノリティの起業家精神ー在日韓人事例研究ー』, 株式会社ITA, 2003, 27~141쪽.

태어났다. 경상북도 대구로부터 도일한 재일코리안 1세의 할아버지가 이
곳에 정착하여 일가를 이루었다. 그의 할아버지는 탄광노동자로 일한 후
소작농으로 이곳에 이주했다. 재일코리안 2세인 아버지는 가계를 꾸리기
위해 10대 무렵 행상을 하면서 사회적 지위가 낮은 막노동을 했다. 할아
버지는 식사 때마다 그의 아버지를 게다(下駄)로 때리곤 했는데 그 이유
는 "생활이 가난할지라도 목표만은 가난해서는 안 된다."라는 이유에서
였다고 한다.[5] 그리고 점차 그의 아버지는 사가현보다는 성공의 기회가
많은 규슈(北九州)에서 소비자금융을 시작했다. 소비자금융업에서 돈을
모아 그 자금으로 1970년대 파칭코점포 경영을 시작했다. 사회적 지위가
낮은 노동에서부터 시작하여 소비자금융, 그리고 파칭코산업에서의 성
공은 당시 일본에서 생활하는 재일코리안 2세의 전형적인 창업 패턴이
기도 했다.[6]

　그의 아버지는 손정의에게 최적의 교육환경을 제공하기 위해 민족학
교보다는 일본학교를 선택하여 학교가 많은 후쿠오카로 이주했다. 그리
고 일본학교 교육의 영향으로 일본인으로서의 문화적 교양을 갖추게 되
었다.

　손정의의 가정은 일상생활에서는 '야스모토(安本)'라는 일본식 통명을
사용하였다. 그 이유는 재일코리안에 대한 일본인의 차별적 경험에서 유
래하고 있다. 재일코리안 3세인 손정의 자신도 유치원 때 '조선인'이라는
이유로 일본인으로부터 이마에 돌을 맞아 피를 흘린 적이 있었다. 이 사
건이 이후 자신의 출생을 감추기로 한 계기가 되었다 한다. 후쿠오카에
서 명문중학과 고등학교에 진학하여 자신의 통명으로 '야스모토 마사요
시(安本正義)'를 사용하였고 가업이 파칭코점포라는 사실도 철저히 숨겼

---

5) 小林紀興, 『西和彦の閃き孫正義のバネー日本の起業家の光と影』, 光文社, 1998, 52쪽.
6) 河明生, 『マイノリティの起業家精神ー在日韓人事例研究ー』, 株式会社ITA, 2003, 185쪽.

다. 손정의의 중등시절 목표는 교사가 되는 것이 꿈이었다. 그러나 일본
에서 한국적 재일코리안은 교원에 채용될 수 없다는 것을 알고 큰 충격
을 받았다. 그리고 자기실현의 돌파구로서 생각해 낸 것이 학원의 경영
이었다. 그러나 학원경영이 좌절된 후 고등학교 1학년 여름방학 때 해외
여행으로 선택한 곳이 할아버지와 할머니의 고향인 모국을 방문했다. 하
지만 한국 풍습이나 한국어가 서투른 탓에 한국인으로서의 정체성을 자
각하지는 못했다. 그리고 영어연수를 목적으로 미국으로 여행이 인생의
전환기가 되었다. 일본에 귀국 후 고등학교를 중퇴하고 미국 유학을 전
격 결심하였다.

도미 후 손정의는 고등학교를 거쳐 UC버클리 경제학부에 진학했다.
당시 미국에서는 애플컴퓨터의 스티브잡스나 마이크로소프트 빌 게이츠
등이 활약하고 있어 컴퓨터 산업혁명이 한창 붐이었던 시기였다. 1977년
그는 '음성합성장치가 달린 다국적 전자번역기'라는 혁신적 아이디어를
창출하여 시제품을 완성하였다. 그리고 일본 샤프회사와 판매계약에 성
공하여 시제품을 개량하여 샤프로부터 사상 처음으로 포터블 번역기
'IQ3000'을 판매하기 시작했다. 이러한 일련의 개발과정은 손정의가 기업
가적 자질로서 혁신적인 아이디어의 구체화—기술자를 만족시키고 보수
를 지불하는 신속한 행동력 등이 돋보이는 사례의 하나였다.

2) 경영전략과 기업가정신

1978년 손정의는 미국에서 유니슨월드를 창업했다. 그는 1980년 일본
에 귀국하여 1981년 후쿠오카에서 유니슨월드를 창업하여 소자본으로
성공 가능한 컴퓨터 소프트유통업이라는 신시장의 개척에 주력했다. 당
시 일본에는 소프트 개발회사와 소매점을 중개하는 도매상이 없었다. 또

한, 1981년에는 회사가 도쿄에 진출하여 일본에서 처음으로 개인컴퓨터, 소프트 도매업, 일본 소프트뱅크(현재 소프트뱅크)를 경영종합연구소와 공동으로 설립했다.[7] 그리고 당시 내세울 만한 신용이나 실적이 없음에도 불구하고 오사카에서 개최되는 '컨슈머 일렉트릭 쇼'에서 소니나 마쓰시타전기와 같은 규모의 부스를 확보했다. 그의 이러한 사업수완으로 소프트뱅크의 부스는 연일 대성황을 이루었다. 손정의는 컴퓨터 유통의 중간업자로서 정열과 협상력 등 개인적 경영자질이라는 유일한 자산을 가지고 있었다. 거기에다 그는 사업상의 스피드와 볼륨이라는 장점을 활용하여 이를 기반으로 오사카의 컴퓨터 소프트 판매점인 조신전기(上新電機)와 일본 제일의 소프트 메이커인 허드슨(Hudson Soft Company) 소프트회사와 독점계약을 체결했다. 이러한 그의 사업협상력은 뛰어난 경영기획들을 신속하게 현실화시켜 비즈니스로 창출하는 그의 행동력이 있었기 때문에 가능했다. 손정의는 회사를 설립하고 성장시켜가는 과정에서 일본인의 기업유력자들과 정열적인 협상을 통해 실력을 키워나가고 기업가적인 능력을 인정받았다. 이에 소프트뱅크는 일본 업계에서의 지명도와 신용이 날로 급상승하게 되었고 대부분의 소프트메이커들이 거래를 원했으며 창업 2년 만에 컴퓨터 소프트업계의 최대 기업으로 성장하였다. 소프트뱅크는 1996년 소프트윙(Soft Wing)을 흡수 합병하여 컴퓨터 소프트 유통시장에서 독과점체제를 구축하였다.

손정의의 성공지표는 일본사회 및 일본인으로부터 평가에 대하여 "자신은 한국적이기 때문에 일본에서 인정받을 수 없다. 미국에서 성과를 내면 일본인은 평가해줄 것이다."에도 잘 나타나 있다.[8] 손정의는 혈통,

---

[7] 大下英治, 『巨頭孫正義: ソフトバンク最強経営戦略』, イースト・プレス, 2012, 90~91쪽. 손정의는 1981년 9월 일본종합연구소의 세미나에서 알게 된 아리가 요시테루(有賀義輝), 다카하시 요시토(高橋義人) 등과 만든 경영종합연구소와 함께 50%씩 출자하여 회사를 설립했다. 이때 회사 이름을 유니슨월드에서 '소프트뱅크'로 변경했다.

국적, 성장 과정에서 차별에 따른 굴절된 감성 등을 제외하면 보통의 일본인과 다름없었지만, 일본에서는 일본인으로 인정받지 못하는 딜레마와 속박이 존재했고 이것이 성공에 대한 강한 동기부여로 작용하였다.

손정의는 기업에 성공한 후 통명 '야스모토(安本)'가 아닌 민족명 '손(孫)'으로 귀화신청을 했다. 그러나 일본 법무성이 민족명 '손'이 일본인에게는 없다고 받아주지 않자 일본인 아내의 성을 '손'으로 변경하여 귀화를 인정받았다. 이러한 손정의의 민족명 '손'의 사용은 민족정체성의 표현보다는 미국 유학 경험에서 자연적으로 취득한 자신의 루트를 나타내는 '손'의 사용에 집착했다고 볼 수 있을 것이다. 손정의의 성공 이면에는 그의 할아버지가 탄광에서 일했고 그의 아버지가 파칭코사업에 성공하여 학창 시절 재일코리안으로서 정체성 혼란으로 방황했던 시절 미국 유학이 가능했던 점과 이로 인한 강한 창업의지력과 리더십을 발휘할 수 있는 원동력이 존재하고 있다.

소프트뱅크 손정의 대표는 1990년대 후반부터 일본사회에서 주목받게 되었으며 정보산업분야에서 가장 성공한 기업가로 꼽히고 있다. 그는 일본에서 인터넷과 정보분야에 혁명을 일으킨 기업가로 기억되고 있다. 또한, 그는 도전정신과 정열, 대담한 비전을 가지고 일본에서 인터넷재벌을 구축한 기업가정신으로 회자되고 있다. 소프트뱅크의 대표 손정의는 야후(YAHOO), 지오시티즈(GeoCities), E-트레이드(E-Trade: EGRP), E-론(e-loan: EELN) 등 웹사이트 회사의 주식 지분의 대부분을 가지고 있다. 자본금 2,100억에서 출발한 회사는 지금은 1조 5,000억 엔의 이익을 창출하는 회사로 성장하였다. 일본에서 활약하는 인터넷 기업에서 가장 성공한 기업가 중의 한 사람이다. 2000년 2월까지 소프트뱅크는 세계 최대의

---

8) 『週刊宝石』,「総力特集孫正義「誇り」と「屈辱」の少年時代」, 光文社, 2000年 3月 16日, 48쪽.

인터넷 회사로 성장하였다. 다음 〈표 23〉은 소프트뱅크 손정의의 경영전략과 기업가정신을 정리한 것이다.

〈표 23〉 소프트뱅크의 경영전략과 기업가정신[9]

구분	소프트뱅크 손정의
기업가적 자질	동화적 성향, 엘리트 교육, 기업가정신, 무에 유를 창조, 열정과 비전 부친의 도움+자수성가
경영전략	1981년 창업 초기부터 일본인을 대상으로 한 비즈니스 전략
	"생활이 가난할지라도 목표만은 가난해서는 안 된다." "자신은 한국적이기 때문에 일본에서 인정받을 수 없다. 미국에서 성과를 내면 일본인들도 높이 평가해줄 것이다." "게임에 참가하지 않으면 이길 수도 없다." -미국적 합리주의
기업가정신	1) 자기 분야의 목표를 설정하고 시대적 흐름을 간파하여 미래를 예측하는 선견적인 예지능력 2) 자신의 차별과 배제의 경험을 바탕으로 한 회사 내 갈등과 마찰 조정 능력 3) 뛰어난 기획력을 바탕으로 한 민첩한 행동력과 주위 사람들을 설득하는 협상 능력 4) 창업의지력과 뛰어난 리더십 발휘

위의 〈표 23〉에 제시한 바와 같이 손정의는 재일코리안 1세의 부모로부터 규슈에서 태어났다. 그의 아버지는 당시 재일코리안들이 많이 종사하던 파칭코점포를 경영하고 있어 자본으로 최고의 교육환경을 제공할수 있었다. 일본에서 명문고에 진학했지만, 미국으로 유학하여 그곳에서고등학교를 졸업하고 UC버클리에서 경제학사를 취득하고 귀국했다. 일본으로 귀국한 후에는 그의 부모가 선택한 일본 통명인 야스모토(安本)를 사용하지 않고 한국명 '손정의'를 그대로 사용하였다.

그는 1980년대 전자번역 프로그램을 샤프에 판매하여 막대한 수익의

---

9) 이 표의 내용은 연구 결과를 바탕으로 연구자가 작성한 것이다.

돈을 벌어들였다. 이 자본을 기반으로 1981년에 소프트뱅크를 창업했다. 1993년에는 일본 시스코시스템즈를 매수하였으며 컴퓨터산업의 최대 박람회 콤플렉스와 잡지 'PC WEEK'을 매수하여 사업을 확장하였다. 그의 경영철학은 "게임에 참가하지 않으면 이길 수 없다."라는 말에 잘 나타나 있다. 손정의가 그의 홈페이지에서 주장하는 "정보개혁으로 사람을 행복하게"라는 그의 할머니인 조선인 여성이 실천한 "모두를 행복하게 할 것"이라는 교훈으로부터 배웠다고 한다. 그의 할머니는 14살 때 도일하여 리어카로 폐품을 수집하여 생계를 유지하였다. 그리고 그 리어카를 타고 할머니의 뒷모습을 보고자란 이가 바로 손정의였다.[10] 일본이라는 무한경쟁의 무대에서 성공한 것이 지금의 손정의를 탄생시켰으며 일본의 정보기술, 인터넷, 컴퓨터산업의 거장으로 성장하는 원동력이 되었다.

3. 재일코리안 기업의 경영전략과 기업가정신 비교

1) 롯데의 신격호

여기에서는 지금까지의 분석내용을 토대로 롯데와 소프트뱅크 회장의 창업과정, 경영전략, 기업가정신의 비교를 통해 차이점을 도출하고자 한다. 먼저 롯데 신격호의 회장의 경우는 일본 사회에 대한 완전한 동화이다. 신격호는 청소년기 일본문화와 언어를 습득하여 일본식 통명을 사용함으로써 동화=일본인화를 적극 수용하였다. 이것이 기업가 활동 시 일본인보다도 일본인답게 행동하여 보수적인 일본 정재계에서의 지지자를

---

10) デイビッドウィリス・李洙任,「在日コリアン系起業家」, 李洙任編著, 『在日コリアンの経済活動—移住労働者・起業家の過去・現在・未来』, 不二出版, 2012, 234~235쪽.

늘리고 종업원의 마음을 결속시킬 수 있었다. 고객으로서 일본인의 심성을 이해할 수 있는 일본적 소양이 내재하여 있었고 일본기업가로서 기업가 활동을 수행할 수 있었다. 그는 고향 조선에서도 전수학교를 졸업하고 도일 이후 일본 사회에서 와세다대학을 졸업한 엘리트 출신이었다. 출신지역인 울산에서 농업전수학교를 졸업한 상대적으로 엘리트였지만 안정된 직장을 버리고 한층 자기실현을 희망하는 강한 상승지향의 소유자였다. 이러한 그의 개성이 당시 국내보다는 선진지역인 일본 내지로의 이주를 결심하는 계기가 되었다.

신격호는 도일 후 소수민족으로서 일본사회의 차별과 배제라는 역경을 피나는 노력과 근면정신에 입각하여 능동적으로 극복하고자 노력했다. 이러한 역경의 과정을 통해 강건한 의지력을 가진 기업가적 자질이 함양되었다. 이러한 그의 기업가적 자질은 신규사업수행 상 예상되는 불확실성과 위기, 성공에 따른 동업자와의 알력이나 마찰, 곤란 등에 동요되지 않고 간부나 종업원들을 고무하거나 통솔하면서 사업계획을 완수하는 리더십의 발휘할 수 있었다.

신격호는 일본 패전 이후 미군 점령군이 제공한 껌에 떼를 지어 따라다니는 어린이들의 모습에서 새로운 식품사업의 장래성을 예감했다. 일본에서 식품산업의 동업자가 난립하여 조악한 상품들이 횡행하는 가운데 고품질 상품을 개발하여 공업화를 도모하고 시장에 안정적으로 공급하면 성공한다는 확고한 비전에 따라 혁신을 단행하였다.

손정의는 일본에서 태어나 자라 일본어를 모어로 하는 일본인화(동화)가 강했고 일본학교를 졸업하여 일본인으로서 문화적 자질이 함양되었다. 일상생활에서는 일본식 통명을 사용하였지만, 사춘기를 맞이하여 출생에 대한 열등감 의식이 기업가활동을 촉진하는 요인이 되었다. 또한, 일본인 종업원의 마음이나 거래처, 고객 등 일본인의 심성을 이해할 수 있는 자질함양으로 일본인 기업가로 이해될 수 있다. 손정의는 재일코리안 사회에서 고학력의 엘리트 학생이었다. 손정의는 고학력을 지향하여 큐슈 명문고에 진학하여 UC버클리대 경제학부를 졸업했다. 그러나 중고등학교 시절 사춘기를 맞이하여 장래 부딪치게 될 취업차별을 의식하여 자기실현의 수단으로 대학 졸업 후 기업가 활동에서 활로를 모색했다.

손정의의 기업가정신은 출생에 대한 열등의식에서 비롯되어 차별민족으로서 역경을 노력과 근면으로 극복하고자 했다. 이러한 과정을 통해 강인한 의지력이라는 기업가적 자질이 함양되었다. 이것이 신규사업수행 중 예상되는 불확실성, 위기의식, 성공 정도에 따라 강화되는 동업자와의 알력이나 마찰을 해소하고 간부나 종업원의 고무, 통솔하면서 사업계획을 완수하는 리더십을 발휘할 수 있었다.

2) 소프트뱅크 손정의

손정의가 선택한 기업은 소자본으로 창업 가능한 시대적 조류에 맞는 미성숙업계에서의 기업의 창업이었다. 이것은 소수민족의 감성에 의해 지각될 수 있는 기업가정신으로 미국 유학 시절 컴퓨터 보급이 향후 일본에도 파급되어 새로운 시장이 형성될 것이라는 전망에서 창업하였다. 즉 미래산업에 대한 명확한 사업비전을 가지고 있었다.

손정의는 젊음과 열정, 명확한 사업비전으로 업계의 실력자들과 협상을 성공시키는 이질적인 혁신가였다. 특히 손정의는 컴퓨터 소프트 유통시장이라는 새로운 시장을 창출했다. 이것은 일본 제일의 소프트 소매점 및 메이커의 실력자들과 직접 협상하여 독점계약을 체결함으로써 달성되었다. 명확한 사업비전을 가지고 일본 사회의 동화로 일본인들을 직접 설득할 수 있었고 그의 경영자적 자질이 업계 실력자들에게 평가되어 지지자들을 늘려갈 수 있었다. 손정의는 부친기업의 경제적 성공에 의해 출생에 대한 열등감을 제외하면 평범한 일본인보다 부유한 가정환경에서 청소년기를 보냈다. 또한, 그는 민족정체성을 의식하기보다는 일본인과 같으면서도 일본인과 다른 차별적 고뇌를 계속하면서 '손정의'라는 한국명을 사용하게 된 것은 미국 유학체험에서 미국 현지인들의 루트를 숨기지 않는 자연적인 삶의 방식을 배웠기 때문이다. 이러한 방식에 따라 손정의는 재일코리안 사회와는 거리를 두고 '일본인 기업가'가 되고자 결심하였다.

손정의의 기업가 활동은 국가나 사회적 지원이 없더라도 젊음, 정열, 시대에 맞는 명확한 비전, 창의와 궁리, 성공에 대한 강인한 창업의지력 등에 의해 창업하였다. 손정의는 차별적인 소수민족이면서 일본인 기업가의 개인적인 협력과 지원으로 자기실현이 가능했고 이들 기업가들은 상대의 출생보다는 자질과 능력을 중시하는 인물 본위로 평가한 일본 사회의 문화적 특징인 능력주의 지향을 엿볼 수 있다.

이외에도 손정의는 미래사회에 대한 정확한 예측과 장래 비전에 대한 구체적인 목표를 가지고 소프트웨어 시장을 선도해 나갔다. 가령, 예를 들면 규슈에서 중고등학교 시절 취업차별을 의식한 청소년기 담임 선생님과의 학원사업 상담, 도미하기 전 일본 맥도널드 창업자인 후지타(藤田) 사장에게 자신이 미국에서 무엇을 배울지 조언을 구하고 컴퓨터산업에 대해 조언 받았던 일, 전문가층이 두텁고 혁신적인 아이디어를 사업화하는 미국의 산업풍토를 활용한 미국 UC버클리 모교의 모저 교수를 비롯한 주변 동료들과의 협력으로 음성합성장치 달린 다국적 전자번역기의 발명과 샤프에의 판매, 소자본으로 성공 가능한 컴퓨터 소프트유통업에서의 신시장의 창조로 소프트개발회사와 소매점을 중개하는 도매점 성격의 유통망 정비구축과 컴퓨터소프트 회사 '조신전기(上新電機)', "J&B",

'허드슨', '일본마이크로소프트사' 등과 협상으로 컴퓨터 소프트시장 독과
점체제의 구축 등 혁신적인 아이디어와 기획을 구체화시키고 사업화하
는 신속한 행동력을 가지고 있었다.

　이상과 같이 롯데와 소프트뱅크의 공통점은 자기 분야의 목표를 설정
하고 시대적 흐름을 간파하는 선견적인 능력, 자신의 차별과 배제의 경
험을 바탕으로 한 회사 내 갈등과 마찰에 대해 주위 사람들을 설득시키
는 협상과 조정 능력, 뛰어난 기획력을 바탕으로 한 혁신적인 아이디어
를 사업화하는 민첩한 행동력, 창업의지력과 리더십 등을 갖추고 있었다
고 생각된다. 롯데와 소프트뱅크의 경영전략과 기업가정신을 비교하면
다음 〈표 24〉와 같다.

〈표 24〉 롯데와 소프트뱅크의 경영전략과 기업가정신의 비교[11]

공통점/차이점	롯데 신격호	소프트뱅크 손정의
기업가적 자질	동화적 성향 엘리트교육 차별과 역경의 극복 장래 비전과 혁신성	동화적 성향 엘리트 교육 기업가정신 무에 유를 창조 열정과 비전
경영전략	일본인 대상 비즈니스와 일본 내 민족공동체의 존재로 자금과 노동력을 제공받는 복합적인 비즈니스 전략	창업 초기부터 일본인을 대상으로 한 비즈니스 전략
기업가정신	- 자기 분야의 목표를 설정하고 시대적 흐름을 간파하여 예측하는 선견적인 능력 - 자신의 차별과 배제의 경험을 바탕으로 한 회사 내 갈등과 마찰의 조정 능력 - 뛰어난 기획력을 바탕으로 한 민첩한 행동력과 주위 사람들을 설득하는 협상 능력 - 창업의지력과 뛰어난 리더십 발휘	

11) 이 표는 본문의 연구내용을 바탕을 연구자가 작성하였다.

이상과 같이 이 절에서는 가장 대표적인 재일코리안 기업으로 알려진 소프트뱅크와 롯데를 사례로 재일코리안 기업의 창업과 성장 과정, 경영 전략과 기업가정신을 밝히는 데 초점을 두었다. 지금까지의 결과를 요약하면, 재일코리안 기업의 창업과정과 경영전략의 특징은 주류사회 공직에 진출할 수 있는 길이 제한적이고 영리활동 이외의 자기실현 기회가 없었고, 마이너리티 집단 중 유능한 재능을 가진 자나 상승지향이 강한 자가 영리활동을 통해 자기실현을 위한 노력, 영리활동에서 주류집단보다 상대적으로 유연성과 탁월성을 발휘하는 경우가 많았으며 유교정신에 입각한 금의환향의 기업가정신의 소유자로 분류할 수 있을 것이다.

먼저, 롯데 신격호 회장은 경남 울주군에서 태어나 도일한 재일코리안 기업가로 1948년 6월 도쿄 신주쿠에 주식회사 롯데를 창업하였다. 일본인 업계의 차별에 반발하여 "공격이야말로 최대의 방어"라는 공격적 경영전략을 구사하였다. 일본에서 추잉검과 제과사업의 성공을 발판으로 모국에 롯데월드를 진출시켜 '금의환향'의 기업가정신을 실현한 기업가로 한국에서 재계 10위권 내의 재벌회사로 알려져 있다.

둘째, 소프트뱅크 손정의 회장은 일본 사가현 도스시(滋賀県鳥栖市) 조선인 부락에서 태어나 미국 유학을 거쳐 1981년 소프트뱅크를 창업한 전형적인 재일코리안 2세가 기업가이다. 일본에서 인터넷과 정보 분야에 혁명을 일으킨 재일코리안 기업가로 그의 도전정신과 정열, 대담한 비전은 일본재계 5위의 인터넷 재벌을 일군 기업가로 회자되고 있다.

일본에서 창업하여 한국과 일본이라는 다른 환경에서 재계 상위를 구축한 롯데와 소프트뱅크의 공통점은 자기 분야의 목표를 설정하고 시대적 흐름을 간파하는 선견적인 능력, 자신의 차별과 배제의 경험을 바탕으로 한 회사 내 갈등과 마찰에 대해 주위 사람들을 설득시키는 협상과 조정 능력, 뛰어난 기획력을 바탕으로 한 혁신적인 아이디어를 사업화하는 민첩한 행동력, 창업의지력과 리더십 등을 바탕으로 가능했던 것으로 생각된다.

4. 재일코리안 김희수 회장의 경영전략과 모국진출

이 절에서는 재일코리안 기업가 중앙대학교 전 이사장 김희수 회장의 창업사례를 통해 그의 창업동기와 창업혁신, 그리고 기업가정신을 조명하고자 한다. 일본에서 사회적 약자(마이너리티)로서 재일코리안 기업가 김희수 회장의 창업요인과 기업성장과정, 창업혁신과 기업가정신 등을 분석하는 것은 유사한 재일코리안 기업의 성장과정과 성공경험을 한일 양국에서 공유할 수 있을 것으로 생각된다.

김희수 회장은 재일코리안 기업을 창업하여 일본 사회에서 차별과 배제의 대상인 사회적 약자로서 경영혁신을 바탕으로 한국이나 일본이라는 어느 한쪽 사회에 치우치지 않고 한일 양국의 경계에서 '모국애와 교육사업'의 실천한 기업가로 알려졌다. 또한, 마이너리티의 역동적인 창업혁신과 기업가정신을 바탕으로 한일 양국의 치열한 기업경쟁에서 끝까지 생존한 실천적인 재일코리안 기업가이기도 하다. 이 절에서는 중앙대전 이사장 김희수 회장을 사례로 재일코리안 기업의 경영혁신과 기업가정신을 밝히는 데 초점을 두고 있다.

김희수 회장의 사례는 사회적 약자로서 재일코리안 기업가를 대상으로 하는 것은 어느 사회나 국가를 막론하고 마이너리티에 대한 편견과 차별이 존재하며 그것을 극복한다는 것은 쉽지 않기 때문이다. 주지하는 바와 같이 마이너리티는 이민의 유산으로 발생하거나 이동에 의해 피차별 민족이 되는 경우가 많고 이럴 경우 마이너리티는 항상 긴장상태에서

〈사진 16〉 일본 하치오지시 김희수 회장 묘비(2018년)

호스트국가의 언동에 과민하게 반응하지 않을 수 없다. 마찬가지로 이러한 상태에서 재일코리안 기업가들은 자기체험이나 눈에 보이는 확실한 것만 신뢰하게 되는 이른바 현금획득의 수단으로서 가장 유용한 창업활동에 매진하여 사회적 상승을 지향하게 된다. 즉 재일코리안 기업가들의 창업혁신은 일본사회의 차별과 편견을 냉정히 수용하고 그것을 능동적으로 극복할 수 있는 강인한 창업의지력에서 비롯된다고 볼 수 있다. 왜냐하면, 그들에게 요구되는 것은 지적능력이 아니라 사업수행에 필요한 강인한 의지력에 의한 불확실성과 위기, 알력과 마찰, 소문과 중상 등을 극복할 수 있는 리더십의 발휘가 필요하기 때문이다. 마이너리티 창업가들이 창업활동에서 탁월성을 발휘하기 위해서는 민족교육에 의한 주관적인 선민사상이나 강한 자긍심도 필요하지만, 재일코리안 기업가들이 거래처나 고객, 종업원을 호스트사회에서 충족하기 위해서는 창업가 자신도 원활한 기업활동을 위해 현지화가 절대조건으로 필요하게 된다. 이렇게 하여 탄생하게 된 재일코리안 기업가들은 사회적 문화적으로 한일 경계선에 존재하지만, 사회적 변화에 민감하게 반응하고 경영혁신을 일으키기에 적합한 기업가로 탄생하게 된다.[12]

이 절에서는 재일코리안 기업가 김희수 회장을 연구대상으로 삼은 이유는 개인적인 공과는 차치하고 일본에서 경영혁신을 바탕으로 기업에 성공하여 재일코리안 기업가로서 모국의 교육발전과 문화발전에 지대한 사회적 공헌을 한 대표적인 기업가로 기억되고 있기 때문이다.

이상과 같은 내용을 바탕으로 이 절에서는 김희수 회장의 경영혁신 성공사례에 대하여 두 가지의 가설을 제기하여 검증하고자 한다. 첫째, 김희수 회장은 크리스텐슨(Clayton M. Christensen)이 주장하는 소규모기업 혹은 신생기업으로서 파괴적 기술을 활용하여 일본 시장에서 자리 잡은 일본기업을 앞지르려는 변화 내지는 자사에 유익한 고객에게 초점을 맞추어 제품을 향상시키는 파괴적 혁신(disruptive innovation)을 통해 기업을 성장시켰을 것이다.[13] 둘째, 일본 사회에서 사회적 약자로서 재일코리안 기업가 김희수 회장의 성공비결은 바스(Barth)[14]나 버트(Burt)[15]

---

12) 河明生, 「マイノリティの起業家精神―在日韓人事例研究―」, 株式会社ITA, 2003, 199~201쪽.
13) 클레이튼 M. 크리스텐슨·마이클 레이너, 딜로이트컨설팅 코리아 역, 『성장과 혁신』, 세종서적, 2005.

가 주장하는 일본 내 혹은 한국 사회와의 단절된 사회적 관계(네트워크)
를 연결하는 구조적 공백(structural holes)의 연결을 통해 가능했을 것이
다. 이 절에서는 이상의 연구과제를 분석하기 위해 먼저 일반기업의 경
영혁신과 사회적 약자로서 재일코리안 기업을 포괄적으로 개괄한 후 중
앙대학교 전 이사장 김희수 회장을 사례로 그의 경영혁신과 기업가정신
을 분석하고 그의 삶이 한일 양국에 시사하는 바가 무엇인지를 도출하고
자 한다.

1) 창업동기와 기업의 성장과정

재일코리안 기업가들은 일본 국적취득과 통명(일본식 이름)을 사용하
는 이들이 많지만, 민족명을 그대로 유지하며 사용하는 이들이 더러 있
다. 그들은 일본 사회에서 마이너리티집단으로서 사회적으로는 불가시
적인 존재에 속하지만, 일본 사회의 차별과 배제로 인하여 민족적 강인
함과 민족정체성을 그대로 유지하면서 일본경제에 크게 기여해 온 혁신
적인 기업가들이기도 하다. 하지만 일본 사회의 차별과 배제 속에서 불
안정한 사회경제적 지위 때문에 창업에 매진하여 주류기업과의 과잉경
쟁 속에서 회사를 유지해왔다. 이들은 기업의 성공을 통해 재일코리안
2세들에게는 안정적인 직업을 가질 수 있도록 높은 교육기회를 제공해
왔다 하지만 아이러니하게도 이들이 일본 주류사회로 진출함에 따라 재
일코리안 1세의 정신을 계승하려는 차세대 재일코리안들의 모습은 반대
로 감소하게 되었다. 흔히 재일코리안 기업의 창업정신에는 혁신적인 아

14) Barth, Frederik, "On the Study of Social Change" *American Anthropologist* 69(6), 1967.
15) Burt, Ronald, "Structural Holes: The Social Structure of Competition," Harvard University Press, 1992.

이디어, 진보적 기술, 창업정신과 비전 등을 찾아볼 수 있지만 그들의 기업가적 발상에는 탁월한 유연성으로 기회를 창출하는 혁신적 기업가정신이 잠재되어 있다. 이들 재일코리안 기업가들은 일본이라는 제한된 특정 시장에 안주하기보다는 글로벌시대 끊임없이 일본 내 사회적 수요를 발굴하여 혁신적인 방법으로 신사업을 창출한 이들이 적지 않다. 그러면 중앙대 전 이사장 김희수 회장에 대한 경영전략과 기업가정신에 대하여 구체적으로 살펴보고자 한다.

〈표 25〉 김희수 회장의 창업 동기와 경영혁신[16]

분류	경영전략	기업가정신
창업동기	마이너리티의 차별과 배제라는 제한적 영리활동에 따른 자기실현의 수단	존경받는 민족과 민족자긍심, 근면과 검소의 정신
경영혁신	일본 내 주류기업보다 창업아이디어의 유연성과 탁월성을 바탕으로 창업혁신 달성	가나이양품점, 어군탐지기, 제강회사, 금정기업주식회사, 금성관재주식회사, 국제건축설계주식회사, 금성산업기획주식회사, 수림외어전문학교 설립 등
기업가정신	금의환향과 모국지향, 사회적 봉사(CSR), 인재양성 지향	한국일양상호신용금고 인수, 중앙대학교재단 인수, 수림문화재단설립 등

위의 〈표 25〉에 제시한 바와 같이 김희수 회장은 재일코리안 1세의 전형적인 창업동기와 모국지향의 기업가정신을 가진 소유자라고 할 수 있다. 김희수 회장은 일본에서 마이너리티기업가로서 차별과 배제를 극복하고 재일코리안 기업을 창업하였고 그 기업을 통해 모국 발전에 공헌하고자 하는 마이너리티 기업가정신을 몸소 실천하였다.

이 절에서는 김희수 회장의 경영혁신과 기업가정신에 대하여 다음과 같은 3가지 측면에서 살펴보고자 한다. 첫째, 일본에서 마이너리티(Minority)

16) 이 표는 기존자료를 바탕으로 연구자가 작성하였다.

로서 어떤 차별과 배제의 경험을 통해 창업혁신에 이르게 되었는지, 둘째, 마이너리티기업가로서 어떤 기업의 경영전략과 목표를 가지고 기업의 생존과 발전전략을 구사했는지, 셋째, 재일코리안 기업의 성공을 통해 도달하고자 했던 목표, 즉 기업가정신은 무엇이었고 그리고 김희수 회장이 평소 이루고자 했던 사회적 공헌, 즉 교육사업은 구체적으로 어떻게 실현되었는지 등에 대하여 상세히 살펴보고자 한다.

(1) 창업동기: 배움을 위한 도일과 민족차별 경험

김희수 회장의 고향은 현재 창원시인 경남 창원군 진동면 교동리로 알려져 있다. 회장은 1924년 6월 19일 부친 김호근, 모친 심교련 사이에서 7남매 중 넷째로 태어났다. 일본과의 인연은 김희수 회장이 태어나기 전인 그의 할아버지 때부터 시작되었다. 당시 후손들에게 배움의 길을 열어주기 위해 도항을 선택한 할아버지 덕분이었다. 1918년경 그의 할아버지는 김희수 회장의 작은아버지를 먼저 도일하게 했고 이어서 회장의 부친을 일본으로 도항하게 했다. 작은아버지는 일본 중앙대 법대를 졸업하고 일본에서 법원 서기로 근무한 적이 있으며 김희수 회장이 태어난 이듬해인 1925년 그의 형이 먼저 아버지를 따라 일본으로 공부의 길을 떠났다. 어린 시절 공부의 길을 위해 일본으로 아버지와 형을 떠나보낸 김희수 회장의 그리움은 매우 깊었다. 이러한 집안 사정 때문에 김희수 회장의 어린 시절은 고향에 계신 할아버지와 할머니의 교육적인 영향을 많이 받았다. 할아버지는 천자문을 통해 조선사회의 유교 의식을 일깨워 주셨고, 할머니는 당시 드물었던 독실한 크리스천으로서 손자인 김희수 회장의 정신적 지주를 자처하여 기도를 아끼지 않으셨다. 모친의 교육에 대한 영향은 나중에 김희수 회장의 조국에 대한 금의환향의 유교적 정신의 모티브가 되었을 것이다. 그리고 일제강점기 때 진동공립보통학교

4학년 때 부임해 오신 이백순 회장으로부터 한글을 깨우치고 민족과 조국을 위한 교육헌신의 꿈을 키우기 시작했다. 1938년 보통학교를 졸업하고 할아버지의 유지대로 배움을 통해 망국의 조국에 이바지하겠다는 일념으로 같은 해 4월 현해탄을 건너 일본 시모노세키(下関)항에 도착했다.[17]

일본 시모노세키항에 도착해서 기차를 타고 부모님이 거주하는 고치현(高知県)의 동부에 위치한 기타가와(北川)지역으로 향했다. 그리고 이곳에 정착한 아버지로부터 일본인에 의해 차별받는 조센징(朝鮮人)이나 반도인(半島人: 한도징)으로 불리지 않고 한국인으로 살아가려는 방편으로 정직이 절대적이라는 가르침을 받았다. 당시 조센징이라는 말 속에는 조선인들이 일본인들보다 열등하고 무식하며 마늘 냄새가 나고, 예의 바르지 못한 가난한 민족이라는 부정적인 차별 의식이 담겨있는 용어였다.[18] 일본인들에게 조선인들은 나라도 없는 정체불명의 아주 하찮은 사람에 불과했건 것이다.

(2) 경영혁신: 사회적 약자(마이너리티)로서 기업가정신 발현

일본에서 김희수 회장은 당시 조선 고향에서 유학자였던 할아버지의 영향이나 유교적 가르침에 따라 당연히 학문의 길을 선택하고자 했으나 일본의 전쟁 경험과 선진화된 문물에 영향을 받아 선진기술을 배우는 쪽을 택했다. 그리고 부모와 상의하여 1939년 동경전기학교 고등공업과에 입학했다. 하지만 1940년 그의 경제적 지원자였던 작은아버지의 갑작스러운 죽음과 경제적 궁핍으로 인하여 입학한 지 4년 만인 1943년에 겨우 졸업할 수 있었다. 졸업 후 전기회사에 취업했지만, 김희수 회장이 조선인이었기 때문에 평양으로 발령받아 해방되기 직전 2년 동안 평양에서

---

17) 유승준, 『중앙대 전 이사장 김희수 평전 배워야 산다』, 한국경제신문, 2017, 54~69쪽.
18) 유승준, 『중앙대 전 이사장 김희수 평전 배워야 산다』, 한국경제신문, 2017, 67쪽.

근무하였다. 그리고 태평양전쟁에 징집될 직전인 1945년 8월 15일 민족
해방을 맞이하였다. 당시 대부분의 조선인들이 한국으로 귀국을 택했지
만 김희수 회장의 가족은 할머니의 반대로 귀국보다는 일본 정착을 택했
다. 일본 정착을 결심하게 되자 김희수 회장은 가족의 생계를 책임지기
위한 새로운 사업에 도전하였다.

1947년 김희수 회장은 그동안 저축한 돈을 모두 투자하여 도쿄 유락초
(有楽町)역에 '금정양품점(金井洋品店)'을 창업했다. '금정(金井)'은 김희수
회장의 일본식 통명(通名)이었다. 일본사람이 부르는 '가나이(金井)'라는
금정의 뜻은 '돈이 나오는 우물'이라는 의미로 김희수 회장도 양품점 이
름을 금정이라고 짓고 '반드시 돈이 흘러드는 우물을 파고야 말겠다'라는
결심을 하게 되었다.[19]

김희수 회장이 금정양품점을 창업한 동기는 사람들이 아무리 생활이
힘들더라도 먹고 입는 것은 필수이기 때문에 음식 장사는 흔하니 양품점
을 창업하는 것이 시대적으로 가장 안전하다고 생각했기 때문이다. 해방
전후 일본에서 물자가 워낙 부족했던 시절이라 양품점의 섬유제품들은
날개 돋치듯이 팔려나갔다. 김희수 회장은 양품점경영에서 신용과 신뢰
를 무기로 삼아 일본인들의 차별에 부딪힐수록 더욱 열심히 일하고 철저
히 신용을 지키는 것을 차별에 대한 복수의 길로 삼았다(Minority Reactive
Theory). 그리고 이러한 창업과정의 경험은 일본에서 기업가로 성공하기
위한 기본조건이 되었다. 창업했던 양품점사업이 안정화로 접어들자 그
동안 생계를 꾸리기 위해 중단했던 학업을 계속하기 위해 1949년 도쿄전
기공업전문학교에 입학하였다. 그리고 1953년 3월 동경전기대학을 정식
으로 졸업했다.

---

19) 유승준, 『중앙대 전 이사장 김희수 평전 배워야 산다』, 한국경제신문, 2017, 87쪽.

　이렇게 하여 김희수 회장은 만 13세의 어린 나이에 도일하여 '배워야
산다'라는 조부모의 가르침에 열심히 노력한 결과 마침내 대학을 졸업하
게 되었다. 이때 나이 이미 29세로 학교에서 16년간의 인고의 생활은 나
중에 자신을 성장시키고 발전시키기 위한 단련의 시간이었다.

　1953년 4월 김희수 회장은 양품점의 성공을 기반으로 그의 형인 김희
성과 함께 '쌍엽어탐기주식회사(双葉魚探機株式会社)'를 설립했다. 그러나
이 회사는 수금 문제의 어려움으로 사업경영이 힘들어지자 그만두고 양
품점도 그의 동생 김희중에게 넘겨주었다.[20] 1957년 김희수 회장은 새로
운 도전으로 '삼택제강주식회사(三澤製鋼株式会社)'를 설립했다.[21] 그러
나 이 사업도 일본 정부의 제3국인 은행융자금지법령의 공포로 재일동
포였던 김희수 회장은 회사를 매각할 수밖에 없는 처지에 놓였다. 1959년
회장은 제강회사를 매각하고 남은 돈 5,000만 엔의 자본금으로 1961년 4월
부동산임대업을 개업했다. 김희수 회장은 양품점, 어군탐지기, 제강회사
의 창업과정을 거치면서 부동산임대업을 창업하였고 '필요는 발명의 어
머니'라는 속담처럼 새로운 사업의 창업을 거듭하면서 어느덧 시대의 흐
름을 간파할 수 있는 창업가의 안목을 높였다.

　김희수 회장은 두 번의 사업실패를 교훈 삼아 사업에서는 무엇보다도
자금의 흐름을 중시하게 되었다. 그는 재일코리안 기업으로서 일본에서
은행융자의 제한 때문에 일본기업과의 경쟁에서 이기기 위해서는 자금
의 흐름이 원활한 업종을 선택해야 한다는 것을 실감하였다.[22] 창업한

---

[20] 당시 어군탐지기 사업자금 문제로 회사 운영의 어려움을 겪었지만, 그의 형은 이 사업을
　　계속하여 1958년 서울에서 대한민국 정부수립 10주년 기념사업 박람회에 어군탐지기를
　　출품하여 호평을 받았으며 나중에 대한조선공사 기술자문, 거제도와 부산에서 조선업에
　　종사하기도 했다.
[21] 하정웅외, 『민족사랑 큰 빛 인간 김희수』, ㈜메디치미디어, 2015, 49~53쪽.
[22] 가령 일본은행 융자가 어려운 재일코리안들이 많이 종사하는 파칭코산업, 부동산임대업,
　　소비자금융업 등 대부분이 자본의 환금성과 흐름이 좋은 산업에 집중되어 있다.

부동산임대업은 1950년대 이후 일본 고도성장기를 맞이하여 산업화와 도시화의 가속화로 당시 가장 안정적이고 현금의 흐름이 원활한 사업 중의 하나였다. 그리고 당시 일본의 심장부였던 긴자(銀座)에 빌딩을 지을 땅을 구입하고 자금을 빌려 빌딩을 건축한 것은 자금의 흐름을 시대적으로 간파하는 그의 탁월한 식견력과 사업적 감각을 짐작하게 한다.

(3) 인재양성과 교육사업에 공헌

김희수 회장의 교육사업에 대한 열정은 그의 성장과정에서 조부모의 영향도 컸지만 도일한 후에는 일본에서의 민족차별과 배제 속에서 민족교육의 중요성을 철저히 경험한 까닭도 있었다. 그의 나이 불과 14세 때 공부를 위해 도일했지만 모든 것은 생각대로 진행되지 못했고 공부를 위해 먼저 돈을 버는데 분투했지만, 일본에서 그는 조선인도 일본인도 아닌 '나라 잃은 반도인(半島人)'으로 취급당했다. 과거 나라를 잃은 서글픈 민족, 일본에서의 생활은 김희수 회장의 자의식을 되살렸다. 회장과 인연이 깊은 신경호 교수도 "김희수 이사장은 다락방 수준의 작은 사무실로 찾아온 유학생들에게 늘 일제강점기 망국의 한을 극복하기 위해 배워야 한다고 말씀하시면서 통 큰 후원을 해주셨다. 특히 유학생을 대하는 애정과 깊이가 남달랐다."라고 회상했다.[23] 그리고 일본인들의 차별이 심할수록 그의 마음은 더욱 강해졌다. 일본에서 배울수록, 돈을 벌수록 그의 생각은 더욱 민족에 대한 애착이 강해졌다. 그리고 그는 '배우지 못한 한(恨), 가난하게 산 한, 나라를 잃은 한'을 풀기 위해 뭔가를 꼭 이루어야겠다고 결심했다. 이러한 결심이 나중에 모국에서의 교육사업으로 연결되었다. 그리고 김희수 회장의 기업의 목적도 확실해졌다. 회장은

---

[23] 김희수 전 중앙대 이사장과 신경호 수림외어전문학교 이사장의 인연(2) 의리를 넘어선 운명의 관계: http://www.sbiztoday.kr/news/articleView.html?idxno=3192(검색일: 2018.12.24).

"재산을 물려주는 것은 인생의 하(下)이며, 사업을 물려주는 것은 인생의 중(中)이고, 사람을 남기는 것이 최고의 인생이라는 명언을 가슴속 깊이 새기고 사업에 매진했다."[24]

김희수 회장의 제2의 인생이라 할 수 있는 인재양성사업은 이렇게 시작되었다. 공부를 위해 일본으로 건너갔지만, 하루 6시간밖에 자지 못하고 공부해도 그가 대학을 마쳤을 때는 이미 나이 29세였다. 남들은 10년이면 끝낼 수 있지만 김희수 회장은 생계까지 해결해가면서 공부를 하느라 15년이나 더 걸렸다. 회장은 인재양성을 위한 교육사업을 펼칠 곳을 모국으로 정했다. 이 때문에 중앙대학교를 인수하며 교육사업에 뛰어들었을 때도 "인생은 돈을 남기는 것이 아니라 인재를 남기는 것입니다.[25] 돈은 쓰기 위해서 벌어들이는 것이고요. 모두 놓고 갈 겁니다. 노벨상 수상자를 배출할 수 있으면 더없이 좋겠습니다."라고 말하기도 했다. 그리고 그의 소원대로 일본에 금정학원 수림외국어전문학교(金井学園秀林外語専門学校)를 세운 후 모국과 모국의 젊은이들을 위해 중앙대를 한국 최고의 사립대학, 세계 유수의 대학으로 키우겠다고 다짐하고 인수를 결심했다.[26]

2) 경영전략과 기업가정신

(1) 고객 절대 우선: 고객의 행복이 나의 행복
1961년 4월 김희수 회장은 빌딩임대업을 담당할 금정기업주식회사(金

[24] 중앙대 이사장 김희수:『경향신문』2002년 2월 5일 신문 보도.
[25] 수림외국어학교 개교에 앞서 김희수 이사장은 1987년 부도 직전 중앙대학교를 전격 인수하게 되었는데 인수 당시 부채액만 700억 원을 초과하였다.
[26] 김희수 전 중앙대 이사장과 신경호 수림외국어전문학교 이사장의 인연(1) 한국인의 자부심 담긴 '수림': http://blog.naver.com/PostView.nhn?blogId=sbiztodaykr&logNo=221366999848 (검색일: 2018.12.24).

井企業株式会社)를 창업하고 대표이사에 취임했다. 그리고 새로운 빌딩을 지을 때마다 '금정'이라는 건물 이름을 순서대로 붙여 나갔다. 회사의 경영철학은 "절약, 내실, 합리, 신용"을 회사의 모토로 삼았다. 처음에는 빌딩을 건축해 놓고 빌딩 임대가 제대로 되지 않아 힘들었는데 자신만의 경영철학으로 "빌딩은 기계와 같습니다. 따라서 항상 보고 또 보고 보살피지 않으면 반드시 고장 나게 되어 있습니다. 그래서 우리는 매일같이 빌딩 구석구석을 점검해야 합니다."라고 직원교육을 철저히 한 결과 임대사업은 급성장하였고 도쿄 시부야(東京渋谷)에 금정 제2빌딩을 건축할 수 있게 되었다.

김희수 회장은 소유 빌딩이 점차 늘어나자 빌딩 관리를 위해 회사를 별도로 창업했다. 창업 이유는 돈의 절약보다는 빌딩의 신속한 고장 수리, 사고 점검과 예방, 고장의 정확한 원인 파악과 근본적인 수리가 가능하다는 생각에서였다. 또한, 회장은 "돈만 보고 사업을 하면 모두 행복해질 수 없는데 모든 사람의 행복을 위해 일하다 보면 돈은 자연스럽게 따라온다."라는 그만의 경영철학을 소유하고 있었다. 그의 경영철학은 "우리가 조금 힘들어도 입주자들을 다 한 가족처럼 대해 주세요. 우리가 그분들을 믿어야 그분들도 우리를 믿습니다. 그분들이 행복해야 우리도 행복합니다. 이걸 꼭 잊지 말고 실천해 주시길 부탁드립니다."라는 직원교육에도 잘 나타나 있다. 이러한 노력의 결과 부동산임대업은 일본 고도성장기 일본인의 국민의식과 생활양식의 변화를 예측하고 전개한 사업으로 대성공을 거두었다.

1966년 3월에는 금정 제3빌딩이 신축되었고 같은 해 3월에는 빌딩의 환경관리와 경비업무를 담당하는 금정관재주식회사, 1967년 5월 공기 조절과 전기, 급수 배수, 위생설비 설계와 시공을 담당하는 국제환경설비주식회사, 1978년 8월에는 건축과 설계를 담당하는 국제건축설계주식회사를 차례로 설립하여 마침내 빌딩의 설계, 건축, 임대, 관리업무까지 원스톱 서비스 지원이 가능한 금정기업이 탄생하게 되었다. 김희수 회장은 빌딩을 건축하는 과정에서 철저한 사전조사와 계획을 바탕으로 대지의 매입과 매도금지, 건물매입사용금지, 최고 요지의 선점 등 그만의 사업철학을 철저히 고수했다.

전 세계적으로 1973년과 1979년 두 번의 석유파동을 겪으면서 일본경제도 침체기에 빠져들었다. 하지만 김희수 회장의 부동산임대사업은 무리한 투자 금지와 근검절약으로 위기를 극복하고 계속해서 성장해 나갔다. 김희수 회장은 금정의 기업가정신에 대하여 1981년 11월 창립 20주년 기념식이 열린 제국호텔에서 직원들에게 다음과 같이 강조한 바 있다.

> "남들이 가지 않은 길을 가고 남들이 쉽게 일할 때 우리는 어렵게 땀 흘려 일했습니다. 그 결과 오늘날 금정이 있게 된 것입니다. 대개 작은 장사치는 먼저 자기 이익을 취한 뒤에 그 나머지를 가지고 고객에게 혜택을 주려고 합니다. 그러나 큰 장사꾼은 먼저 고객에게 혜택을 주고 나서 그 나머지를 자기 자신의 몫으로 돌리는 사람입니다. 이것이 진정한 창업가이자 올바른 창업가 정신이라 할 수 있습니다. 이렇게 하면 분명히 손해가 날 것 같지만 그렇지 않습니다. 멀리 보면 그것이 바로 기업의 이익을 창출하는 길이며 그런 기업만이 오래 지속될 수 있습니다. 우리 금정기업주식회사는 바로 이런 정신을 가진 기업으로 성장하여 50년, 100년을 향해 전진해야 합니다."

이렇게 하여 금정이 1981년까지 신축한 빌딩은 긴자(銀座) 부근에 11개, 금정 제12빌딩, 금정 제13빌딩을 건설 중이었다. 1986년 창립 25주년쯤 금정 빌딩은 도쿄 각지에 모두 23개에 달했다. 그리고 마침내 일본인과 재일동포 사이에서 김희수 회장은 '금정의 재벌', '재일동포 재벌 기업가'로 회자되기에 이르렀다. 이렇게 하여 일본 사회에서 상상을 초월한 재산의 가치를 획득한 부동산의 대부 김희수 회장의 성공비결은 "내 이익보다는 고객의 이익을 먼저 생각한다."라는 철저한 경영철학에 집약되어 있다고 해도 과언이 아니다.

(2) 사회적 공헌(CSR)

금정기업은 1980년대 들어서 사업의 성공과 더불어 청년인재육성과 사회적 문제에 관심을 두기 시작했다. 그리고 금정기업주식회사 내 사회문제연구소를 개소하였다. 회사의 성공과 더불어 사회에 이익을 환원해야겠다는 생각에서였다. 김희수 회장은 부동산 투기와 부동산 사업을 엄격히 구분하여 서비스업에서도 무에서 유를 창조하는 원칙과 땅이나 건물을 되팔아 이윤을 남기는 일을 철저히 배제하며 자기관리와 사업 경영관리를 철저히 해나갔다.

1988년 서울올림픽 때에는 후원회 추진위원을 맡아 활동했으며 이때 금융 분야를 담당하는 금정기흥주식회사와 비즈니스호텔 관리를 담당하는 금정관광회사를 설립하였다. 당시 김희수 회장은 일본에서 '자산 10조 엔을 소유한 회장님'으로 소문이 돌았다.[27] 이렇게 김희수 회장이 차별이 심한 일본에서 사업에 성공한 비결에 대해서 어느 날 한국 기자들이 질문했을 때 "나는 거짓말 안 하는 한국 엽전입니다. 거짓말 안 하는 정직한 한국이라는 말로 평생 이걸 지키며 살아왔어요. 이게 바로 제 성공의 비결이라고 할 수 있습니다."라고 거침없이 대답했다고 한다. 그의 할아버지와 아버지로부터 물려받은 정직과 신용은 일본 땅에서의 차별과 배제를 극복하고 사업적으로도 성공할 수 있는 경영혁신의 발판이 되었다.

김희수 회장의 지인이 어느 날 사무실을 방문하여 세간에 떠도는 이야기로 김희수 회장을 만나면 세 번 놀라게 된다고 하는데 그것은 "재산,

---

27) 유승준, 『중앙대 전 이사장 김희수 평전 배워야 산다』, 한국경제신문, 2017, 129쪽.

집무실 모습, 검소함" 때문이라는 것을 확인했다고 한다. 그는 사업으로
돈을 버는 것은 자신을 위해 쓰기 위함이 아니라 헐벗고 굶주린 이웃을
돌보고 따뜻한 밥 한 그릇과 어두운 세상을 밝히는 등불이 되는 것이 재
물을 가진 자의 사회적 소명이라고 굳게 믿었다. 그리고 자신이 이룬 부
와 성공을 통해 사회와 국가를 위해 사회적 공헌이 인생의 궁극적인 목
적이라고 생각했다.

(3) 대학설립과 수림문화재단 운영

　김희수 회장은 평소 생전에 세 개의 한의 철학을 이야기하곤 했다고
한다. 그것은 배우지 못한 한, 가난하게 살아온 한, 나라 잃은 한이었다.
그리고 한민족의 우수한 역량을 길러내는 확고한 토대로서 사회적 공헌
의 목표로써 교육사업을 선택하였다. 일단 한국에서의 학교설립이나 인
수 계획이 어렵다는 것을 알고 1985년에 도쿄에다 직접 수림외어전문학
교 설립을 추진했다. 1985년 가을부터 학교설립 착공에 들어가 1988년 1월
에 학교법인 금정학원을 2년제 대학의 설립으로 인가받아 한국어, 일본
어, 영어, 중국어 등 4개 학과를 개설하였다.[28] 특별히 전문대학 개교는
김희수 회장에게 "배워야 산다."라는 일념으로 도일하여 사업 성공을 발
판으로 자신과 아내의 이름을 딴 수림학교를 세운 감격의 날이었다. 여
기에다 1987년 9월 12일 김희수 회장은 한국 정부 관계자의 권유로 당시
망해가던 학교법인 중앙문화학원 중앙대학을 인수하여 이사장으로 취임
하고 노벨상의 인재를 배출하는 대학으로의 발전을 꿈꾸게 되었다. 그리
고 중앙대학에 대하여 교육은 사회적 봉사나 기부의 가장 기본이라 생각

---

28) 수림외국어전문학교는 4년간의 준비 끝에 1988년 1월 학교법인 금정학원의 2년제 대학으
　로 한국어, 일본어, 영어, 중국어를 가르치는 4개 학과를 개설하고 정원 320명을 선발하여
　개교하였다.

하고 이것을 철저히 지키고자 자기 재산을 기부했다. 그동안 부동산임대
사업으로 축적한 자기 재산을 가지고 중앙대학에 기부하여 모국의 인재
양성에 헌신하고자 하였다. 이처럼 자기 재산을 자기 가족에게 쓰기보다
는 필요한 이웃과 사회, 국가에 사회적으로 환원하려는 계획을 항상 가
지고 있었다.[29]

그러나 1997년 한국 IMF 경제위기와 일본 버블경제의 붕괴로 사업에서
의 자금난이 가중되어 대학 운영은 더욱 어려워졌다. 이와 맞물려 재일코
리안 기업가에 대한 세대교체의 바람도 강하게 일어났다. 김희수 회장은
2007년 중앙대학교 재단의 새로운 재단의 영입을 과감히 결단하여 1년
만에 두산그룹에게 인수인계를 결정하였다. 2008년 중앙대학교 이사장에
서 퇴임한 이후 수림문화재단을 통해 장학사업과 문화사업만 전념할 생
각이었다. 그리고 2008년 5월 중앙대학교 재단과 두산그룹 간 인수인계
에 관한 양해각서가 공식 교환되었다. 2006년 6월 10일 새로운 학교법인
중앙대학교 이사장에 두산그룹 박용성 회장이 취임하여 1987년 9월 12일
부터 시작된 22년간의 김희수 재단이사장 체제는 막을 내리게 되었다.

수림문화재단은 김희수 회장이 중앙대학교 이사장으로 재임하던 1990년
6월 '수림장학연구재단'이라는 이름으로 만들어졌다.[30] 그리고 본격적인
재단 활동은 김희수 회장이 이사장에서 물러난 직후인 2008년 9월부터
시작되었다.[31] 수림문화재단은 전국 고등학생을 대상으로 10여 명의 학
생들을 선발하여 4년 동안 소정의 장학금을 지급해왔으며 2017년까지 제
1기부터 제8기생을 배출하여 총 100명의 한국 학생들을 대상으로 장학금

---

[29] 김희수 회장은 대한민국 정부로부터 1988년 체육훈장 청룡장, 1994년에 국민훈장모란장을
수여했고 2009년도에 수림문화재단을 설립해 이사장직을 맡으며 장학사업과 학술연구지
원사업을 계속 추진하고 있다.
[30] 이 재단은 나중에 수림재단과 수림문화재단으로 분리되어 운영되고 있다.
[31] 유승준, 『중앙대 전 이사장 김희수 평전 배워야 산다』, 한국경제신문, 2017, 27~29쪽.

을 지급해왔다. 대학생 대상의 장학 활동은 글로벌인재육성지원사업과
재외동포 교환 대학생 중심 장학사업, 학술연구지원사업, 다문화가정과
평생교육을 지원하고 발달장애 대상 교육복지사업 등에 매진하였다.

　이제 김희수 회장이 평소 소유했던 생전의 빌딩이나 중앙대학교에서
의 흔적은 거의 사라져가고 있다.[32] 그러나 그의 정신은 평소 소원대로
"다음 세대에 재산을 물려주는 것은 인생의 하(下)이며, 사업을 물려주는
것은 중(中)이고, 사람을 남기는 것이야말로 상(上)으로 최고의 인생이라
고 할 수 있습니다."라는 말처럼 모국의 청년 곁에 영원히 기억되고 있다
고 해도 과언이 아닐 것이다.[33] 다음 〈표 26〉은 김희수 회장의 경영전략
과 기업가정신을 정리한 것이다.

〈표 26〉 김희수 회장의 경영전략과 기업가정신[34]

분류	중앙대 전 이사장 김희수 회장 기업가정신
기업가적 자질	조부모의 유교적 사상에 기반한 교육 중시 시대의 흐름과 현금의 흐름을 간파한 식견력과 탁월한 사업적 마인드 마이너리티 기업가로서의 유연성 열정과 비전을 바탕으로 끊임없는 도전정신과 창업정신 남을 먼저 생각하고 가족 경영을 배제한 확고한 경영철학 기업의 사회적 책임을 중시한 교육과 문화사업
경영전략	신생기업으로서 파괴적 기술을 활용하여 일본시장에서 자리 잡은 일본기업을 앞지르려는 변화 내지는 자사에게 유리한 고객수요에 맞추어 제품을 향상시키는 파괴적 혁신가 정신-1947년 도쿄 유락초(有楽町)에 금정양품점을 창업하여 일본인을 대상으로 한 비즈니스 전략 전개 금정양품점을 창업동기: 사람들이 생활이 아무리 힘들더라도 먹고 입는 것은 어쩔 수 없고 음식 장사는 흔하니 양품점을 개업하는 것이 시대적으로 가장 적합한 사업이라는 혁신적인 아이디어 1985년 일본수림외어전문학교설립과 1987년 중앙대학 인수를 통한 인재양성, 1990년 수림문화재단설립-일본 내 혹은 한국 사회와의 단절된 사회적 관계(네트워크)를 연결하는 탁월한 능력

---

32) 김희수 전 이사장은 현재 도쿄 외곽 하치오지영원(東京八王子市霊園)에 영면하고 있다.
33) 이민호, 『벼랑 끝에서 일어선 재일교포 성공담 자이니치리더』, 통일일보, 2015, 299~318쪽.

	경영철학 "절약, 내실, 합리, 신용"
	"차별 받는 조센징(朝鮮人)이나 한도징(半島人)으로 불리지 않고 한국인으로 살아가기 위해서는 정직이 절대적", "나는 거짓말 안 하는 엽전입니다. 거짓말 안 하는 정직한 한국이라는 말로 평생 이걸 지키며 살아왔어요. 이게 바로 제 성공의 비결이라고 할 수 있습니다." - 일본사회의 정직과 신용 중시
	"다음 세대에 재산을 물려주는 것은 인생의 하(下)이며 사업을 물려주는 것은 중(中)이고, 사람을 남기는 것이야말로 상(上)으로 최고의 인생이라고 할 수 있습니다." - 인재양성 중시
	김희수 회장의 사무실 "재산, 집무실 모습, 검소함" - 기업의 사회적 책임 중시
기업가 정신	일본사회의 차별과 배제 속에서 불리한 사회적 경제적 지위 때문에 창업 자기 분야의 목표를 설정하고 시대적 흐름을 간파하여 예측하는 선견적인 예지 능력(양품점과 부동산임대업)
	부동산임대업에서 무에서 유를 창조하는 원칙과 땅이나 건물을 되팔아 이윤을 남기는 일을 철저히 배제(부동산 관련업)
	자신의 차별과 배제의 경험을 바탕으로 근면과 검소, 정직과 신용
	철저한 사업 조사와 분석을 통한 사업계획 실행
	창업의지력과 뛰어난 리더십, 비전의 실현
	"남들이 가지 않은 길을 가고 남들이 쉽게 일할 때 우리는 어렵게 땀 흘려 일했습니다. 그 결과 금정이 있게 된 것입니다. 대개 작은 장사치는 먼저 자기 이익을 취한 뒤에 그 나머지를 가지고 손님에게 혜택을 주려고 합니다. 그러나 큰 장사꾼은 먼저 손님에게 혜택을 주고 나서 그 나머지를 자기 자신에게 돌리는 사람입니다."
	한일 양국에서 확고한 경영철학과 '모국애와 교육사업' 실천이라는 기업가 정신
	'공수래공수거' - 교육을 통한 인재양성 중시
	일본에서 사업 성공 - 모국에서 기업가정신으로 승화(동교)

3) 경영철학과 성공전략

이 절의 목적은 재일코리안 기업가 김희수 회장의 창업사례를 통해 그의 경영혁신과 기업가정신을 조명하는 데 있다. 그는 일본 사회에서

---

34) 이 표는 본문의 내용을 바탕으로 연구자가 작성하였다.

차별과 배제의 대상인 사회적 약자의 관점에서 마이너리티의 역동적인 경영혁신을 바탕으로 창업에 성공하여 교육사업을 통해 기업가정신과 사회적 공헌을 몸소 실천하였다. 재일코리안 기업가들의 경영혁신은 일본 사회의 차별과 편견을 냉정히 수용하고 그것을 능동적으로 극복할 수 있는 강인한 창업의지력에서 비롯되었다. 마이너리티 기업가로서 사업수행상의 강인한 의지력에 의한 불확실성과 위기, 알력과 마찰, 소문과 중상모략 등을 극복할 수 있는 리더십이 필요하기 때문이다. 이러한 상황에서 재일코리안 기업가들은 사회적 문화적으로 한일 경계선에 존재하지만, 양국의 사회적 변화에 민감하게 반응하고 경영혁신을 일으키기에 적합한 마이너리티 기업가로 탄생하게 된다. 이 연구는 기업의 창업과정에서 발생하는 혁신의 발전단계를 조합(융합)-분리의 연결-파괴적 기술-연결의 파괴(디커플링)로 정리하여 재일동포 기업가 김희수 회장 특유 경영혁신의 기업가정신을 도출하고자 시도하였다.

본 절의 연구과제는 두 가지이다. 첫째는 김희수 회장의 창업성공은 재일동포 소규모기업 혹은 신생기업으로서 파괴적 기술을 활용하여 일본 시장에서 자리 잡은 일본기업을 앞지르려는 변화 내지는 자사에게 유익한 고객수요에 초점을 맞추어 제품을 향상시키는 파괴적 혁신(disruptive innovation)을 통해 가능했는가? 둘째는 일본 사회에서 사회적 약자로서 재일코리안 기업가 김희수 회장의 성공비결은 일본 내 혹은 한국 사회와의 단절된 사회적 관계(네트워크)를 연결하는 구조적 공백(structural holes)의 연결을 통해 가능했는가? 등이다. 연구결과를 요약하면 다음과 같다.

첫째, 김희수 회장의 기업성공은 일본 내 주류기업보다는 마이너리티 기업가의 유연성과 탁월성을 바탕으로 새로운 결합과 파괴적 혁신을 통해 가나이 양품점, 어군탐지기회사, 제강회사, 금정기업주식회사, 금성관재주식회사, 국제건축설계주식회사, 금성산업기획주식회사, 수림외국어전문학교 설립 등 창업을 주도해 온 것으로 나타났다. 그러나 이들 창업 기업 모두가 성공한 것이 아니라 대표적으로 고객 중심의 혁신적인 제품과 고객서비스를 제공한 가나이 양품점과 부동산임대업 등 시대적 흐름과 자금의 흐름을 간파하여 창업한 사업 분야에서 성공을 거두었다. 둘째, 김희수 회장의 기업성공은 일본 내 혹은 한국 사회와의 단절된 사회적 관계(네트워크)를 연결하는 탁월한 기업가적 역량을 통해 가능했다. 구체적으로 1985년 일본수림외국어전문학교설립과 1987년 중앙대학교 인수를 통한 모국인재양성, 1990년 수림문화재단설립을 통한 사회적 공헌 등 기업가정신으로 집약된다. 셋째, 김희수 회장은 한일 양국에서 혁신적인 제품과 고객서비스 제공(가나이 양품점과 부동산임대업), 한일 사회적 관계(네트워크)를 통한 교육사업과 사회적 공헌사업에 성공했지만, 그 이후 연결의 파괴를 통한 신사업의 구축이 한일 양국에서 이루어지지 못했다. 이것은 기업의 계승문제나 급변하는 한국 사회에 대한 이해부족, 부동산과 교육을 통한 사회적 공헌사업 이후 미래 사업에 대한 투자가 전혀 이루어지지 못했던 것에 기인한 것으로 생각된다. 이에 대한 좀 더 상세한 연구들이 지속되기를 희망한다.

김희수 회장은 일본 사회에서 재일코리안에 대한 차별과 배제가 심했던 당시 사회적 약자로서 경영혁신을 바탕으로 창업 초기부터 일본인을 대상으로 비즈니스를 전개하였다. 이러한 경영혁신을 바탕으로 기업에 성공하여 한일 양국에서 교육사업으로 인재 양성과 사회적 공헌을 달성하기 위해 일생을 바친 기업가정신의 소유자라고 할 수 있을 것이다.

제7장

재일코리안 뉴커머 기업의
성장과 경영활동

제7장
재일코리안 뉴커머 기업의 성장과 경영활동

1. 뉴커머 기업의 형성과 성장 과정

이 장에서는 2019년 기준으로 해외에 거주하는 740만 명의 재외동포 가운데 일본에 거주하는 뉴커머 재일코리안 기업가에 대하여 살펴보고자 한다. 이들은 현재 90만 명 정도로 알려져 있으며 이들은 일제강점기에 건너온 사람들과 그 후손으로 구성된 '올드커머'들이 대부분이고 1980년대 이후 일본에 진출한 '뉴커머'는 약 20만 명 정도로 추정되고 있다. 전 도쿄상공회의소 김광일 회장 때부터 뉴커머를 재일코리안 범주에 포함한 결과, 2016년 6월 뉴커머 출신 장영식 회장의 취임이 가능해졌고 재일코리안 사회는 전환의 계기를 맞이하였다. 당시 장영식 회장은 "임기 내에 서로 돕고 화합하는 단체를 만들기 위해 조직 강화에 힘쓸 것"이라며, "월드옥타(World-Okta) 동경지회, 도쿄 재일한국인연합회 등 여타 재외동포 단체들과 교류를 확대해 나가겠다."라고 선언한 바 있다. 또한, "한일 관계가 많이 경색되었지만, 경제 분야에서는 끊임없는 교류가 이어지고 있다."라며 "상공회가 힘을 보태고 앞장서서 양국 친선관계가 회복되도록 적극적으로 노력하겠다."라고 했다. 도쿄 한국상공회의소는 개인사업자와 법인 등 약 300명의 회원으로 구성되어 있고 재일동포 상공회 가운데 가장 큰 규모로 회장은 재일한국상공회의소 부회장을 겸직하고 있다.[1]

이 장에서는 일본지역에서 활동하는 뉴커머 기업을 사례로 창업과 성장 과정에서 아주 유사하면서도 서로 다른 특성을 가진 사회적경제와 뉴커머 기업인 디아스포라경제를 비교 고찰하여 이들 간의 창업과 성장 과정, 네트워크 관계, 기업가정신을 살펴봄으로써 시사점을 도출하고자 한다.

일반적으로 기업의 초기 창업과정에서 사회적 관계인 네트워크와 기업가정신은 매우 중요한 역할을 담당하고 있다. 특히 일반경제와는 달리 사회적경제 관점에서 개인이나 기업의 의사결정은 사회구조를 형성하고 있는 사회적 관계인 네트워크에 의해 크게 좌우되는 것으로 설명되고 있다. 따라서 사회적경제에서는 경제가 사회에 배태되어 있다는 배태성 이론이나 혹은 착근성(Embeddedness) 이론을 강조하고 있다. 이는 그라노베타가 사회적경제 이론을 체계화한 이후 이를 주로 구조적 배태성이라고 부르고 있다.[2] 배태성(Embeddedness) 이론은 인간의 행위가 개인적인 사회관계(네트워크)에 배태되어 있기 때문에 경제행위에 영향을 미치는 사회구조 분석이 필수라고 주장하고 있다.[3] 사회적경제 측면에서 구조적 배태성 이론은 상호 연관성을 강조하며 사회적기업들이 상호 행위를 조정하는 가치와 규범을 확산시켜 상호 거래나 교환행위를 보호하게

---

1) 『재외동포신문』 2016년 6월 15일자, 「도쿄한국상공회의소 제12대 회장 장영식 에이산 대표 취임」: http://m.dongponews.net/news/articleView.html?idxno=31770(검색일: 2019.6.27).

2) Granovetter, Mark, "Economic Action and Social Structure: The Problem of Embeddedness", *American Journal of Sociology* 91, 1985, 481~580쪽.

3) 渡辺深, 『転職ーネットワークとキャリアの研究』, ミネルヴァ書房, 1998.

나 규제하는 역할을 강조하고 있다. 또한, 구조적 배태성 이론은 경제적 수요가 불확실한 상황에서도 거래당사자들이 상호 신뢰에 의해 암묵적이고 불확실한 거래계약을 체결하도록 도와준다는 데 기초하고 있다.

사회적경제는 사회와 기업의 중간 지점에서 창업하게 되는데 마찬가지로 이민자들로 구성된 소수민족들이 주체인 디아스포라경제도 현지사회와 현지기업의 틈새시장에서 창업하게 된다. 사회적경제는 창업혁신과 경쟁이 기업의 생존을 좌우하게 되는데 비슷하게 소수민족이 창업하는 디아스포라경제도 호스트사회기업과의 경쟁과 창업혁신이 현지에서 생존하기 위한 필수 전략이다. 일반적으로 소수민족의 창업활동에 영향을 주는 요인으로 알드리치와 사카노(Aldrich & Sakano)의 연구에서는 사회관계자본(네트워크)의 중요성을 주장하고 있다.[4] 또한 알드리치와 짐머(Aldrich and Zimmer)의 연구는 사회관계자본(Social Capital)이 창업가의 창업 의욕과 창업 가능성에 영향을 준다는 연구도 있다.[5] 여기에서는 사회적경제의 창업과정에서 사회 혁신(Social Innovation)이 발생하는 조건에 대해 살펴보고자 한다.

그러면 먼저 사회적경제의 창업혁신은 어느 지점에서 발생하고 있는지 살펴볼 필요가 있다. 우지(Uzzi)의 연구는 기업 간의 네트워크를 분석하여 배태성 수준을 측정한 바 있다.[6] 그는 이러한 연구를 통해 기업의 배태성 수준을 과도한 통합(Overembedded)과 과소한 통합(Underembedded),

[4] Aldrich, Howard E. and Tomoaki Sakano, "Unbroken Ties - Comparing Personal Business Networks Cross-Nationally," W. Mark Fruin ed., *Networks, Markets, and The Pacific Rim*, Oxford University Press, 1999, 32~52쪽.

[5] Aldrich, Howard E. and Catherine Zimmer, "Entrepreneurship through Social Networks" Howard E. Aldrich ed., *An Evolutionary Approach to Entrepreneurship*, Edward Elgar publishing limited, 2011, 121~141쪽.

[6] Uzzi, Brian, "The Social Structure and Competition in Interfirm Networks: The Paradox of Embeddedness", *Administrative Science Quarterly* 42, 1997, 35~67쪽.

즉 개별화로 분류하여 제시하였다. 즉, 그의 연구는 기업 간의 네트워크에서 배태성이 강하게 되면 폐쇄적 네트워크에 갇히게 되고 새로운 정보나 기회를 접할 기회가 제한된다. 따라서 기업 간의 신뢰, 정보, 협동에 의한 조정과 자원의 공유라는 강한 배태성의 장점과 시장정보나 새로운 상대와의 접촉을 가능하게 하는 적당한 거리(Arm's Length Ties)를 두는 약한 배태성의 혼합형이 기업의 창업혁신을 이끈다고 주장하였다. 마찬가지로 사회 혁신의 조건도 사회가 지나치게 통합되어 있거나 너무 분리된 사회(개별화된)에서는 불리하고 분리가 어느 정도 중간단계에 있는 사회에서 사회 혁신이 빨리 진행된다는 것이다.

이와 비슷한 맥락에서 그라노베타(Granovetter)[7]는 디아스포라경제인 동남아시아 화교사회의 커플링(Coupling: 통합)과 디커플링(Decoupling: 분리) 이론을 활용하여 연구를 진행한 바 있다. 대표적인 디아스포라경제라 할 수 있는 동남아 화교기업은 창업에 필요한 내부 신뢰를 제공하는 마이너리티집단의 응집성이 강한 친족네트워크(Coupling)가 존재한다. 하지만 화교기업은 그 지역에서는 전형적인 소수민족이기 때문에 이민 시기나 출신지에 따라 그 지역의 다른 민족과는 분리(Decoupling)되어 자원을 제공하도록 요구할 수 있는 친구나 친족의 수가 제한된다. 따라서 디아스포라경제인 화교기업이 창업에 성공하기 위해서는 내부 화교집단의 통합(Coupling)과 외부집단으로부터의 분리(Decoupling)의 균형이 매우 중요하다고 지적하였다.

이 장에서는 이러한 기존연구로부터 도출된 이론에 바탕을 두고 사회적경제도 디아스포라경제와 마찬가지로 창업 초기에는 사회적경제 기업

---

[7] Granovetter, Mark, "The Economic Sociology of Firms and Entrepreneurship" In *Economic Sociology of Immigration* edited by Alenjandro Portes, New York: Russell Sage Foundation, 1995.

간의 통합도 중요하지만, 외부집단과의 분리, 즉 통합과 분리의 중간적 균형이 매우 중요하다는 점에 착안하고 있다. 그러면 이러한 이론들이 실제로 현장에서 어떻게 적용되고 있는지 다음 〈표 27〉에 제시된 사회적 경제와 디아스포라경제의 차이점을 살펴보고자 한다.

〈표 27〉 뉴커머 기업의 창업 동기와 기업가정신[8]

기업가정신 차이점	사회적경제	디아스포라경제
경제활동의 차이	사회적 빈곤층, 약자 등 특정 계층 대상으로 서비스나 일자리를 제공하는 경제활동	특정 지역, 출신지, 민족 등을 중심으로 한 소수민족 대상의 경제활동
창업동기(요인)	사회적 미션과 일반 경제학의 중간 지점인 틈새시장 분야 창업	소수민족들이 마이너리티 기업과 호스트사회의 경제와의 중간 지점인 틈새시장을 통해 창업
기업가정신	사회적 문제와 미션에 관심을 가지고 해결하려는 비영리 봉사활동	소수민족의 차별과 사회적으로 불리한 것을 극복하기 위한 수단으로 생활문제와 결핍을 해결하려는 문화자원 동원 중심의 영리활동
네트워크 특징	기업 간 강한 연대(내부자원)와 약한 연대(외부자원)의 연계 중시	민족자원의 통합(커플링)과 분리(디커플링)의 균형 중시
자원동원	사회관계 자원동원 능력 중요	민족자원 동원능력 중요
상호 유사점	경제적 수익 발생이나 규모 확대라는 경제적 동기와 사람들과의 교류, 타인에 대한 지원, 사회적 봉사와 같은 사회적 미션, 자기실현 등 비경제적 요소들이 결합하여 창업혁신 달성	

---

[8] 이 표의 내용은 기존연구를 바탕으로 필자가 작성하였음. 사회적경제와 디아스포라경제는 틈새시장을 바탕으로 창업혁신을 주도한다는 점에서 상호 유사한 점을 가지고 있다.

2. 뉴커머 기업의 경영활동과 성공사례

일본 뉴커머 기업은 디아스포라경제의 대표적인 사례라고 할 수 있다. 이 연구는 사회적경제와 마찬가지로 디아스포라경제에서 창업혁신은 네트워크와 문화, 즉 사회구조에 배태되어 있다는 태도를 보이고 있다. 먼저 알드리치(Aldrich)가 지적한 바와 같이 디아스포라경제의 창업혁신은 특정 시대, 특정 세대, 특정 시간(청년), 사회관계자본(네트워크)이라는 일정한 시대적 공간에서 자본을 동원하여 창업한다고 주장한다.[9] 이에 대해 그라노베타(Granovetter)는 기업가들에게 중요한 것은 흩어져있는 사회구조의 존재, 이것을 인식할 수 있는 인지적 탁월성, 그리고 네트워크를 통해 사회적 자원을 연계할 수 있는 능력이라고 강조하였다.[10]

그러나 현존하는 사회적기업이 사회적 관계자본을 동원하여 창업한다고 하더라도 기업의 지속성은 문화적 요인(혹은 사회적 가치: 공유된 집합적 이해)에 배태되어 있다는 주장도 있다. 디마지오(Dimaggio)의 연구는 경제행위가 집단의 가치관(신념, 태도, 규범, 가치, 윤리 등)이나 라이프스타일(구성원, 기호, 취향 등) 등 문화적 요인에 좌우된다고 주장하고 있다.[11] 이와 유사하게 제라이저(Zelizer)의 연구는 경제행위에서 사회적 가치라고 부를 수 있는 문화적 요인(대상이나 습관이 공유된 의미와 상징)을 발견하는 것이 중요하며 경제현상을 상징, 신념, 의미, 공유된 이

---

9) Aldrich, Howard E. and P.H. Kim, "A Life Course Perspective on Occupational Inheritance: Self-employed Parents and Their Children," *Research in the Sociology of Organizations* 25, 2007, 33~82쪽.

10) Granovetter, Mark, "A Theoretical Agenda for Economic Sociology" Mauro Guillen, Randall Collins, Paula England, and Marshall Meyer eds., *The New Economic Sociology*, New York: Russell Sage Foundation, 2002, 35~59쪽.

11) Dimaggio, Paul, "Cultural Aspects of Economic Action and Organization" In Beyond the Marketplace, edited by R. Frieland and A.F. Robertson. Aldine de Gruyter, 1990, 27~28쪽.

해 등으로 분석해야 한다고 주장하였다.[12]

따라서 디아스포라경제의 창업혁신들은 사회적경제와 유사하게 수익 발생이나 규모 확대라는 경제적 동기와 사람들과의 교류, 타인에 대한 지원, 봉사와 같은 사회적 미션, 자기실현 등 비경제적 요소들이 결합되어 있다. 이 장에서는 디아스포라경제에서 문화적 요인(사회적 가치)과 네트워크라 할 수 있는 창업동기, 즉 창업과정에서 동원한 사회관계자본 (네트워크), 그리고 사회적 미션이라 할 수 있는 기업가정신을 중심으로 뉴커머 기업가를 대상으로 분석하고자 한다.

1) 에이산 장영식 대표(張永軾, 유통 매장 '에이산 면세점' 대표)

일본 JR 아키하바라역(秋葉原) 출구에서 내려 정면을 바라보면 영어, 한글, 한자, 러시아어 등으로 '에이산 면세점(Eisan Duty Free)'이라는 간판이 보인다. 4층짜리인 건물 안으로 들어가면 직원들이 영어, 일어, 중국어로 손님들을 맞이하고 있다. 이 점포의 소유주인 장영식 대표는 전라남도 순천 출신이며 유통업체인 '에이산(永山) 면세점'을 경영하고 있다. 그는 전 재일한국동경상공회회장, OKTA본부부회장, OKTA도쿄지회 부회장, 세계한인무역협회부회장 등을 역임했다. 일본 최대 전자상가인 도쿄(東京)의 아키하바라(秋葉原)를 비롯해 오사카(大阪), 삿포로(札幌), 이바라키(茨城), 요나고(米子), 히로시마(廣島), 오카야마(岡山), 다카마쓰 (高松), 사가(佐賀) 등 일본지역의 주요 공항을 비롯한 총 14곳에 유통 매장인 '에이산 면세점'을 운영하고 있다. 이외에도 장영식 회장은 면세점 사업, 가전제품 유통업, 무역업, 주문자상표부착생산(OEM)사업을 동시에

---

12) Zelizer, Viviana, "Morals and Markets" Transaction Press, 1983.

벌이고 있다.[13]

현재 에이산의 전체 직원은 대략 230명 정도인데 한국에서도 2월 대졸 예정자들을 대거 채용해 왔다. 2008년 3월 말 결산에서는 매출액이 140억 엔에 달했다. 중국 상하이와 서울에 해외지사도 개설하고 있다. 직원들의 국적은 다양하다. 한국인이 90명으로 가장 많고 중국인 50명, 일본인 40명 등 기타 소수이지만 인도, 필리핀, 프랑스, 브라질, 싱가포르, 우크라이나 출신들도 있다. 직원의 절반 정도가 3개 언어를 구사할 수 있으며 이들 중 40명은 4개 이상의 언어로 의사소통이 가능한 것으로 알려졌다.[14]

(1) 창업과정

한국에서 장영식 회장의 인생은 그리 순탄하지만은 않았다. 전남에 있는 국립순천대 기계설계공학과를 졸업한 그를 받아주는 직장은 어디에도 없었다. 어쩔 수 없이 작은 건설업체의 하도급 사업을 시작했지만, 그것마저도 발주처가 도산하는 바람에 문을 닫아야 했다. 직장을 구하기 위해 무작정 서울에 올라왔을 때 길거리 전주에 붙어 있는 구인광고(연근해 어선의 선원 구함)가 가장 먼저 눈에 들어왔다. 인천 근해에서 3개월간 어선을 타면서 일본유학을 가야겠다고 결심했다.

그리고 마침내 1993년 단돈 300만 원을 들고 일본으로 건너갔다. '히라가나'도 제대로 익히지 못한 채 현해탄을 건너간 그는 우선 일본어학교에 입학했다. 당장에 기거할 월세를 구하고 새 운동화를 샀더니 돈이 떨어졌다. 이때부터 생존을 위한 처절한 몸부림이 시작되었다. 하루 3시간씩 자는 생활을 1년 정도 반복하면서 자판기에서 커피 한 잔 마시지 못

13) 재일동포 장영식 회장: https://news.naver.com/main/read.nhn?mode=LSD&mid=sec&sid1=101&oid =001&aid=0006984404(검색일: 2019.06.20).
14) 『매일경제』 2008년 2월 1일자, 「무일푼 유학생이 이룬 '재팬드림' 장영식 에이산 회장」: https://www.mk.co.kr/news/economy/view/2008/02/61812/(검색일: 2019.06.27).

하고 돈을 모았다. 일본은 1993년부터 2년간 자연재해로 쌀값이 폭등한 적이 있었다. 한국에 있는 친구에게 전화를 걸어 양국 쌀값을 비교했더니 일본 쌀값이 한국보다 5배나 더 비쌌다. 그는 경기미와 강화미를 수입해 일본 시장에 내다 팔았다.

또한, 일본에서 가수 조용필의 노래가 크게 히트하자 남대문시장, 동대문시장에서 가요 테이프를 싸게 구매하여 일본 시장에 내다 팔았다. 이렇게 해서 1년이 조금 지나자 300만 엔 정도의 거금을 모았다. 이와 같은 무역 경험을 통해 그는 자신이 사업에 소질이 있다는 걸 발견했다. 주저하지 않고 진로를 '공부'에서 '창업'으로 바꾸었다. 다만 파칭코나 한국음식점 등 기존 재일교포들이 많이 종사하는 업종이 아닌 다른 업종을 찾기로 했다. 그리고 지나가던 길에 우연히 들린 아키하바라에서 가전제품 유통업에 매력을 느끼고 창업하기로 했다.

(2) 사회관계자본(네트워크) 구축

처음에는 TV나 냉장고를 한두 대씩 가전 도매상에서 싼 가격에 구매한 후 이를 소매점에 마진을 붙여서 파는 식이었다. 마땅한 운송 수단이 없던 터라 노숙자의 리어카를 하루에 2,000엔씩 주고 빌려서 제품을 실어 나르기도 했다. 이후 35만 엔을 주고 중고 봉고차를 마련했으며 돈이 모이자 2톤 트럭을 구입했다.

이런 방식으로 2년간 아키하바라에서 아르바이트하면서 인맥을 넓혀 갔다. 어느새 아키하바라에서는 '청바지 입고 농구화를 신은 한국 청년'이라는 별명으로 불렸으며 그를 돕겠다는 사람도 나타났다. 어느 일본인 기업가가 연대보증을 서 주어 미쓰비시UFJ은행으로부터 300만 엔을 대출받아 1995년 회사를 설립했다. 장영식 회장은 사업을 벌이려면 인재부터 영입해야 한다고 생각하고 아키하바라의 한 대형점포의 영업부장으로

근무 중이던 일본인을 삼고초려 끝에 영입했다. 그 영업부장이 올해 62세
인 에이산의 일본인 사사키 사장이다. 이후 사업영역을 일본 국내는 물론
이고 국제적으로 확대해 나갔다. 일본 내 호텔이나 정부 기관에 TV 등 가
전제품을 납품하기 시작했으며 중국에도 전자제품을 수출하기 시작했다.

해외에서 수입한 명품 시계, 화장품, 패션 잡화 등을 면세점에 진열하
고 판매했다. 그동안 일본에서 손톱깎이를 가장 많이 파는 점포는 DIY용
품 판매점으로 유명한 도큐핸즈였는데 최근 에이산이 1위 자리를 차지
하였다. 더불어 매출액도 급등하기 시작했다. 1998년 23억 엔에서 2000년
32억 엔, 2002년 61억 엔, 2004년 78억 엔, 2005년에는 98억 엔으로 증가
하였다. 2006년 3월 결산 때는 100억 엔을 돌파했으며 2007년 3월 말에는
111억 엔을 달성했다. 현재 연간 2천억 원의 매출을 돌파하고 있으며
1980년대 이후 도일한 이른바 '뉴커머(New Commer)' 가운데 가장 성공한
기업가로 꼽히고 있다.

(3) 성공전략과 기업가정신

그는 이러한 사업성공의 비결을 묻는 물음에 대해 시장의 흐름이나
소비자의 요구를 정확히 읽고 스피드 경영을 했기 때문이라며 면세점이
라는 틈새시장(Niche Market)을 공략한 것이 주효했다고 했다. 일본 에이
산 본사 사무실에 걸린 회사의 모토에는 붓글씨로 '한다. 지금 당장 한다.
될 때까지 한다.'라는 글귀가 적혀 있다. 그의 이와 같은 헝그리정신과
도전정신, 집념이 오늘의 에이산을 있게 한 것으로 생각된다. 장영식 회
장은 일본에서 사업을 하면서 어려움을 겪거나 설움을 당할 때마다 입을
악물고 "나는 한국에서는 실패한 3류 인생이었다. 하지만 일본에서 벌이
는 '패자(敗者) 부활전'에서는 반드시 이기겠다."라고 결심했다고 한다.

해가 거듭될수록 에이산은 일본의 면세점 분야에서는 독보적인 존재

로 인정받기 시작했다. 니혼게이자이신문은 지난 두 차례에 걸쳐 지면을 할애해 에이산을 소개한 적이 있다. 한국을 비롯한 외국에서 수학여행을 온 학생들이 자주 들르는 쇼핑장소로 에이산의 아키하바라 점포가 소개되기도 하였다. 와세다대 대학원에서도 최근 장영식 회장에게 사업경영 노하우를 전수하는 강의를 부탁하기도 했다. 일본에서 창업한 외국기업 중 적자를 내거나 실적이 하락한 적이 없는 기업은 손가락에 꼽을 정도로 드문데 그중 하나가 에이산이라는 설명과 함께 대학원생들 앞에서 그 비결을 들려달라고 요청하였다.

장영식 회장은 일본인들에 대해 다수가 배타적이라고 말하지만, 농경문화를 가진 일본에서 사업기반을 마련하기 위해서는 시간이 좀 더 걸릴 뿐이지 기회는 얼마든지 잡을 수 있다고 했다. 일본 시장은 보수적이라 제품이 좋아도 일본 내 거래 실적이 없으면 쉽게 거래를 수용하지 않는다. 에이산은 20년간 유통업을 해오며 쌓아온 신뢰와 마케팅 노하우를 바탕으로 한국 제품의 일본 시장 진출을 도울 수 있었다고 했다. 이를 위해 지금의 도쿄 본사 빌딩 옆의 용지를 매입해 새로 8층짜리 건물을 구입한 후 일본에 진출할 한국 벤처기업들이 둥지를 틀 '벤처 인큐베이터'를 만든다든지 신흥국에서 유통업이나 리조트사업을 벌이기 위한 계획도 가지고 있다.

한일기업문화에 대하여 장영식 회장은 일본과 한국은 표면적으로 상거래 관습이나 회사의 문화가 비슷한 것 같지만 상당히 다르다. 우선 의사결정이나 명령체계에서 차이가 난다고 했다. 일본은 담당자의 발언권이 상대적으로 강하다. 담당자가 의견을 종합하고 정리해서 상사에게 보고하거나 제안하는 체계가 일반적으로 소위 바텀업(bottom up)방식이라고 했다.

한일기업의 일하는 방식에서도 일본은 기본적으로 팀이나 조직으로 일을 진행한다. 계획을 세우거나 일을 처리하는 과정을 매우 중시한다.

집단의 의견을 모으고 최종 의사결정을 내리기까지는 시간이 걸리는 만큼 첫 거래를 맺기까지 상대적으로 많은 시간과 비용이 든다고 했다.

일본에서는 자신의 상사보다는 고객이나 거래상대방이 우선이다. 접대할 때도 자사의 사장이나 회장보다는 비록 직급이 낮더라도 거래처의 담당자를 상석에 앉게 한다. 일본에서는 접대의 기본을 상대방에 대한 배려라고 본다. 거래처 회사 사람들에게 자신의 회사 사장이나 회장을 소개할 때도 이름으로만 소개한다. 직책(사장 혹은 회장)이나 높임말(~상, ~사마)을 붙이지 않는 것이 관례이다.

한일기업문화에서 흔히 간단한 구두 약속에도 주의를 기울여야 한다. 일본의 한 교수는 농담 반 진담 반으로 일본인은 할 수 있는 일의 90%만 말하고 한국인은 할 수 있는 일의 110%를 말한다고 한 적이 있다. 한국에서처럼 일단 큰소리를 쳐놓고 나중에 상황이 달라졌다고 변명하는 태도는 일본에서는 전혀 통하지 않는다. 그런 사람은 이미 신뢰할 수 없는 사람이라고 낙인이 찍히는 셈이 된다.

장영식 회장은 그동안 옥타 도쿄지회 명예회장 및 세계한인무역협회 부회장으로서 20년간 쌓아온 인맥과 기술, 비즈니스 노하우 등을 활용하여 한국 중소기업의 일본진출과 일본기업의 한국 유치를 돕는 등 양국 교류의 통로와 가교역할을 하고 있다. 도쿄 한국학교 육성회장을 맡아 재일동포 차세대 2~3세들이 정체성을 잃지 않도록 정성을 다하고 있으며 '태산장학회'를 설립하여 10년간 장학사업을 펼치고 있다. 2011년 일본 대지진 발생 당시 400만 엔을 쾌척하는 등 일본 현지에서도 기부 등을 꾸준히 실천하고 있다. 모교인 순천대학교에 ㈜에이산 장학금을 설립하는 등 후배들을 위한 후진 양성에도 헌신하고 있다.[15]

15) 『전라도뉴스』 2015년 5월 13일, 「(주)에이산 장영식 대표, '자랑스러운 순천대인' 선정」: http://www.jldnews.co.kr/news/articleView.html?idxno=13047&replyAll=&reply_sc_order_by=I

2) 이동재팬 김효섭 대표(金孝燮, ㈜이동재팬 대표)

김효섭 대표는 전라남도 고흥에서 태어나 1986년 도일하였다. 도쿄 국제일본어학교에서 1년 동안 공부한 후 도쿄도립대학의 연구생으로 입학하였다. 이후에도 도쿄국제대학대학원의 국제관계학 연구과에서 2년간 중국 현대사를 공부했다. 대학원 수료 후 기업과 주류 판매업에서 경력을 쌓아 1995년 한국 전통주류 수입도매 전문회사 '주식회사 이동재팬'을 설립했다. 재일한국인연합회 이사장과 사단법인 세계해외한인무역협회 도쿄지회 이사장을 역임하였고 다방면에 걸쳐 한일교류활동에 참여하면서 한일외교에 공헌해 왔다.[16]

김효섭 대표는 성균관대 중문학과를 졸업할 때까지만 해도 일본과는 인연이 전혀 없었다. 1986년 대학 졸업 후 일본으로 건너갔다. 일본으로 건너간 이유는 아르바이트를 통해 학비를 충당하며 공부하기에는 일본이 낫다는 판단에서였다.[17]

(1) 창업과정

1990년 도쿄국제대학 대학원에서 석사 과정을 마친 그는 경제상황 때문에 일본의 전자부품 수입 회사에 취업했다. 그러던 중 1992년 도쿄 식품박람회에 우연히 참관했다가 거기에 전시된 막걸리에 일본인들이 관심을 나타내는 것을 보고 "막걸리를 들여와 일본에서 팔면 되겠다."라는 생각

(검색일: 2019.06.27).

16) 『월간 유학생』 김효섭 "성공은 운을 시험하는 방법 중 하나":
http://blog.naver.com/PostView. nhn?blogId=u_hakseang&logNo=140113882089(검색일: 2019.06.20).

17) 막걸리 한류열풍의 주역 김효섭 사장: https://blog.naver.com/worldhansang/80163660228(검색일: 2019.06.20).

을 하여 막걸리 수입판매 사업을 결심하고 곧바로 유한회사를 설립했다.

사업 초기에는 막걸리에 대한 인지도가 그리 높지 않아 실패를 거듭했지만, 1995년 이동막걸리를 제조하는 이동주조㈜의 일본 내 영업권을 확보하고 현지 주류 도매업자에게 1천만 엔을 빌려 ㈜이동재팬을 설립하여 성공의 발판을 마련했다.

그는 처음 일본 시장에 진입할 때부터 주로 20~30대 여성층을 공략했다. 막걸리가 '피부 미용에 좋고 다이어트 효과에도 좋다는 술'로 홍보했다. 일본의 선진화된 물류 · 택배 시스템을 활용하여 적정 온도를 유지하는 물류 시스템을 구축하여 1주일 남짓한 생(生)막걸리의 유통 기한을 3개월 정도로 늘린 것도 시장을 공략하는 데 큰 도움이 되었다. 김효섭 대표는 연간 20억 엔의 매출을 올리며 일본 막걸리 시장의 70%를 점유하기까지 수많은 좌절을 경험했다.

한국의 전통주 막걸리는 한때 일본 젊은 여성들을 중심으로 크게 인기를 끌었다. 이러한 일본에서의 막걸리 붐에 불을 붙인 것이 현재 막걸리 일본 국내 점유율의 대부분을 차지하고 있는 주식회사 이동재팬의 김효섭 사장이다. 지금으로부터 24년 전 유학생으로 도일했다.

그는 한국의 대학을 졸업한 후 더 많은 것을 공부하기 위해 선진국인 일본유학을 결심했다. 미국과 유럽 등 여러 나라의 선진국 중에서 일본을 선택한 것은 금전적인 경제적 이유에서였다. 일본에서는 아르바이트로 학비와 생활비를 조달하면서 공부할 수 있다는 것이 가장 큰 이유였다. 유학생 시절에는 유학비의 80%를 스스로 아르바이트로 충당했기 때문에, 시간을 쫓기며 바쁜 생활을 보냈다. 일본에서 어떻게 생활비와 유학비를 보탤 수 있을까만 생각했기 때문에 유학생활에 대한 즐거운 추억이 거의 없고 고생이 많았던 시기로 기억하고 있다.

대학원 수료 후에는 한국의 전자부품을 수입해 판매하는 회사에 취업했는데 창업에 대한 생각이 떠오르기 시작한 것은 이때부터였다. 김효섭 대표는 5년 후, 10년 후 자기를 생각했을 때, 이대로 계속 평범한 회사원으로 있을 수는 없었다. 많은 꿈과 욕심이 있었고 이왕 세상에 태어났으니 큰 꿈을 가지고 살고 싶다는 생각을 항상 했었고, 아직 젊어서 한 번 도전할 수 있을 때 도전해 보겠다고 결심했다.

그렇게 창업의 기회를 찾고 있던 어느 날, 「FOODEX JAPAN」에 참가한 김효섭 대표에게 계기가 찾아왔다. 이 대회는 상품상담을 목적으로 한, 업계 관계자 대상의 아시아 최대의 식품 및 음료 전시회로 1976년부터 매년 일본 도쿄에서 개최되고 있다. 출품자와 방문자(바이어) 모두에게 비즈니스 확대를 위한 절호의 기회를 제공하는 대회였다. 그리고 막걸리의 상식을 뒤집는 종이팩 포장 막걸리와 만나게 되었다. 지금까지 10일 정도밖에 보존할 수 없다고 인식되었던 막걸리를 몇 개월이나 보존할 수 있다는 사실에, 높은 상품 가치를 직감했다. 유통하기도 쉬워, 그 자리에서 한국으로부터 막걸리 수입판매 사업을 결심하고 곧바로 유한회사를 설립했다.

(2) 사회관계자본(네트워크)

일본 시장에서 막걸리에 대한 낮은 인지도의 한계로 사업 초기에 거듭 실패하였다. 그러나 포기하지 않고 1994년 말, 사업계획서를 만들어 이동막걸리를 제조하는 이동주조㈜에 수입판매 제안서를 제출했다. 그로부터 1년 후인 1995년, 일본 내 영업권을 확보한 이동주조㈜는 현지 일본주류 도매업자에게 1천만 엔을 빌려 ㈜이동재팬을 설립하여 성공의 발판을 마련했다. 당시 회사를 설립했지만 사실 직원은 대표 혼자였다. 그는 회사의 사장으로 주문 전화를 받는 직원으로, 그리고 영업사원과 배달사원 등 일인다역을 감당하면 사업을 추진했다.

하지만 막걸리 수입판매 사업은 생각처럼 쉽지 않았다. 경쟁회사에게 뒤져 앞에서 이야기한 막걸리 수입판매권을 얻지 못하면서 회사가 허무하게 도산하였다. 회사설립 자금은 어머니가 대표의 결혼식을 위해 저축해 놓은 결혼자금이었다. 이 사업이 실패로 끝나 이제부터는 정말 자신의 힘으로 사업을 꾸려나가지 않으면 안 된다는 생각에 필사적으로 재기의 길을 찾았다.

회사는 도산했지만, 막걸리 수입판매라는 아이디어와 열정은 식지 않았다. 한국에서 가장 인기 있는 브랜드 '이동 막걸리'에 수입대행 계획서를 보내 제안하고, 평소에는 술 도매업자로 일하면서, 일본의 주류업계에 대한 지식과 비즈니스 네트워크를 확대해 나갔다. 그리고 6개월 후 드디어 이동 막걸리로부터 수입대행 허가를 받아 '주식회사 이동재팬'을 설립했다. 겨우 한 사람의 작은 조직과 소자본으로 출발했지만, 지인이 자본금을 융통해 주거나, 창고를 빌려주는 등 주변 사람들의 도움으로 어떻게든 궤도를 탈 수 있었다. 주류 판매업의 영업사원 시절에 착실하게 쌓아 올린 신뢰 관계가 창업할 때 큰 도움이 되었다.

타국 일본에서는 현지인의 도움 없이 사업체를 꾸려나가기 어렵다. 김효섭 사장 역시 그를 무척 신임하는 일본인 오바야시 사장 덕분에 단기간에 일본 주류 유통 분야에서 자리 잡을 수 있었다. 오바야시 사장은 당시 자기 밑에서 4개월가량 일하던 김효섭 사장을 무척 신임했고 그가 독립하려고 했을 때 각종 지원을 아끼지 않았다. 김효섭 사장은 일본에서 현지인 도움이 없이는 사업체를 꾸려 나가기가 매우 힘들어서 울타리 노릇을 해줄 현지인을 찾아내 우선 그 사람을 감동하게 하고 마음을 사로잡는 작업이 꼭 필요하다고 했다. 김효섭 대표는 실패하더라도 도전을 한 상태가 도전하지 않은 제로의 상태보다 훨씬 낫기 때문에 과감하게 판단하고 도전할 때는 도전하라고 강조했다.

(3) 경영전략과 기업가정신

사업에서 여러 번 실패의 좌절을 경험한 김효섭 대표는 후배들에게 사업의 성공에는 운도 크게 관계하고 있다고 생각한다고 했다. 김효섭 대표는 다만 그 운이 있는지 없는지는 결국 운을 시험해 보지 않으면 알 수 없다. 그래서 비록 실패한다 해도 도전하는 데 의의가 있으며, 실패에서 얻는 것도 있다. 회사가 망해 미래가 보이지 않는 상황에 있을 때, 돈보다도 좋은 아이디어가 더 소중하다고 느꼈다. 현실성이 있고, 상대가 납득할 만한 기획력이 있으면 반드시 길이 열린다. 그리고 전화위복이라는 말처럼 실패를 양식으로 삼는 기분으로 젊었을 때 기회를 노려 끊임없이 도전해야 한다. 실패하더라도 도전을 한 상태가 도전하지 않은 제로 상태보다 낫기 때문에 과감하게 도전하라고 했다. 실패를 양식으로 삼는 기분으로 젊었을 때 도전하는 열정이야말로 성공으로 가는 지름길이라는 것이다. 김효섭 대표는 일본 외식산업기자회 주최로 열린 '2010 외식어워드'에서 한국인 최초로 식자재부문상을 수상하였다.

막걸리는 웰빙 바람을 타고 이웃 일본에서 한류 붐을 일으켰다. 막걸리는 '피부 미용에 좋고 다이어트 효과가 있는 술'로 20~30대 여성층을 집중적으로 공략했다. 일본 여성들 사이에 화제가 된 '닛코리(생긋 웃는 모양)~, 맛코리(막걸리 일본식 발음)'라는 리듬의 상쾌한 광고는 이동막걸리 일본 현지법인(이동재팬)이 10억 원을 들여 제작한 것이다. 이 광고는 노래를 따라 부르는 일본인들이 생겨날 정도로 인기를 끌었다. 일본에서는 연간 막걸리 소비량의 90%를 여성이 소비한다. 이동재팬의 '닛코리 맛코리'는 일본 20~30대 여성 10명 가운데 7~8명이 기억할 정도로 인지도가 높았다. 현재 도쿄 등 4곳에서 막걸리 판매점을 운영하고 있으며 한식 전문점도 향후 10개로 늘릴 계획이다.

삼성전자와 현대자동차 등 한국의 대표적인 기업들조차 일본 시장 진출에 어려움을 겪고 있는 가운데 일본진출에 성공한 기업의 공통분모는 공격적인 전략과 발상의 전환이라 할 수 있다. 1995년 창업 이래 수입 주류 도매로 매년 20% 이상의 지속적인 성장세를 유지하고 있는 이동재팬은 사업 초기 일본 주류시장 특유의 유통구조라는 장벽에 부딪혔다. 이때 소매상을 집중적으로 공략하는 전략을 세워 대도매와 중간도매가 오히려 자사의 상품을 찾도록 발상 전환을 시도했다. 김효섭 대표는 막걸리를 어느 정도 일본 시장에 알렸다는 거, 그리고 회사를 어느 정도 위치에 올려놓고 이 회사가 계속해서 역사를 만들어가고 그런 무형의 재산들이 더욱 중요한 것 같다고 했다.

한국에서는 아저씨들의 전유물이라 생각했던 막걸리였다. 그는 일본 젊은 여성을 대상으로 여성들에게 가장 적합한 술이라고 꾸준히 광고하여 자신의 막걸리 브랜드를 알렸다. 문화상 독한 술을 거의 마시지 않는 일본 여성들을 집중적으로 공략한 것이다. 하지만 일본 막걸리 시장은 걸음마 단계로 발전 가능성이 무궁무진하다. 그는 우리나라의 전통 민속주 막걸리를 일본 주류시장의 주류 상품으로 만들기 위해 노력하였다. 그에게는 일본 사케, 쌀 와인처럼 메인 주류시장의 하나로 막걸리가 자리매김했으면 좋겠다는 바람이 있다. 왜냐하면, 막걸리는 한국의 술이니까 꼭 그렇게 만들고 싶다고 했다.

3) 테크노피아 박재세 대표(朴裁世, 주식회사 테크노피아 대표)

박재세 대표는 성공한 뉴커머 기업가에 해당한다. 뉴커머는 일본에서 1980년대 이후 도일하여 일본에 정주한 외국인을 가리킨다. 특히 재일동포의 경우 뉴커머를 한일국교정상화(1965년) 이후 일본에 건너와 정착한 한국 주민등록소지자를 말한다. 이에 대해 올드커머는 한일국교정상화 당시 이미 일본에 정착해 있던 이른바 재일동포를 가리킨다. 박재세 대표는 전라남도 여수출신으로 1986년에 도일하였다. 일본 도쿄에 있는 인터컬트 일본어학교를 졸업하고 일본대학 경제학부에 입학하였다. 대학 졸업 후에는 일본상사에서 4년 6개월 동안 근무하고 1995년에 자동차와 의료기기 관련 무역회사인 '주식회사 테크노피아'를 설립하여 산하에 3개의 자회사를 운영하고 있다. 주식회사 테크노피아 대표로 2009년 5월에는 재일일본한국인연합회장을 역임하였다.[18] 이러한 경험을 통해 비즈니스와 국제교류의 양면에서 한일의 가교역할이라는 중요한 책임을 맡아 재일동포의 중심에서 활약하고 있다.[19]

(1) 창업과정

박재세 대표가 도일한 1980년대 후반부터 1990년대 초반에 걸친 시기의 일본경제는 호경기를 맞이한 '버블경제' 시대였다. 당시 일본에는 유학생이 많지 않아 생활정보가 적어 고생한 일도 있었지만, 유학생 취업의 수요가 공급을 넘어 대학을 졸업한 당시 20개 회사로부터 취업 내정을 받을 정도로 호경기였다. 박재세 대표가 어렵지 않게 일본기업에 입사하여 직장 생활도 4년째 순조롭게 접어들 무렵 갑자기 버블경제 붕괴로 회사가 도산하였다. 직업을 잃고 궁지에 빠진 박재세 대표가 내린 결론은 바로 기업을 창업하는 일이었다. 불경기 한복판에서의 창업에 도전한다는 불안한 마음도 있었지만, 반대로 잃을 것이 아무것도 없다는 생각에 회사를 설립했다. 박재세 대표는 그때를 "지금 생각해 보면, 버블경

---

18) 재일한국인연합회(한인회)는 일본 거주 재일코리안 중 민단과 총련에 소속되지 않은 '뉴커머'들이 중심이 되어 2001년 5월 20일 결성된 단체를 말한다.
19) 『월간 유학생』 2010년 7월호, 박재세 "선배에게 배우는 유학 성공의 열쇠": http://blog.naver.com/PostView.nhn?blogId=u_hakseang&logNo=140109794949(검색일: 2019.07.08).

제의 붕괴가 창업의 계기가 되었다고 생각한다. 그렇지 않았다면, 지금
도 샐러리맨이었을 지도 모르겠다."라고 했다.

(2) 사회관계자본(네트워크)

일본에서 자동차부품 수입 제조업체인 '테크노피아'를 경영하는 박재
세(51) 사장은 "신(信)이 있으면 신(神)도 도와준다."라는 부친의 생전 가
르침을 마음에 새기고 당장 눈앞의 이익보다는 신의를 바탕으로 한 인간
관계의 중요성을 강조했다. 외제 자동차부품에 거부감이 강한 일본기업
에서 한국산 알루미늄 휠을 수입해 판매하는 것을 시작으로 이제는 일본
에서 알루미늄 휠을 디자인하고 설계해 한국과 중국 등에서 자사 브랜드
와 주문자상표부착생산(OEM) 방식으로 제조하여 공급하고 있다. 그의 회
사는 후지코퍼레이션, 토피, 엘로하트 등 일본 유수의 자동차부품 상장
기업 4곳에 자동차 휠 제품을 납품하고 있으며, 일본 증시 상장을 목표
로 연간 매출 120억 원, 직원 20명의 탄탄한 중소기업으로 성장하였다.[20]

(3) 경영전략과 기업가정신

박재세 대표가 일본유학을 결심한 것은 선진국의 큰 시장에서 내 회
사를 가지고 싶다는 확신에 넘친 꿈이 있었기 때문이었다. 유학생 시절
에는 학비와 생활비를 벌기 위해 아르바이트에 시간을 쫓기면서도, 비즈
니스 기회를 항상 노리고 있었다. "당시 일본에는 아직 한국에서 유통되
지 않았던 소개할 만한 사업과 기술이 많이 있었고, 이러한 아이디어를
메모하면서 언젠가 사업화하려고 생각하고 있었다. 또한, 유학생활에 대

---

[20] 『세계일보』 2010년 1월 31일자, 「21세기 일본 속의 한국인 '신도래인'을 찾아서」 ①日 자동
차부품업체 '테크노피아' 박재세 사장」: https://news.v.daum.net/v/20100131200305151(검색
일: 2019.07.08).

한 생활정보가 많이 알려지지 않았기 때문에, 유학생 친구들과 함께 투자하여 유학생활 정보지를 출판하기도 했고 주식투자도 했다. 아르바이트로 열심히 모은 돈을 전액 투자하여 큰 손해를 본 일은 지금도 기억에 남는다."라고 했다. 일본에서 창업의 꿈을 이루고 난 다음 목표는 주식시장에 회사를 상장하는 것이었다.

마지막으로, 성공의 비결에 대해 박재세 대표는 "많은 사람과 접하고, 많은 것을 보고, 폭넓은 교류를 하세요. 그리고 명확한 목표를 세워야 합니다. 달성의 여부는 자신의 노력에 달려 있지만, 노력한다면 반드시 목표에 다가갈 수 있을 것입니다."라고 했다.

4) 국제익스프레스 나승도 대표(羅勝道, 국제익스프레스 대표)

(1) 창업과정

나승도 대표는 전남 나주의 가난한 농가에서 태어났다. 가난 탓에 어릴 적부터 스스로 돈을 벌며 주경야독으로 대학(국민대 졸업)을 마쳤다. 1989년 단돈 60만 원을 가지고 유학생 신분으로 일본에 건너와 이삿짐 배달 아르바이트로 생활비와 학비를 조달하며 사업의 꿈을 키웠다. 한번 이삿짐 배달로 알게 된 유학생들의 연락처를 메모해 두었다가 감사 편지를 잊지 않고 보내는 등의 정성으로 차츰 인맥을 넓힌 뒤 1990년 현재의 상호로 이삿짐 사업을 창업하여 물류업으로 성장시켰다. 이삿짐 사업은 신용과 믿음을 바탕으로 고객을 유학생에서 주재원 등으로 확대할 수 있었다. 나승도 대표는 한국 유학생이나 주재원들을 상대로 한 이삿짐 운송업을 하면서 물류인프라의 확보가 무엇보다도 절실하다는 점을 깨달았다. 그리고 위탁서비스의 한계를 극복하고 새로운 도약을 위해 종합물류사업의 기반 마련에 나섰다.

국제익스프레스의 나승도(58) 사장은 외국인에 대한 텃세도 있고 견제도 심한 일본에서 종합물류 기업을 일궈 사업을 성장시켰다. 1980년 이후 유학생으로 일본에 건너온 이른바 "뉴커머 기업가" 가운데는 가장 성공한 기업가 중 한 명에 해당한다. 이러한 성공을 바탕으로 동경 한국인경영자 동우회 회장, 세계한국인무역협회 동경 상임이사, 재일한국인연합회 이사장, 재일기업인연합회 이사, 재일본 호남향우회 회장, 전주 우석대학교 사외이사, 동경 상공회의소 이사 등을 역임하였다. 1990년 설립 당시 단 3명의 직원으로 출발한 회사는 140명이 넘는 직원들이 요코하마(橫浜)와 도쿄(東京), 오사카(大阪) 등 일본 내 3대 물류거점을 무대로 일하는 탄탄한 기업으로 성장시켰다. 매출도 해마다 늘어 2000년 80억 원이었던 매출이 2009년 1,000억 원을 초과했다.[21]

(2) 사회관계자본(네트워크)

나승도 대표는 일본에서 아르바이트로 하던 이삿짐 배달을 한국과 아시아 등을 연결하는 국제적인 종합 물류회사로 성장시켰다. 물류 분야의 오랜 경험과 인맥을 가진 일본 관세사 등 전문가들을 영입, 조직과 역량을 정비한 뒤 집요한 도전 끝에 2003년 한국인으로는 처음으로 일본에서 텃세가 가장 심하다는 요코하마항에 보세창고를 매입해 화물통관업을 개시했다. 2006년 중순 전자 상거래의 해외직구 시장이 형성되면서, 개인 또는 기업이 일본에서 화물을 보낼 때 종래 가장 큰 애로사항이었던 고비용 항공편 서비스만을 이용해야 하거나 우체국(EMS), 대형 국제특송업체(DHL, FEDEX, TNT 등 항공서비스) 등 운송 기간이 너무 오래 걸리

---

[21] 『연합뉴스』 2009년 7월 23일자, 「日서 물류기업 일군 나승도 사장」: http://winnersgate.com/Story/Success/board.asp?CK_ASP=CONTENT&Num=3&Page=&SearchType=&SearchName=(검색일: 2019.07.08).

는 우체국 배편 서비스밖에 없었다. 물류 창고 및 통관 서비스로 수출입 화물이 늘어 종합물류 기업의 토대를 닦은 국제익스프레스는 2007년에는 오사카에 보세창고를 개점했다. 나승도 대표는 종합물류서비스를 향한 일념으로 그해 10월 오사카 창고를 오픈했다. 결과적으로 오사카 물류창고는 간사이(關西)지역 물류센터의 기능과 함께 한일 간 해상택배 서비스를 가능하게 만든 도약의 전기가 되었다.

2008년 9월 해상항로가 짧은 양국의 지리적 특성과 고속페리선박(부산－오사카 18시간 소요)을 이용, 한국과 일본 최초로 비행기보다 저렴하고 우체국 배편보다 빠른 서비스를 원하는 고객수요층이 나날이 증가하고 있는 상황에서, 부산의 용당세관에 특송 통관장을 한진과 함께 만들어 비싼 항공운임 대비 저렴하고 비행기만큼 빠른 해상택배 서비스를 제공함으로써 물류비용의 절감과 양질의 국제택배 서비스를 고객에게 서비스하였다.

2009년 4월에는 대한무역투자진흥공사(KOTRA)에 의해 일본 내 한국물류사업자로 지정되었다. 일본으로 수출하는 국내 중소기업들의 물류비 절감을 돕기 위해 창고 보관에서부터 유통, 마케팅에 이르는 "종합물류서비스"를 제공하고 있다. 국제익스프레스가 일본 정부의 정책적 지원을 받는 물류업자로 선정된 것은 나승도 대표가 그동안 일본에서 구축해온 물류 인프라 덕분이라 할 수 있다. 한국 물류기업으로는 유일하게 요코하마·도쿄·오사카항에 자체 보세창고를 운영하고 있다. 통관업, 운수업, 창고업 등 약 10개의 면허도 갖고 있다.

나승도 대표는 항공운임의 절반 값으로, 한국까지 2~3주 걸리던 운송시간을 4~7일 이내로 단축시킨 빠른 해상택배 서비스로 일본의 대기업조차 생각하지 못한 획기적인 서비스를 제공하고 있다. 한일 간 국제교류가 증가하면서 공장설비와 부품소재, 농수산물 수출입, 공연 장비 등의 수송이 증가했다. 지금은 거래 회사가 전 세계 5,000개 사에 이르고 있다. 중국 칭다오(靑島)에도 진출했으며, 서울과 부산에도 사무소를 두고 있다.

(3) 경영전략과 기업가정신

나승도 대표는 성공비결에 대하여 "맨손으로 도일하여 비즈니스를 시작했을 당시의 초심을 잊지 않고 있습니다. 고객들에게 봉사한다는 자세로 열심히 일한다면 반드시 노력한 만큼의 보상이 있을 것으로 믿고 있습니다. 일본에서 우수기업을 만들어 모국에도 공헌하도록 하겠습니다." 라고 했다. 고객이 감동할 수 있는 신의와 성실의 경영원칙은 일본의 주요 항만과 공항에 지점(동경, 하네다, 요코하마, 오사카, 고베, 큐슈 등)을 설립할 수 있게 해주었고 한국법인 ㈜국제로지스틱과 중국 청도에 ㈜국제익스프레스 유한공사 등 해외 법인을 설립하여 2020년 매출 1조 원을 목표로 직원 300명이 세계 각지에서 근무하고 있다.[22]

국제익스프레스는 기업경영에서도 고객가치를 최우선으로 하는 CS경영을 모토로 고객주문에 대한 정시배달(On-time Delivery) 체계구축과 품질혁신에 역량을 집중해 나가고 있다. 또한, 물류거점 집약화 및 효율적인 창고관리를 통한 효율경영체계 구축에도 전력을 다하고 있다.

이상과 같이 뉴커머 기업의 창업과정, 사회관계자본과 네트워크, 경영전략과 기업가정신 등에 따른 분석결과를 정리하면 다음 〈표 28〉에 제시한 바와 같다. 사회적경제는 사회적 약자나 취약계층을 중심으로 경제적 동기와 비경제적 요인들의 결합으로 사회적 문제를 해결하고 사회적 가치를 창출하는 것을 목적으로 하고 있으며 사회적 미션 달성과 상생과 공유의 정신을 강조하고 있다. 반면 뉴커머 기업의 디아스포라경제는 마이너리티 이주민집단들로 구성되어 있어서 그들이 현지사회에서 취업차별과 사회적 불리를 극복하기 위한 수단으로 틈새시장을 개척하여 창업에 뛰어들고 있다. 이 때문에 강한 민족네트워크를 기반으로 도전정신과 헝그리정신을 바탕으로 틈새시장의 사업화에 도전하고 있다. 이들은 모두 일정한 사회 내에서 사회적 문제해결이라는 틈새시장의 공략으로서 한계를 지니고 있지만, 실패를 두려워하지 않는 과감한 도전이 필요하다는 측면에서 유사성을 공유하고 있다.

〈표 28〉 뉴커머 기업의 기업가정신 비교[23]

기업가정신 비교	사회적경제	디아스포라경제
창업동기 (요인)	사회적경제는 경제적 수익 발생이나 규모 확대라는 경제적 동기와 사람들과의 교류, 타인에 대한 지원, 사회적 봉사와 같은 사회적 미션, 자기실현 등 비경제적 요소들의 결합	디아스포라경제는 현지사회의 사회적 차별과 불리를 극복하기 위한 한일 양국사회의 틈새시장 공략, 헝그리정신과 도전정신
사회관계자본 (네트워크)	사회적 약자와 취약계층 등 특정집단의 사회적 네트워크 중시	마이너리티 집단의 친족 및 민족단위 응집성이 강한 민족네트워크 중시
기업가정신	- 사회적 문제해결, 사회적 미션, 사회적 가치창출 시장 공략 - 사회관계의 네트워크와 문화 중시 - 경제활동은 사회과정의 일부분, 문화와 사회과네 역할 중시 - 도전과 적정기술을 이용한 틈새시장 진출 공략 - 상생, 공유, 봉사의 정신	- 시장의 흐름과 소비자 요구 파악, 스피드 경영과 틈새시장 공략 - 사업의 성공에는 운과 좋은 아이디어, 실패와 과감한 도전 - 비즈니스 기회와 도전정신, 틈새시장 사업화 - 맨손 도전, 고객 봉사, 고객 감동, 신의와 성실 - 영리활동과 생존전략

23) 이 표는 본문의 연구내용을 토대로 연구자가 작성하였다.

3. 뉴커머 기업의 한계와 전망

이 절의 목적은 일본지역에서 활동하는 디아스포라경제의 대표적인 사례인 뉴커머 기업을 대상으로 창업과 기업의 성장과정에서 매우 유사하면서도 다른 특성을 가진 사회적경제와 디아스포라경제의 비교를 통해 이들 간의 창업과 성장과정, 사회적 관계자본, 경영전략과 기업가정신을 살펴봄으로써 한국적 사회적경제의 확대 과정에서 적용 가능한 시사점을 도출하는 데 있었다. 이 절에서 사용하고 있는 사회적경제는 일반경제와는 달리 사회와 일반경제의 중간지점에서 창업하게 되는데 창업요인은 경제적 동기보다는 비경제적 동기인 문화적 요인과 네트워크를 중시하고 있다. 마찬가지로 이민자들로 구성된 소수민족 출신 기업가들이 주체인 디아스포라경제는 현지사회와 호스트사회의 경계에서 문화적 상품과 민족네트워크를 활용하여 창업을 시도하고 있다. 사회적경제에서는 일반경제의 틈새시장(경계경제)에서 창업혁신과 사회적 가치창출이 기업의 생존을 좌우하게 되는데 유사하게 소수민족이 창업하는 디아스포라경제도 호스트사회에서 생존하기 위해 현지기업과의 틈새시장에서 창업혁신과 민족적 가치창출이 생존을 위한 필수 전략이다. 이들 두 경제의 유사성은 문화적 요인과 네트워크를 동원한 수익창출과 사회적 가치창출에 있다는 점이다.

이 절에서는 기존연구로부터 도출된 이론에 바탕을 두고 뉴커머 기업과 사회적경제가 유사한 경제구조를 가지고 창업 초기에는 기업 간의 네트워크의 통합(Coupling)을 중시하지만, 점차 외부집단과의 분리(Decoupling), 즉 통합과 분리의 중간적 균형이 중요하다는 점에 착안하고 있다. 뉴커머 기업의 창업과정, 네트워크, 기업가정신 등에 따른 분석결과를 정리하면 다음과 같다.

첫째, 사회적경제는 사회적 약자나 취약계층을 중심으로 경제적 동기와 비경제적 요인(문화와 네트워크)들의 결합으로 사회적 문제를 해결하고 사회적 가치를 창출하는 것을 목적으로 하고 있다. 또한 사회적경제는 이를 통한 사회적 미션 달성과 상생과 공유의 정신을 강조하고 있다.

둘째, 뉴커머 기업은 일본에서 마이너리티 이주민집단들로 구성되어 있어서 그들이 현지사회에서 취업차별과 사회적 불리를 극복하기 위한 수단으로 틈새시장에서 창업에 진출하고 있다. 이 때문에 강한 민족네트워크를 기반으로 도전정신과 헝그리정신을 바탕으로 틈새시장에서 사업화에 도전하고 있다.

셋째, 뉴커머 기업의 성공은 경제적인 이유, 경제개발과 근대화과정에서 국내외 도시로의 이주와 이를 통한 국제성이 풍부한 기업가정신의 형성을 주요 요인으로 꼽을 수 있다.

넷째, 뉴커머 기업의 경영전략과 기업가정신은 한마디로 도전정신과 헝그리정신으로 표현할 수 있다. 구체적으로 살펴보면, "한다. 지금 당장 한다. 될 때까지 한다.", "많은 사람과 접촉하고, 많은 것을 보고 폭넓은 교류를 해야 한다. 그리고 명확한 목표를 세워야 한다.", "맨손으로 도일하여 비즈니스를 시작했을 당시의 초심을 잊지 않고 있다. 고객들에게 봉사한다는 자세로 열심히 일한다면 반드시 노력한 만큼의 보상이 있을 것으로 믿고 있다. 일본에서 우수기업을 만들어 모국에 공헌하겠다." 등이다.

뉴커머 기업의 디아스포라경제는 사회적경제와 마찬가지로 일정한 사회 내에서 당면한 사회적 문제해결이라는 틈새시장에서 창업진출의 한계를 보이지만, 실패를 두려워하지 않는 과감한 도전과 경영혁신의 기업가정신이 필요하다는 점에 많은 유사성을 내포하고 있는 것으로 생각된다.

제8장

재일코리안 기업의 모국 기여활동

제8장
재일코리안 기업의 모국 기여활동

1. 재일코리안 기업의 성장

1945년 일제 식민지지배로부터 해방을 맞이하여 당시 일본에 체류했던 약 246만 명의 재일코리안은 모국으로 귀환자를 제외하고 약 60만 명이 일본에 남게 되었다. 재일코리안이 소수민족으로 전락하여 일본 노동시장으로부터 배제됨에 따라 힘든 노동환경에 처하게 되자 소규모 영세 자영업에 진출하여 생계를 유지할 수밖에 없었다. 재일코리안은 오사카와 도쿄를 중심으로 고철재생업, 토목·건축업, 고무·플라스틱업, 야키니쿠산업, 헤푸샌달산업, 파칭코산업 등에서 생계유지를 위한 활로를 모색하기 시작했다.

다음 〈표 29〉에 제시한 바와 같이 재일코리안 민단이 1975년 재일코리안 기업 6,753개사를 대상으로 한 조사결과를 살펴보면, 60% 이상이 개인 기업으로 유한회사나 주식회사 등과 같은 정식 회사조직을 가지고 있지 않은 것으로 나타났다. 재일코리안 기업의 업종 면에서는 서비스업,

제조업, 도 · 소매업, 건설업, 오락게임산업 등이 전체 90% 이상을 차지하였다. 또한, 재일코리안 기업의 대부분이 자본금 500만 엔 미만, 종업원 수는 20명 미만이 70% 이상을 차지하여 영세자영업에 해당하는 것으로 나타났다.

재일코리안은 일본에서 외국 국적자로 일본 금융기관으로부터 융자를 받을 수 없었기 때문에 자금조달과 기업 확장에 큰 어려움을 겪었다. 이러한 일본 금융기관의 재일코리안에 대한 융자 상의 민족차별을 극복하기 위하여 일본 각지에서 상업은행이나 조흥은행 등 민족금융기관이 민족네트워크를 기반으로 탄생하게 되었다.

〈표 29〉 재일코리안 기업의 업종분포와 경영형태(1975년)[1]

업종	기업 수(%)	경영형태		평균 종업원 수
		개인	회사	
서비스업	1,724(25.5%)	1,256	464	1.2
제조업	1,493(22.1%)	822	670	27.5
도 · 소매업	1,186(17.6%)	837	346	9.8
건설업	943(14.0%)	442	501	24.1
파친코오락업	917(13.6%)	533	340	24.5
부동산업	286(4.0%)	90	178	22.8
운송업	118(1.7%)	23	94	68.7
금융업	37(0.5%)	2	35	58.9
광업	37(0.5%)	6	31	28.3
농림수산업	30(0.4%)	27	3	13.5
합계	6,753(100%)	4,038	2,662	17.5

재일코리안이 소규모 영세자영업에 집중될 수밖에 없었던 이유는 민족차별과 취업차별로 일본기업들이 재일코리안을 고용해주지 않았기 때

1) 民団中央本部, 『差別白書』第5集, 民団中央本部, 1981, 381쪽.

문이다. 이 때문에 재일코리안 대부분 소규모 영세자영업에 진출하였는데 주로 일본인들이 꺼리는 파칭코산업, 야키니쿠산업, 고철수집 및 재생업, 토목건축업, 운수업 등에 종사하는 경우가 많았다.

다음 〈표 30〉에 제시한 바와 같이 민단이 1997년에 발표한 통계에 따르면 재일코리안 기업체 수는 총 9,494개 사에 달했다. 업종별로는 파칭코 오락업, 건설업, 서비스업, 제조업, 음식업, 부동산업, 도소매업, 전문서비스업, 금융보험업, 운수업, 농림광업 순으로 나타났다. 그밖에도 가수, 배우, 운동선수, 소설가, 영화감독 등 자유업에 종사하는 재일코리안 2세들도 상당수 존재하는 것으로 알려졌다. 이처럼 재일코리안 기업의 업종이 다양하게 분포하고 있음에도 불구하고 기업의 현황과 특성에 대해서는 여전히 제대로 알려지지 않고 있다.

〈표 30〉 재일코리안 기업의 업종별 분포(단위: 사, %)[2]

업종	기업 수(%)	업종	기업 수(%)
파칭코오락업	1,816(19.1)	도소매업	832(8.8)
건설업	1,380(14.5)	전문서비스업	449(4.7)
서비스업	1,236(13.0)	금융·보험업	285(3.0)
제조업	1,150(12.1)	운수업	200(2.1)
음식업	1,121(11.8)	농림·광업	41(0.4)
부동산업	984(10.4)	합계	9,494(100)

주: 1997년 민단 자료에 근거하여 작성하였음.

다음 〈표 31〉에서 보여주는 바와 같이 재일코리안 기업의 지역별 분포를 살펴보면, 대부분 도쿄와 오사카에 집중도를 보이지만, 일본 전 지역에 고루 분포하고 있는 것으로 나타났다. 이러한 점은 선행연구에서

2) 在日韓國商工會議所, 『在日韓國人會社名鑑』, 1997.

이민기업이 대개 지역적으로 편중된다는 가설과 정면으로 배치되는 것이다. 또한, 재일코리안 기업이 이민자 집단의 지역적 집중과 민족 간의 강한 연대라는 민족집단의 배경에서 벗어나 일본 사회 속에서 보편적인

〈표 31〉 재일코리안 기업의 지역별 분포[3]

지방	현명	기업 수(%)	지방	현명	기업수(%)
도호쿠 (東北)	홋카이도	338(3.6)	긴키 (近畿)	시가 현	263(2.8)
	아오모리 현	45(0.5)		교토 부	747(7.9)
	이와테 현	62(0.7)		오사카 부	1,492(15.7)
	미야기 현	94(1.0)		효고 현	1,058(11.1)
	아키타 현	40(0.4)		나라 현	44(1.5)
	야마가타 현	45(0.5)		와카야마 현	94(1.0)
	후쿠시마 현	68(0.7)	주고쿠 (中国)	돗토리 현	63(0.7)
간토 (関東)	이바라키 현	55(0.6)		시마네 현	41(0.4)
	도치기 현	92(1.0)		오카야마 현	200(2.1)
	군마 현	82(0.9)		히로시마 현	207(2.2)
	사이타마 현	146(1.5)		야마구치 현	126(1.3)
	치바 현	174(1.8)	시고쿠 (四国)	도쿠시마 현	13(0.1)
	도쿄 도	1,312(13.8)		가가와 현	13(0.1)
	가나가와 현	532(5.6)		에히메 현	65(0.7)
	야마나시 현	62(0.7)		고치 현	21(0.2)
신에츠 (信越)	나가노 현	115(1.2)	규슈 (九州)	후쿠오카 현	426(4.5)
	니가타 현	63(0.7)		사가 현	48(0.5)
호쿠 리쿠 (北陸)	도야마 현	45(0.5)		나가사키 현	40(0.4)
	이시카와 현	43(0.5)		구마모토 현	24(0.3)
	후쿠이 현	60(0.6)		오이타 현	38(0.4)
도카이 (東海)	기후 현	244(2.6)		미야자키 현	45(0.5)
	시즈오카 현	85(0.9)		가고시마 현	15(0.2)
	아이치 현	430(4.5)		오키나와 현	14(0.2)
	미에 현	165(1.7)	합계		9,494(100)

주: 1997년 자료 기준에 근거하여 작성하였음.

[3] 在日韓國商工會議所, 『在日韓國人會社名鑑』, 1997.

기업으로 성장하고 있다는 것을 보여주고 있다. 따라서 재일코리안 기업
은 재일코리안 민족집단 내에서뿐만 아니라 일본 사회가 요구하는 기업
활동을 광범위하게 전개해 온 것으로 생각된다.

그러나 재일코리안은 일본 각 지역의 인구대비 기업 수의 비율에서
살펴보면, 그 수치가 매우 작아서 기존 이민기업의 활동이 재일코리안
기업의 활동을 전적으로 설명하고 있다고 볼 수 없다. 대체로 이민 사회
에서는 사회적 상승의 수단으로 창업을 선택한다는 가설이 존재하지만,
재일코리안의 경우 사회적 상승의 수단으로 일본에서 다른 사회적 활동
또한 중요하다고 볼 수 있기 때문이다. 한 가지 유의해야 할 점은 재일
코리안이 일본 사회에 점차 동화되는 과정에 있으며, 해방 이후 초기 기
업형성과정에서 민족차별에 의한 틈새시장(niche)에 진출하여 민족집단
내부의 강한 연대의 네트워크를 활용한 기업 성장을 지향했지만, 점차
일본기업과의 네트워크 관계도 중시한다는 점을 염두에 둘 필요가 있다.

2. 경제단체의 결성과 모국투자

1) 재일한국상공회연합회(韓商) 결성

해방 이후 일본에서 재일코리안 기업의 성장과 더불어 한국에서도 이
들에 대한 관심이 높아져 갔다. 1961년 집권에 성공한 박정희 정권은
1962년 '경제개발 5개년 계획'을 발표하고 통화개혁을 단행하였다. 1963년
에는 정식으로 대통령에 취임하고 경제개발 5개년 계획 수립과 수출지
향의 경제정책을 본격적으로 시행하였다. 1965년 한일국교 정상화를 계
기로 '한일기본조약'을 체결하고 '한국과 일본의 재산 및 청구권에 관한

문제해결, 경제협력에 관한 협정', '재일한국인법적지위협정체결'을 통해
재일코리안 1세 기업가의 모국투자를 촉진하는 계기를 마련하였다. 또
한, 1966년 8월 박정희는 '외자도입법(법률 제1802호)'을 선언하였다. '외
자도입법'은 재일코리안 1세들에게 "한국투자를 외국인 투자로 우대하는
것을 보장한다."라는 내용으로 '외자도입시행규칙'을 정비한 것이었다.
이러한 투자정책의 도입으로 재일코리안 기업의 모국투자가 본격적으로
열리게 되었다.

일본에서 재일코리안 모국투자의 모체인 재일한국상공회연합회가
1963년에 결성되기까지 재일한국인 상공업자는 재일한국인상공회연합회
(한상련)과 재일한국인경제연합회(한경련)로 분리되어 있었다. 한경련은
1958년 '재일교포 생산품 본국 전시회'의 개최를 계기로 재일코리안 상공
인의 친목과 단결을 목적으로 1959년 총회에서 박용구 회장을 중심으로
'재일동포경제연합회'를 발족하였다.

반면, 한상련은 1962년 재일동포 기업가의 일본 전국 규모의 조직으로
창립하였다. 창립목적은 일본 전국 한교(韓僑) 상공인들이 상호 단결하
여 협력하고 경제적 향상 도모, 모국 경제발전 기여, 국제적인 경제교류
와 친목을 위해 이강우 회장을 중심으로 발족하였다. 그러나 재일코리안
기업가에 의한 양 조직의 상호 합병의 필요성과 요청으로 1963년 총회가
개최되어 일본 전국 규모의 조직을 갖춘 한상련이 한경련을 흡수하는 방
식으로 조직이 통합되어 지금의 한상(韓商)이라는 조직체가 갖추어지게
되었다.

그리고 1965년에는 14년간 계속된 '한일회담'이 타결되어 한일국교 정
상화가 수립되었다. 당시 한일회담 협상 시 '한국상공인연합회'는 재일상
공인들의 요청으로 '한상(韓商)은행' 설립을 추진하기도 했다. 한상(韓商)
은행은 민단, 상공회, 각 지역 신용조합이 협력하여 조직적으로 추진하

였다. 그러나 당시 상공인연합회 허필섭 회장이 한국의 이동원 외무부장관 및 정부 관계자들에게 금융기관 설립을 강력히 요청하였으나 일본 정부의 외국인 자본에 의한 은행설립허가는 법적으로 불가능하다는 취지에 따라 실패로 끝났다. 1972년까지 상공인연합회는 조직체로서 적극적인 활동을 하지 못하고 있는 상태여서 유명무실한 상태였다. 그러나 1972년 이후 허필섭 회장을 중심으로 한국상공인연합회와 지역상공회의 활동을 한층 강화한다는 목적으로 본격적인 체제정비에 들어갔다. 상공인연합회의 주요활동으로서는 상공인 간의 연대강화 및 미결성지역의 회원가입 확대, 한일 양국 정부와 경제단체, 각 기관의 가교역할, 모국 투자 안내 및 사업달성 협력, 모국투자 촉진을 위한 '모국경제협력합동위원회' 설립 등 민족 내부의 상공인네트워크 구축과 모국과의 연대강화에 노력하였다.

2) 청년상공인연합회(靑商) 결성

재일코리안 기업은 1980년대 들어 세대교체가 진행되면서 재일코리안 기업가 1세가 2~3세로 전환되는 가운데 '청년상공인연합회' 결성의 필요성이 본격적으로 제기되었다. 당시 1980년 이후 재일동포사회의 최대 이슈 중의 하나가 세대교체였다. 재일코리안 1세가 급격히 감소하고 있는 상황에서 재일코리안 3~4세의 젊은 청년상공인들의 동포사회활동에 대한 참여가 저조한 가운데 일본 전국 청년상공인들의 연대활동과 교류가 절실히 필요한 시기였다. 그리고 마침내 청년상공인연합회는 모국방문 사업, 미결성지역의 조직화 촉진, 전국연수회 개최, 모국 및 일본 청년단체와의 교류 등을 목적으로 1981년 전국 청년상공인의 단결을 도모하는 전국 조직의 결성대회가 민단중앙회관에서 정식으로 개최되었다.

이듬해인 1982년 10월에는 먼저 발족한 재일한국인상공회 연합회 20주년 기념식과 총회가 열렸는데 이때 20주년 기념사업의 하나로 '한상련 20년사'를 발간하였다. 1984년에는 전국의 청년상공회가 확대 강화됨에 따라 민단중앙본부가 '청년상공인연합회'를 재일한국인상공회 연합회의 산하단체로 인정하였다.

이러한 재일코리안 경제단체의 설립을 바탕으로 1988년 9월에 개최된 서울올림픽 대회를 계기로 개최 이전부터 성공적 개최를 위한 재일코리안의 투자와 기부 등이 이어지게 되었다. 당시 노태우 대통령이 올림픽대회 종료 후 재일코리안의 모국지원에 대한 고마움을 직접 전달하기도 하였다.

같은 해 9월에는 재일한국인상공회 연합회가 산업시찰단을 구성하여 처음으로 중국을 방문하기도 하였다. 1989년 7월에는 재일 한국청년상공인연합회 결성 10주년을 기념하여 일본 전국대회를 개최하였으며 재일코리안 사회의 세대교체라는 시대적 사명을 대회개최를 계기로 청년상공인 운동을 본격적으로 실천한다는 결의를 표명하였다. 1989년 11월에는 '재일상공회간부모국연수회'를 개최하였다. 이 연수의 목적은 서울올림픽 이후 모국경제의 동향파악, 한상련 조직운영의 활성화 등 대한상공회의소와의 전면적인 협력으로 개최되었다. 1992년 3월에는 재일한국인상공회 연합회의 조직 강화 및 기능 충실을 도모하기 위해 '재일한국상공회의소'로 명칭을 변경하기 위한 작업에 착수하여 같은 해 5월에 일본 통상산업성으로부터 명칭 사용에 대한 공식허가를 통보받았다.

3) 경제단체 조직과 민족은행 설립

한국경제가 1980년대 들어서면서 정부주도에서 민간주도로 바뀌면서 금융 산업의 자유화와 근대화의 필요성이 대두되었다. 이러한 상황에서 재일코리안 기업가들 사이에서는 모국 경제발전을 위해 민간은행을 설립해야 한다는 의견이 대두되기 시작하였다. 이러한 재일코리안 기업가의 요청에 따라 1982년 그들이 중심이 되어 출자한 '신한은행'이 한국에서 설립되었다. 1982년 재일한국인신용조합협회(한신협)은 일본 전국 29개 신용조합조직을 통합하여 '신한은행'을 설립한다고 발표하였다. 신한은행은 민족금융기관, 민단, 상공회의소 등 이들 조직의 협력이 필요함에 따라 재일코리안의 생활향상과 장래 목표로 전국적인 은행화를 강조하였다. 당시 한신협은 일본 금융 제도의 개혁으로 전국 신용조합을 6개 지역으로 통합하는 계획을 추진하고 있었다. 신한은행 설립 배경에는 1997년 재편계획발표 이후 통합이 실현되지 못하고 있다가 은행에 대한 일본 전국조사가 시작되면서 은행 설립으로 전환되었다. 한신협회 회원 조합은 2000년 3월 말 기준 총예금액이 2조 1,068억 엔, 부채 1조 9,908억 엔, 총출자금액 597억 엔, 조직 회원이나 총회원 수는 22만 2,414명으로 점포 수는 170여 개에 달했다.

2000년 12월에는 재일코리안 간사이흥업은행과 도쿄상업은행이 일본 금융재생위원회로부터 채무초과를 이유로 파탄을 통고받고 금융정리관리인이 업무 및 재산의 관리를 수행하도록 통보받았다. 이들 두 은행은 한때 일본 금융기관으로부터 정식 지원을 받을 수 없는 재일코리안 중소 자영업자들에게 운영자금을 융자해주거나 고금리정책으로 급성장하였다. 그러나 버블경제 당시 부동산융자, 담보 없이 계열기업이나 경영진의 연고자에게 융자 제공, 그리고 버블경제 붕괴 후 일본은행의 재일코리안 기업과의 거래로 인한 양 은행의 고객감소로 이어져 결국 파탄하였다. 한때 간사이흥업은행은 보통은행으로의 전환을 도모하여 규모 확대와 함께 재일한국계 신용조합의 합병을 시도하기도 했지만, 불량채권 증가로 재무구조가 악화하였다.

이에 따라 간사이흥업은행과 도쿄상업은행, 교토상업은행이 2001년

4월, 후쿠오카상업은행이 1998년 5월 경영파탄으로 이들 재일코리안계 은행의 통합 민족금융기관으로서 새롭게 탄생할 조짐을 보였다. 이들 두 은행은 재일한국상공인을 자금 면에서 지원해온 재일코리안계 2대 신용조합으로 버블기 과잉융자에 의한 재무구조 악화로 경영파탄을 맞았다. 이들 은행의 경영파탄은 재일한국인신용조합협회(한신협)를 중심으로 신한은행 설립을 주도한 재일동포의 금융계와 경제계 등 재일코리안 사회에 큰 충격을 주었다. 간사이흥업은행과 도쿄상업은행은 한신협 산하의 대표적인 재일코리안 신용조합으로 한신협이 그동안 추진해온 신한은행 설립 구상에도 큰 차질을 빚게 되었다. 한때 이들 신용조합이 신한은행을 드래건 은행이라는 이름으로 경영기반을 승계하여 영업을 계속하기로 합의하고 재일코리안 사회로부터 출자를 받아 은행을 설립하기도 했다. 당시 간사이흥업은행, 도쿄상업은행, 교토상업은행, 후쿠오카상업은행을 합병하여 2001년 10월 '주식회사 드래건'을 설립하였다.

그러나 은행 설립이 재일코리안 사회 내 주도권 싸움으로 번지면서 간사이흥업은행 및 교토상업은행에 대한 우선 교섭권은 드래건 은행보다 유리한 조건을 제시한 긴키산업신용조합이 획득하면서 통합에 실패하였다. 결과적으로 존재의미를 상실한 신한은행 설립 구상은 결국 좌절되어 2002년 2월에 해산하였다. 나중에 간사이흥업은행과 교토상업은행은 긴키산업신용조합에 흡수되었고 후쿠오카상은은 구마모토상업은행, 도쿄상업은행은 아스카 신용조합에 흡수 통합되었다.

재일한국상공회연합회는 연합회 활동의 하나로 1962년 8월부터 '한상(韓商)'이라는 잡지를 발행하였다. 1977년 4월에는 연합회와 도쿄 한국상공회가 공동으로 '한상회보'를 발행하였으며 1985년부터 '한상신문'으로 변경하여 발행하고 있다. 1985년에 격주 신문인 '한상신문'으로 발행되었지만, 1988년 1월부터는 오사카에서 발행하고 있다. '한상신문'은 1994년

1월까지 블링킷 판으로 발행되다가 1994년부터 회보를 월간에서 격월로 발행하고 있다.

3. 모국 기여활동

1) 모국경제단체와 개인초청사업

재일한국상공회연합회의 취지는 무엇보다 재일코리안 기업의 모국 기업과의 연대강화, 인적교류, 거래알선 등에 역점을 두었다. 연합회는 인적교류활동으로서 단체나 개인의 초청사업을 한일국교 정상화 전후 본격적으로 시작하였다. 1965년 전후 재일코리안 기업가들이 중개역할을 하여 모국 단체나 기업가, 개인 등이 일본에 초청된 사람은 32단체에서 626명, 개인 자격으로 221명이 초청받아 도일하였다. 다음 〈표 32〉와 〈표 33〉에 제시한 바와 같이 연합회가 한일 인적교류 사업으로 1963년부터 1976년까지 모국에서 초청한 단체와 개인을 구체적으로 살펴보면 다음과 같다.

〈표 32〉 재일한국상공회연합회 모국 단체 초청사업(1963~1972)[4]

구분	연도	초청자 수	도일 목적
단체	1963	163(26.0%)	산업시찰
단체	1964	49(7.3%)	산업시찰
단체	1965	251(40.1%)	산업시찰 및 참관
단체	1966	58(9.3%)	산업시찰
단체	1967	88(14.1%)	산업시찰
단체	1972	17(2.7%	산업시찰
합계		626(100%)	

주: 재일한국상공회연합회 자료를 근거로 작성하였음.

모국에서 단체로 초청받아 도일한 사람들의 목적은 주로 연합회의 중
개에 의한 일본기업의 산업시찰이나 참관이었다. 1963년도 모국으로부터
단체 초청자 수가 26.0%였는데, 이것은 1962년 민단 산하단체로서 연합회
가 공식으로 인정받아 민단, 상공회, 신용조합 등 주요 3기관 조직의 하
나로 연합회가 강한 연대의식을 가지고 있었기 때문에 가능한 것이었다.

〈표 33〉 재일한국상공회연합회 주선 모국 개인 초청사업(1963~1976)[5]

구분	연도	초청자 수	도일 목적
개인	1963	7(3.2%)	산업시찰, 연수, 거래상담 및 강연
개인	1964	24(10.9%)	산업시찰 및 거래상담
개인	1965	53(24.4%)	산업시찰, 거래상담, 시장조사, 연수
개인	1966	58(26.2%)	산업시찰, 거래상담, 시장조사
개인	1967	27(12.2%)	산업시찰, 거래상담
개인	1968	14(6.3%)	산업시찰, 거래상담
개인	1969	3(1.4%)	산업시찰, 거래상담
개인	1970	2(0.9%)	산업시찰, 거래상담
개인	1971	3(1.4%)	산업시찰, 시장조사
개인	1972	6(2.7%)	산업시찰
개인	1973	9(4.1%)	산업시찰, 연수
개인	1974	2(0.9%)	산업시찰, 거래상담
개인	1975	10(4.5%)	산업시찰, 거래상담, 연수, 시장조사
개인	1976	3(1.4%)	산업시찰, 시장조사, 연수
합계		221(100%)	

주: 재일한국상공회연합회 자료를 근거로 작성하였음.

재일코리안 기업의 모국 기술훈련생 초청자 수를 살펴보면 다음 〈표
34〉와 같다. 1961년 말부터 재일코리안 기업가가 모국방문 시 한국 정부

4) 在日韓国商工会議所, 『韓商連40年の歩み』, 2002, 70~80쪽.
5) 在日韓国商工会議所, 『韓商連40年の歩み』, 2002, 80~88쪽.

로부터 훈련연수생의 필요성을 요청받아 모국 경제발전에 이바지한다는
취지로 승낙하여 1962년부터 연합회의 주관으로 모국인 산업시찰 및 상
담 관련 수용기업을 모집하였다. 모집업종은 섬유공업, 기계 및 금속, 화
학공업 분야로 한국 정부로부터 약 200명의 수용 요청이 있었지만, 최종
적으로 재일코리안 기업 25개사로부터 133명의 승낙을 얻어 초청장을 발

〈표 34〉 재일코리안 기업의 모국 기술훈련생 초청자 수[6]

직종	초청기업	일본지역	초청자 수
기계금속 부문 (機械金属部門)	朝光工業株式会社 工作機械部品	東京	2
	昭和工業株式会社 コンベアー製作	大阪	1
	大原工作所 ベアリング部品加工	京都	1
	光陽精密製作所 各種計器	東京	2
	大野工作所 鈑金プレス	京都	1
	大成鉄工所 鉄筋鉄骨	大阪	1
	丸一精株式会社	静岡	2
	不二金属化学工株式会社 金属表面処理	静岡	2
	グランドミシン製造株式会社 ミシン製造	名古屋	1
	南星ステンレス製造株式会社 特殊溶接	東京	1
	三国精機工業株式会社 鈑金加工	東京	2
화학공업 부문 (化学工業部門)	株式会社三富産業 合成樹脂成型	静岡	2
	親光ビニール工業所 ビニールシート	大阪	1
	東洋化学株式会社 合成高分子製造	大阪	2
	新興ゴム株式会社 タイヤチューブ一貫作業	大阪	2
	大日硝子株式会社 理化学用ガラス	東京	2
섬유공업 부문 (繊維工業部門)	坂本紡績株式会社 織物一切	大阪	2
	大栄紡績株式会社 各紡毛系	大阪	1
	明大製歳莫株式会社 毛メリヤス内外衣	大阪	2
	京美染色株式会社 染色加工	京都	2
	以上20社	5地域	32人

주: 재일한국상공회연합회 자료를 근거로 작성하였음.

---

[6] 在日韓国人商工会連合会, 『韓商連20年史: 1962-1982』, 1982, 200~201쪽.

송하였다. 그러나 일본 정부의 입국비자 문제로 몇 단계로 나누어 먼저 32명이 초청되었지만, 일본 정부는 재일코리안 수용기업의 건전성, 훈련 계획의 명료성, 훈련 기간 후 귀국 여부 가능성 등을 이유로 1962년부터 시작된 기술훈련생은 결국 최종적으로 1964년 3명만 성사되었다.

2) 구로공단 건설 참여

1961년 쿠데타에 성공한 박정희 정권은 1962년부터 경제개발 5개년 계획을 발표하였다. 이러한 상황에서 재일코리안 기업가들은 재일한국인 상공회 연합회를 발족하였다. 1963년에는 재일동포 기업의 수출기업을 유치하여 수출산업을 발전시키겠다는 계획을 수립하여 수출산업공단사업 추진하여 1964년 말 대규모 공업단지를 서울 외곽지역에 조성하기 시작하였다. 1965년 한일국교 정상화가 수립됨에 따라 연합회에 의한 모국 단체나 개인의 도일은 더욱 활기를 띠게 되었다. 단체의 경우 당시 40.1%가 일본기업의 산업시찰이나 참관을 목적으로 도일하였으며 개인들도 1965년을 전후로 산업시찰이나 거래 상담, 시장조사를 목적으로 초청자격으로 도일하였다.

특히 1964년 말 시작되어 1965년 말 완공된 한국수출산업공단에 재일코리안 기업의 유치정책으로 재일코리안 기업 14개사가 입주하였다. 다음 〈표 35〉에 제시한 바와 같이 당시 한국에 진출한 재일코리안 기업들 대부분은 5개 지역에서 전기기기, 고무풍선, 완구, 섬유류, 수도 파이프, 안경, 공업용 보석, 가죽, 지퍼, 금속완구, 벨트 등 분야였다.

또한, 1964년 10월에 개최된 동경올림픽을 계기로 1965년 모국 국회의원 총 19명이 연합회의 초청을 받아 도일하였다. 그들은 주로 도쿄, 오사카, 고베, 교토, 기타규슈, 요코하마 등지에 분포된 재일코리안 단체, 재

일코리안 기업, 일본의 각종 산업시설을 시찰하고 재일코리안 기업의 실
태 파악과 한국에 대한 경제협력을 요청하였다. 이후 한일국교 정상화로
교류가 활발해짐에 따라 한국으로부터 정부 요인, 국회의원, 연구자, 경
제계 요인 등의 일본시찰이 계속되었다. 특히 1969년에는 한국 여당과
야당 국회의원이 대거 도일하기도 하였다.

〈표 35〉 구로공단 입주기업 현황[7]

기업	대표자	업종
동흥전기제작(株)	兪一竜	電気機器生産
한국마벨(株)	金容太	電気機器生産
오사카섬유(株)	金山豊	ゴム風船他
삼화합성공업(株)	呉福琛	玩具, 布靴
오사카교역(株)	張仲均	繊維類
대한광학(株)	金相吉	光学機器
평화공업(株)	裵賛斗	眼鏡
대륙금속(株)	許弼奭	水道柱 栓
써니전기(株)	郭泰石	工業用宝石
도요타공업(株)	秦孔暦	鞄皮ジッパー
삼화제관(株)	鄭煥武	金属玩具
심산산업(株)	張奉昊	ベルト関係
대경물산(株)	朴成珍	合成織物
광화물산(株)	미상	미상

주: 한국상공인연합회 자료를 근거로 작성하였음.

이상과 같이 연합회는 1965년 전후 한국 측 각계 인사들의 도일, 한국
정부 요청에 의한 기술훈련생의 수용에 따른 절차, 국회의원들의 일본시
찰단 초청, 한국 정부 경제개발계획의 실태조사 등 모국과의 경제교류와

---

7) 在日韓国人商工会連合会, 『韓商連20年史: 1962-1982』, 1982, 196~197쪽.

협력에 중개역할을 담당하였다.

재일코리안 기업가는 1973년 오사카를 중심으로 한 긴키지구상공협의
회를 구성하여 모국진출에 대한 요망서를 한국 정부에 제출하기도 하였
다. 재일코리안 모국진출 요망서에는 모국에 기업진출 시 신청 서류의
간편화, 동포에 의한 금융기관(교민은행) 설립 등을 제안하였다. 이러한
가운데 재일코리안 기업가 중에는 모국의 경제발전에 공헌하려는 의도
에서 이미 투자 활동을 진행 중인 기업가도 상당수 존재했다.

특히, 재일코리안 기업 중 '대한광학(주)'은 재일코리안 기업가가 1965년
에 모국 기업가와 제휴하여 한국에 설립한 최초의 광학 회사이다.

또한, 재일코리안 기업가들이 1961년에 발족하여 1974년에 정식으로
'아세아기술협회'를 설립하여 한국이나 아시아국가로부터 기술연수자의
초청, 혹은 공동 프로젝트를 실시하였다. 당시 매년 30~40명의 연수자 알
선, 40~50명의 산업시찰초청, 공장견학 안내 및 기술협력알선 등을 중개
했다. 1962년부터 1981년까지 모국으로부터 연수생 2,400명을 수용하였
으며, 시찰단도 1963년 이래 100팀 이상이 일본 산업시찰을 담당했다.

그러나 당시만 해도 상당수 재일코리안 기업가들이 모국에 투자할 경
우 절차나 법률상담 등을 일원적으로 수행하는 조직은 존재하지 않았다.
이를 전담하는 기관으로 마침내 1974년 '재일한국인모국투자위원회'에서
결성총회가 개최되어 이희건 회장을 중심으로 재일코리안 기업 200개 사
가 참가하였고 1977년부터는 모국에 투자사무소를 설치하였다.

3) IMF 금융위기와 바이코리안 운동

1990년대 일본 버블경제 붕괴 후 장기불황에 휩싸인 일본은 '잃어버린
10년'을 맞이하여 정치, 경제, 사회가 정체된 폐쇄적인 시대였다. 당시 한

국은 1993년 대전엑스포를 계기로 산업경제와 과학 산업의 발달에 자신
감을 느끼는 계기를 마련하고자 하였다. 대전엑스포에는 일본으로부터
민단, 한상련을 중심으로 단원이나 회원, 관계기관 등 약 30만 명이 관람
하였다. 대전엑스포 개최를 계기로 한상은 모국 지원태세를 구축하여 자
금과 참가자모집에 협력하였다. 또한, 재일코리안은 '재일한국인 대전엑
스포홍보위원회'를 정식 발족하여 참가단의 파견, 재일동포에 의한 일본
인 홍보, 재외동포의 날 행사 등에 참가하였다. 재일한국상공회의소는
대전엑스포 박람회 조직위원회 위원장에게 시설 기부금으로서 1억 7천만
원을 전달하기도 하였다.

그러나 1997년 말 금융 불안에 의한 IMF 관리체제로 한국경제가 위기
를 그대로 보여주었다. 이러한 가운데 재일코리안 기업가들은 한국의 금
융위기에 대하여 전국회원들로부터 자금을 지원하도록 요청하였다. 자
금지원방법은 구체적으로 모국투자 추진, 1세대 1통장 개설로 10만 엔
이상 송금, 국산품 애용 운동전개, 상공회의소 회원 기업 사원여행 모국
실시, 한상 이사회나 모국연수 여행 시 모국 사회복지시설 기부활동 장
려, 각 지방 한상(韓商)이 책임지고 모국 경제위기극복에 참여할 수 있도
록 장려하였다.

또한, 재일코리안 기업가들은 모국의 IMF 경제위기를 계기로 바이코
리안 운동을 전개하여 모국의 대일무역 적자 감소에 조금이라도 보탬이
되도록 노력하였다. 한국은 무역 구조상 대일무역 적자에 시달려왔다.
이러한 모국의 대일무역적자 해소에 조금이라도 공헌하고자 재일코리안
기업가들이 오사카에서 바이코리안 운동을 전개하였다. 재일코리안 바
이코리안 운동은 민단, 한신협, 한상련 등이 일체가 되어 오사카에서는
상설전시판매장을 설치하였고, 도쿄와 지방 각지에서 한국 제품의 전시
판매를 시행하였다.

일본의 버블경제 붕괴는 재일코리안이 운영하는 금융기관에도 큰 후유증을 남겼다. 한신협 산하 39개 신용조합 가운데 약 절반이 예금감소로 경영에 어려움을 겪게 되었다. 이러한 상황에서 오사카 흥업은행은 위기를 극복하기 위한 생존전략으로 합병을 시도하였다.

2000년대 말 간사이흥업은행과 도쿄상업은행이 파탄하자 재일한국상공회의소는 재일코리안 경제생활에 중심적인 역할을 담당하면서 바이코리안(아이러브 코리안) 운동을 전개하여 큰 성과를 거두었다. 재일코리안 기업가에 의한 국산품 애용 운동이었던 바이코리안 운동은 나중에 '아이러브 코리안 운동'으로 바뀌어 일본에서 운동을 확대해 나갔다. 이러한 배경에는 한국 상품에 대한 일본에서의 이미지 제고와 일상생활에 밀착된 운동으로 전개해 나가고자 하는 재일코리안 기업가들의 깊은 배려가 있었다. '아이러브 코리안' 캠페인은 일본 시장에 우수한 한국 상품을 보급하기 위한 선도적인 역할을 담당하였으며 한국 상품의 모니터링 역할과 품질향상에 공헌하였고 재일코리안뿐만 아니라 주변 일본인에게도 한국 상품을 홍보하기 위한 수단으로 활용하였다.

4. 제주도 기여활동

1) 제주도의 지역적 특성과 기부

일본에서 사업에 크게 성공한 재일코리안 기업가들은 모국에 투자하거나 사회 각계각층에 기부하는 사람들이 많았다. 1965년 한일국교정상화가 되기까지 재일코리안의 모국투자는 재산반입 형태로 1965년도까지 2,000만 달러에 달하는 것으로 나타났다.[8] 당시 한국의 수출액이 연간

1억 달러 미만이었던 점을 고려하면, 재일코리안의 모국 재산반입액은 상당한 자본유입에 해당하며, 1960년대 한국 경제발전에 크게 공헌한 것으로 생각된다.

재일코리안의 모국 투자가 본격적으로 시작된 것은 1965년 이후부터 1974년에 '재일한국인모국투자협회'가 설립되면서 모국 투자가 증가하였다. 1965년부터 1978년까지 재일코리안에 의한 모국 투자액은 400개 사에 10억 달러에 달한 것으로 나타났으며, 1960~70년대 한국경제의 고도성장에 크게 공헌을 하였다.[9] 그중 모국에서 성공한 대표적인 재일코리안 기업은 코오롱, 롯데, 제일투자금융, 신한은행 등이 포함된다.

그러면 재일코리안 기업의 모국투자에 대하여 구체적으로 살펴보고자 한다. 먼저 재일코리안 기업과 한국기업과의 관계에 대하여 1961년 5월 군사쿠데타에 성공한 박정희는 같은 해 재일코리안 기업가 50여 명을 초청하여 한국투자와 지원을 요청하였다. 그들에게 경제적 지원 요청이 가능했던 이유는 일부 재일코리안 1세들이 군사쿠데타를 군사혁명으로 지지했고, 지지세력 기반이 동향인 경상도 출신들이 많았다는 점이 크게 작용했다.

다음 〈표 36〉에서 알 수 있는 바와 같이 1964년 당시 경상도 출신 재일코리안은 63.5%를 나타내고 있으며, 그다음이 전라도, 충청도 순이었다. 이상과 같이 재일코리안 1세 기업가 2명 중 1명이 경상도 출신이었고, 출신 지방별로 경상도에 이어 제주도가 2위를 차지하고 있다.

8) 朴一, 「在日コリアンの経済活動に関する一考察」, 『韓商連40年の歩み』, 在日韓国商工会議所, 2002, 438~439쪽.
9) 朴一, 「在日コリアンの経済活動に関する一考察」, 『韓商連40年の歩み』, 在日韓国商工会議所, 2002, 439쪽.

〈표 36〉 재일코리안 출신 지역별 분포(단위: %)[10]

연도	경남	경북	제주도	전남	충남	전북	충북	경기	강원	기타
1938년	37.5	23.1	20.6		3.6	6.1	2.8	1.8	1.1	3.4
1964년	38.3	25.2	14.9	10.2	2.2	2.1	1.9	1.6	1.0	2.5

출처: 1938년 전남과 제주도가 하나로 통합, 기타는 북한지역을 포함. 재일코리안 총수
　　는 1938년 79만 9,878명, 1964년에는 67만 8,572명이었음.

　제주도는 20세기에 들어와 일제 식민지지배 경험, 4·3항쟁, 6·25 한
국전쟁으로 이어지면서 역사의 아픈 상처 때문에 육지와는 다른 생활문
화를 형성하게 되었다. 재일 제주도인 연구에 의하면, 제주도인의 지연
네트워크로서 '마을친목회'를 대표적인 조직으로 주장하고 있다.[11] 해방
전후 일본에서는 제주 출신 마을의 지역별 친목회가 결성되었다고 한다.
재일제주인의 친목회는 성격도 다양하여 해방 이전에는 새로운 환경에
적응하기 위한 상호부조의 목적이 강했지만, 특히 해방 이후 1960년대에
는 출신 지역, 제주도, 한국 등으로 시대의 요청에 따라 광범위한 초국적
인 네트워크를 구축하였다.

　재일제주인 친목회는 규약을 정하고 연중행사나 출신 지역에 대한 지
원, 일본에서의 상호부조의 정신을 강화해 나갔다. 이러한 출신 지역 네
트워크 구축을 통한 마을친목회의 역할이 지연결합의 기능에 따른 재일
제주인 정체성의 유지나 강화에 큰 역할을 담당했다. 재일제주인의 네트
워크 구축과 유지는 출신 마을의 지역발전을 위한 기부와 상호교류를 활
성화하는데 크게 작용했다.

　일본에서 생활하고 있는 재일코리안 중에서 출신 고향에 대한 정체성
과 연대감이 강한 동포들을 꼽는다면 재일제주인이라 할 수 있을 것이

---

10) エドワード W. ワグナー, 『日本における朝鮮少数民族: 1904年-1950年』, 流刑書舍, 1951, 154쪽.
11) 고선휘, 「제주인의 일본도항 연구」, 『탐라문화』 32, 2008.

다. 그렇다면 재일제주인들은 어떻게 도일하여 오사카에 정착하였고 일본 전국으로 거주지를 확대해 나갈 수 있었던 것일까? 1910년 한반도에서 일제에 의한 식민지지배가 강화되면서 주로 경제적인 궁핍에 따라 일본으로 도일하는 자가 많았다. 제주인의 경우 육지와는 달리 강제징용이나 징병보다는 자발적인 노동자로서 돈벌이나 유학을 위해 도일하는 경우가 많았다.[12] 이렇게 초기 일본으로 건너온 제주인들은 먼저 오사카 이카이노 주변 지역에 집거지를 이루며 정착하기 시작했다.

오늘날 오사카 이쿠노쿠에 제주인들이 많이 몰려들게 되면서 이곳을 '작은 제주(Little Jeju)'로 부르기도 했다.[13] 제주인들이 이민 초기에는 혈연이나 지연을 통해 오사카에 정착하였지만, 점차 오사카에서 도쿄로 이동하였으며 도쿄 내에서도 우에노, 아사쿠사, 닛뽀리 등지에 산재하여 생활하기 시작했다. 도쿄 주변에는 치바 현, 사이다마 현, 가나가와현 등지로 생활권을 확대해 나갔다.

이미 잘 알려진 바와 같이 제주도는 예로부터 중앙정부의 정치적인 유배지로서 외부로부터 다양한 사람들이 흘러들어 온 곳으로 '섬과 육지'라는 대립적인 관념이 오랫동안 계속되어왔다. 이러한 관념과 의식들은 자연적으로 제주인들의 생활 속에 육지와는 떨어진 섬의 국민이라는 디아스포라적 차별과 배제의식이 싹트게 되었고 반대로 제주인들은 제주도 풍습이나 문화를 중심으로 하는 제주인만의 동료의식과 연대감을 강화해 왔다.

초기 제주인들이 경제적인 이유로 도일하게 되면서 그들 나름대로는 이른 시일에 돈을 벌어 '금의환향'하고자 하는 '저팬 드림'을 꿈꾸었다.

---

[12] 杉原達・玉井金五編, 『大正・大阪・スラム―もうひとつの日本近代史』, 新評論社, 1986, 224~227쪽.

[13] 이문웅, 「在日 済州人 사회에서의 巫俗 ―大阪 이꾸노 지역을 중심으로―」, 『済州島研究』 제6집, 1989, 79쪽.

그러나 처음 의도와는 달리 일본 생활이 장기화하고 일본 정주가 본격화
되면서 재일코리안 내에서도 제주인만의 특이한 정체성을 발현하게 되
었다. 이러한 재일제주인의 정체성은 곧 그들의 고향인 제주도로 그들의
마음을 향하게 했을 것으로 생각된다. 일본에서 생활하는 제주인의 동향
의식은 처음에는 폐쇄적인 마을단위의 '마을회'로부터 점차 확대되어 재
일제주인, 귀화자들까지도 포함하는 개방적인 형태로 발전했다. 따라서
재일제주인들의 이러한 개방적인 네트워크 구조가 재일제주인 사회형성
의 확대를 가져왔고 오늘날 그들의 고향 제주도까지 연결되고 있는 것으
로 생각된다. 재일제주인은 "일본에 거주하는 제주인 모두를 포함하는
용어로 일시체류자, 영주권자, 유학, 2~3세를 포함하는 개념"으로 정의하
였다.[14]

2) '재일본제주개발협회' 설립과 제주발전 기여

여기에서는 '재일본제주개발협회(이하 '협회'로 통일)'가 발간한 애향무
한의 내용에서 1961년부터 1990년까지 활동 내용을 중심으로 재일제주인
과 제주도와의 관계를 살펴보고자 한다.[15] 다음 〈표 37〉에 제시한 바와
같이 재일본제주개발협회는 재일본제주도출신자만을 회원으로 가입시켜
제주도의 경제발전과 문화향상을 발전시키고 상호 이익증진을 목적으로
1961년 2월에 창립총회를 개최하여 활동을 시작했다. 사업 목적은 제주
개발을 위한 조사연구, 기업 설립과 운영, 투자 및 기술알선, 기술자 양
성, 기부활동, 기관지 발행 등이었다.
협회의 주요 목적 중의 하나인 언론 및 기관지 발행은 두 가지 형태였

[14] 고광명, 「재일제주인의 제주지역 교육발전에 대한 공헌」, 『교육과학연구』 13(1), 2011, 60쪽.
[15] 在日済州開発協会, 『愛郷無限―在日済州開発協会30年誌』, ケイピー・エス(株), 1991.

다. 하나는 1969년 '협회뉴스' 창간이고 또 하나는 1964년 12월 창간한 기관지 '한라산'이었다. 협회뉴스는 1982년 '제주개발협회신보'로 개칭하여 발행되고 있다.16) 이 협회는 사업 목적에 부합되도록 재일제주인과 제주도와의 상호교류를 도모하기 위해 설립한 이후 다음과 같은 활동들을 추진하고 있다.

먼저 협회는 기업의 설립과 운영 측면에서 1962년 6월 '제주상사주식회사'를 설립하기 위해 창립총회를 실시하여 본격적인 활동에 들어갔다. 이후 1962년부터 제1차 향토방문단과 제주도 방일시찰단을 일본에 초청하였다. 1963년에는 제주도에 감귤묘목 17,000그루와 제주대학교에 도서 118권 기증, 모국 식량난 지원금으로 36만 엔을 기부하였다. 특히 제주도에 감귤묘목을 기부한 이후에는 지속적인 사후관리 차원에서 제주도 농업시찰단, 제주도 산업 방일시찰단, 제주도산업개발기술연수생, 감귤산업 진흥 및 농업기술연수생 등을 일본에 초청하여 감귤산업의 진흥을 적극적으로 지원하였다.17)

또한, 협회는 1975년에는 청년들을 위한 모국추석성묘단, 1978년 향토학교 개교 등을 통해 재일제주인 2~3세들의 모국방문과 정체성 강화에도 노력하였다. 협회는 창립 이후 해마다 계속해서 제주도 지역출신 정치인들과의 교류를 활성화하기 위해 제주도지사 및 지역 국회의원들을 적극적으로 초청하여 재일제주인과의 교류를 확대해 나갔다. 1987년부터는 제주도 출신 유학생과의 교류회를 추진하여 장학금이나 일자리 알

---

16) 협회가 발행한 기관지 '협회뉴스'와 '한라산'은 재일제주인들을 이해하는 대단히 중요한 자료로 생각되며 이에 대한 자세한 내용 연구는 지면상 별도의 논문에서 다루기로 한다. 이와 더불어 이후 발행된 재일제주인 관련 기관지나 잡지 등의 연구도 필요할 것으로 생각된다.

17) 재일제주인의 감귤산업, 제주관광투자, 고향 기부실적 등에 자세한 내용은 재외동포재단, 『母国을 향한 在日同胞의 100年足跡』, 재일동포모국공적조사위원회, 2008, 154~177쪽.

선 등 유학 생활을 지원하기도 했다.

<표 37> 재일본제주개발협회의 제주도 기부 현황(1961~1990년)[18]

연도	제주도 기부 및 투자 관련 주요 내용
1961년	2월 25일 창립대회, 고원일 이사장 고향개발 자료수집과 실태조사, 제주시 건설기금 기탁, 제주시 동부두-비행장 간 도로포장 착공, 제주도에 무선단파 전화개통
1962년	제1차 향토방문단 제주도 방문, 개발기금, 의료기구, 현미경 등 기증 제주상사주식회사 창립총회, 제주오현고야구단선수단 시모노세키 방문 전남순천 수해이재민 구제의연금 33,000엔 전달 제주-서귀포 간 횡단 도로 기공식, 농촌진흥청 제주시험장 발족, 한림-대정 간 산간노선 개통, 제주관광호텔 기공
1963년	제주도 대표 방일친선시찰 제주 고향에 사쿠라 및 감귤 묘목 17,000그루, 제주대학에 도서 118권 기증 한규철 복싱선수 방한 격려 환송회, 본국식량난 구원금 36만 엔 기탁 김평진 문화훈장 국민장 수상, 제주재일교포친목회 발족, 제주시민회관 기공 제주-부산 간 정기여객선 '도라지호' 취항
1964년	향토방문단과 재일교포 좌담회 개최, BBS(Big Brothers and Sisters Movement)[19] 운동 제주연맹에 36,000엔 기증, 김해룡 북제주군교육장에 소학교 교육용 도서 4권 기증, 기관지 '한라산' 창간호 발행, 제주도 총합개발을 위한 동포기관 및 기업인협회 개최
1965년	제주도 산업개발기술연수생 10명 고베 도착, 기술요원 방일 시찰단, 한국농업연수단 제주도 출신 연수생 3명 참가
1966년	제주도 관음사 본산 건설위원회 임원 방일, 제주도민의 밤 개최
1967년	제주도지사 환영회 및 제주도민의 밤 개최, 감귤 묘목 17,000그루 송부, 제주도청에 마이크로버스 기증
1968년	감귤 묘목 46,000그루 송부, 임원 향토방문단 출발
1969년	감귤 묘목 21만 4,000그루 기증, 감귤 묘목 10만 7,000그루 기증, 협회 뉴스 창간호 발행, 일본인 감귤재배기술자 안내 출발, 44인승 버스 제주도청 기증, 감귤상 제정, 제주-오사카 국제항공로선 취항, 제주도 여성회관 개관
1970년	감귤 묘목 25만 그루 알선 송부, 감귤 묘목 18만 그루 알선 송부, 풍수해의연금 161만 원 제주도 지사에 전달, 태풍 비리호 제주도 전역 강타 피해 총액 21억 원, 제주도종합개발계획안 총투자 규모 906억 원에 달함
1971년	제1회 연수생 보증인회, 청년부 국어강습회개최, 제주도일주도로 포장 준공식, 제주도 종합개발 5개년계획 1972~1976년

18) 在日本済州開発協会, 『愛郷無限一在日本済州開発協会30年誌』, ケイピー・エス(株), 1991, 296~315쪽. 위 내용에서 제주도 관련 주요 내용만 연구자가 발췌하여 작성하였다.

1972년	제주신문사와 제주개발협회 공동 제2회 제주도 일주 역전마라톤대회, 연수생 보증인회, 농기구 기증알선 전달, 상하 추자도를 연결하는 추자교 156m 완공
1973년	기술연수생수료식, 제8차 향토방문단 출발, 청년부 볼링대회, 제주도 감귤협회 시찰단 초청도일, 제주도원예기술연수생 초청도일, 제주도 가로수 조성 10년 계획(10년간 11만 6,000그루 식목)
1974년	제주대학 교수 방일시찰단 간담회, 제주도개발연구회의(동경 내 100여 명 참여)
1975년	제10차 향토방문단출발, 오키나와 국제해양박람회 한국관 마스코트로 제주도상징인 돌하르방 채택
1976년	제11차 향토방문단 출발, 제주상사주식회사 15회 정기총회, 청년 추석 성묘단 제주도 출발
1977년	재서울제주도민회 강자량 회장 도일, 제12차 향토방문단 출발, 제주산업 시찰단 도일, 제주상사 주식회사 제15기 주주정기총회 개최
1978년	재서울제주도민회 강자량 회장 도일, 김인학 제주농촌진흥원장 센다이지부 초청 도일, 김황수 제주도 교육감 도일
1979년	제주도농업기술연수생 도일, 변정일 국회의원 도일, 제주상사주식회사 제17기 주주총회, 제14차 향토방문단출발, 신기옥 제주부지사도일, 농업기술연수생 수료
1980년	변정일 국회의원 간담회 개최
1981년	제주도 해외교육시찰단 간담회, 현경대 국회의원, 강보성 국회의원 도일
1982년	협회뉴스 개칭하여 '제주개발협회신보' 제28호 발행 한국방송공사제주방송국 초청도일, 최재영 제주도지사 도일
1983년	호텔파크사이드에서 제주상사주식회사 제21기 주주정기총회, 제6차 향토방문단 출발, 제4회 향토학교 개교
1984년	제우회 설립, 제13회 전국소년체육대회 본 협회 2억 5,100만 원 모금 제주도에 전달, 제주도 총장 도일
1985년	고한준 국회의원 도일, 제주도관광협회 일행 도일, 제주상사주식회사 제23기 주주정기총회, 제18차 향토방문단출발, 제5회 하계향토학교개교, 제주도 농업시찰단 도일, KBS제주방송국 도일, 장병구 제주도지사도일, 제주개발협회신보 제30호 발행
1986년	상임임원 제주도청 방문 화예단지 조성 기금 1,300만 원 기증, 김두희 제주대학총장 도일

19) http://newsis.com/country/view.htm?ar_id=NISX20121218_0011697412&cID=10804&pID=10800
(검색일: 2021.06.25). 1904년 미국 뉴욕에서 처음 시작된 이래 현재는 세계 각국에 결성되어 비행 청소년과 1:1 결연을 통해 그들의 친구, 형, 부모 역할로 도와주거나 이끌어 주는 역할을 하고 있다.

1987년	이기빈 국회의원 도일, 제주도 출신 유학생 교류야유회, 제주상사주식회사 제26기 주주정기총회, 박복찬 제주도지사 도일, 제6회 하계향토학교 개교, 제주도 수해의연금 500만 원 제주도지사에 전달, 제주도 감귤시찰단 도일, 제주도 JC에 100만 원 기증, 제주개발협회신보 제31호 발행
1988년	감귤기술연수생 도일, 강보성, 고세진 국회의원 도일
1989년	이군보 제주도지사 도일, 제주상사주식회사 제28기 주주정기총회, 제7회 하계향토학교개교, 제주도 출신 유학생 간담회, 제주도 농업시찰단 도일, 제주개발협회신보 제32호 발행
1990년	청년부 강연회(김경득 변호사), 제주신문사 제주농업좌담회, 제주도 감귤아가씨 도일, 고세진 국회의원 외 4명 도일

5. 모국투자와 기여활동

재일코리안은 일본의 민족차별과 동화정책, 단체 내부 갈등, 그리고 한국 정부의 관심 부족 등으로 매년 1만 명 정도가 귀화하는 추세지만, 1960~70년대 모국의 경제발전 과정에서 많은 역할을 담당했다. 이러한 재일코리안의 모국 사랑을 다시 한번 평가하고 회고하는 것은 향후 한국의 경제발전과 국가경쟁력 제고 차원에서 매우 중요한 일이라 할 수 있다. 따라서 여기에서는 1950년 이후 재일코리안 기업의 모국과의 교류관계를 살펴보고 글로벌시대 모국 경제발전을 위한 민단의 역할이 무엇인지에 대하여 살펴보았다.

정착 초기 재일코리안 기업은 민족차별과 취업차별로 동질 민족집단의 강한 연대를 바탕으로 야키니쿠산업, 파칭코산업, 토목건축업 등과 같은 틈새시장의 3대 산업에서 기업가정신을 발휘하였다. 이들 기업을 중심으로 재일코리안은 기업가단체를 형성하여 모국의 경제발전에 지원하기 시작하였다.

최초 재일코리안 기업가의 모국투자는 1953년 7월 재일한국인상공업

자들의 모국 산업시찰단 파견에서부터 시작되었다. 이후 모국과의 협력
방안을 모색하면서 1956년에는 재일한교(韓橋) 생산품 수출조합, 재일한
국인 무역협회, 재일한국인 상공회 무역부회 등을 설립하였다. 재일코리
안 기업가들은 모국에서 '재일코리안 생산품 전시회'를 개최하는 등 모국
과의 무역확대와 경제발전을 위해 노력하였다.

1961년에 출범한 박정희 정권이 근대화와 수출 지향적인 경제개발 5개
년 계획을 수립하자 재일코리안 기업가의 모국투자는 더욱 활발하게 전
개되었다. 재일코리안 기업가가 최초로 모국 투자기업으로 설립한 회사
는 1963년 자본금 115억 엔을 투자한 방림방직이었다. 또한, 1964년에 조
성된 서울구로동 수출산업단지공단에 재일코리안 기업들이 1965년에 입
주하였다.

1962년까지 재일한국인상공회연합회 결성 당시 재일한국인상공업자는
'재일한국인상공회연합회'와 '재일한국인경제연합회'라는 두 조직으로 분
리되어 있었다. 그러나 이 두 조직의 합병으로 1963년 '재일한국인상공회
연합회'가 탄생하였고, 1980년 이후에는 재일코리안 기업의 세대교체론
등장으로 '재일한국청년상공인연합회'가 조직되었다. 이러한 민족집단
내부의 강한 연대를 바탕으로 경제 네트워크를 구축한 재일코리안 기업
들은 1960~70년대 동질민족을 대상으로 이민기업을 형성하기 시작하였
고, 1970~80년대 이후에는 모국투자의 활성화와 기여, 글로벌화가 시작
된 1990년대 이후 글로벌 코리안 네트워크 구축을 통해 글로벌기업으로
성장하는 단계를 거치고 있다.

재일코리안 기업가들은 1973년 '모국투자사무소 설립추진위원회'를 구
성하여 1974년에 '재일코리안 투자기업연합회'를 발족하였다. 1976년에는
모국 서울의 무역회관센터 내에 모국투자협회 설립준비위원회를 설립하
였고 1977년에는 '사단법인 재일코리안 모국투자협회'를 정식으로 출범

하였다. 1978년 한국 정부는 한일국교 정상화 이후 재일코리안 기업가에 의한 모국투자 총액이 10억 달러를 초과하였다고 발표한 바 있다.

당시 한국에서 일본을 포함한 외국인 투자총액이 9억 3,700만 달러 정도였으니 재일코리안 기업의 모국투자는 엄청난 투자라 할 수 있다. 모국 투자 부문으로는 섬유, 기계, 전자, 전기, 금속 등 제조업을 비롯하여 금융호텔에서 서비스업까지 다양하다. 또한, 재일코리안 기업은 모국투자로 경제발전에 기여하였을 뿐만 아니라 일본의 첨단기술이나 선진경영기법 등을 모국에 소개함으로써 산업근대화에도 앞장섰다. 당시 재일코리안 기업의 모국투자기업 회원 수는 74개 기업이었지만, 1990년 이후 200개 이상으로 증가했다. 그러나 2000년대 이후 재일코리안 기업의 모국 투자기업은 90여 개 전후로 해마다 감소하고 있다.

재일코리안 기업가들은 신용조합 설립에 의한 창업지원, 민족차별에 대한 적극적인 투쟁을 펼치기도 하였다. 재일코리안은 일본에서의 차별과 박해를 극복하고 성공한 기업가들이 중심이 되어 모국에 대한 사랑을 적극적으로 보여주었다. 1960년대 초반 재일한국인상공회연합회를 중심으로 모국으로부터 단체나 개인을 초청하여 일본기업의 산업시찰과 연수, 기업의 시장조사를 지원하였으며 모국으로부터 기술훈련생을 초청하여 모국 경제발전에 일군을 키우고자 노력하였다.

또한, 재일코리안은 1965년 말 완공된 한국수출산업공단에 재일코리안 기업 14개사가 입주하여 전기기기, 고무풍선, 완구, 섬유류, 수도 파이프, 안경, 공업용 보석, 가족, 지퍼, 금속완구, 벨트 분야 등에 기술을 지원하여 수출증대와 모국 경제발전에 공헌하였다. 1997년 모국의 IMF 경제위기에 당면해서는 '바이코리안 운동'을 전개하여 모국 상품 애용과 모국투자 촉진, '재일코리안 모국투자협회'를 통한 모국으로의 재산반입과 투자확대, 그리고 이들에 대한 한국 정부의 훈장 수여가 모국 사랑으로 이어졌다고 할 수 있을 것이다.

이상과 같이 재일코리안 기업가는 1946년 민단(재일본조선거류민단)이 결성된 이후 60~70년대 모국 기업가의 산업시찰 지원과 기술연수생 초청으로 모국 경제발전에 대한 끊임없는 노력과 애정을 보여주었다. 이들의 경제적 지원에 힘입어 이제 한국은 경제선진국으로 발돋움하고 있으며 국가경쟁력 강화를 통한 선진국 진입에서 민단의 역할은 매우 크다고 볼 수 있을 것이다. 글로벌시대 국가 경제의 도약을 위해서는 민단(재일코리안)의 모국 사랑이 다시 한번 절실히 필요한 시기가 도래하고 있다.

해방 이후 1953년부터 시작된 재일코리안 1~2세들의 모국 사랑에 의한 적극적인 투자와 기부는 모국 경제발전에 공헌한 것이 틀림없다. 그러나 글로벌시대 또 다른 차원에서 한국이 국가경쟁력 강화를 통한 선진국으로 진입하기 위해서는 가장 가까운 곳에 있으면서 한국경제와 가장 밀접한 관련을 맺고 있는 재일코리안 기업가의 역할은 매우 중요하다고 할 수 있다.

맺음말

1. 요약 및 결론

이 책의 목적은 '재일코리안 기업의 성장과 모국 기여활동' 대하여 해방 이전 재일코리안의 이주, 해방 전후 모국귀환, 직업생활, 정착을 위한 민족운동과 일본 사회의 차별배제에 맞선 경제활동, 재일코리안 기업의 모국진출과 사회적 공헌, 모국 기여활동 등에 관한 상호 유기적인 관계를 고찰하여 재일코리안에 대한 이해를 돕는 데 있다. 즉, 재일코리안 사회의 두 축을 형성하고 있는 재일코리안 기업의 성장 과정과 모국 기여활동의 실태를 파악하고 이를 통해 재일코리안 사회의 미래를 전망하고자 한다. 재일코리안 기업들은 일본에서 처음에는 생계유지를 위해 자영업에서 출발하였지만, 점차 돈을 모아 자본을 축적하여 소규모자영업에서 일반기업으로 성장해 나갔다. 재일코리안 기업의 중심 산업은 더럽고 힘들어서 일본인들이 꺼리는 3K 산업에서 '틈새시장'을 찾았고 오늘날 성공할 수 있는 기반을 마련하였다. 재일코리안의 대표적인 3대 민족산업은 파칭코산업과 야끼니쿠산업, 토목건축업 등이라 할 수 있다. 재일코리안의 신화적 성공스토리는 단순히 3대 민족산업에서 머무르지 않고 롯데와 소프트뱅크와 같은 일본에서 뿐만이 아니라 세계 굴지의 기업사를 이루기도 했다.

이 책의 내용은 1945년 해방 전후 일본에서 전개된 재일코리안 기업의 기업성장사와 모국 기여활동사에 대하여 사례분석을 중심으로 다루고 있다. 연구방법으로는 재일코리안 기업과 관련하여 그동안 신문보도자료, 잡지, 서적, 상공회 단체의 팸플릿, 연구보고서, 조사자료 등 다양한 수집자료를 분석 정리하였다.

재일코리안 기업가에 관한 기존연구는 출생이나 차별, 그리고 성공이라는 민족적 관점, 혹은 한국과의 관계에서 한국 투자나 모국공헌에 관심을 두고 접근하는 경우가 많았다. 가령 민족적 관점은 재일코리안 기업가들의 성공 요인은 일본 사회의 불리한 환경에서 차별과 편견에 대한 반작용으로 어려움을 극복한 결과라고 주장하고 있다. 이는 마베(間部洋一)[1]가 주장하는 재일코리안 기업의 일본의 배타성에 따른 반동이론, 근면절약의 노동관, 민족적 자부심이 강한 문화적 특성, 그리고 바스(Barth)[2]의 주류집단의 동화에 대한 소수민족 집단의 반발, 이에 따른 창업 의욕의 제고와 생존전략 수단으로서 사회적 지위를 달성하기 위한 경제적 성공과도 상통한다고 볼 수 있다. 이러한 재일코리안 기업의 성공에 대하여 하명생(河明生)[3]은 재일코리안 기업가들이 자신들의 경제적 달성에 그치는 것이 아니라 모국에 공헌하려는 강한 원동력도 함께 작용하고 있다고 주장하였다. 반면, 데이비드 윌리스·이수임(デイビッドウィリス·

[1] 間部洋一, 『日本経済をゆさぶる在日韓商パワー』, 徳間書店, 1988.
[2] Barth, Frederik, "On the Study of Social Change" *American Anthropologist* 69(6), 1967.
[3] 河明生, 『韓人日本移民社会経済史―戦前編』, 明石書店, 1997.

李洙任)[4]의 연구는 재일코리안 기업의 성공 요인에 대하여 민족네트워크, 일본 시장의 존재, 인적자원, 자본조달 방법, 사회적 차별과 배제의 존재, 그리고 재일코리안 특유의 위기감과 유연성, 과감한 도전정신과 혁신성, 전략적 경영실천, 자기와 가족을 위한 이익 추구와 성장을 목적으로 하는 경제활동 등으로 설명하고 있다. 재일코리안 기업들은 창업 초기부터 도전정신과 혁신적인 마인드를 가지고 일본인을 상대로 비즈니스를 전개하였으며 일본에서 자신의 가족이나 민족공동체가 기업가의 정신적 지주가 되었고 그들로부터 자금과 노동력을 확보하여 성공할 수 있었다.

이 책의 전체적인 연구 내용과 결과를 요약하여 제시하면 다음과 같다.

첫째, 해방 이전 재일코리안의 일본 이주와 경제활동에 대하여 이주사, 이주배경, 이주루트, 이주단계, 일본에서의 직업생활 등을 살펴본 결과, 재일코리안 사회가 일제식민지 지배라는 역사적 상황에서 형성되었다는 점과 일제 식민지 시기 일본에 노동자 혹은 강제연행으로 도일하여 일본 패전 후 잔류하게 된 경위 등을 고찰하였다. 또한, 재일코리안의 일본 이주요인과 시기를 4단계로 구분하여 제시하였다. 재일코리안의 이주 제1단계는 일제식민지 지배와 농민층 몰락에 따른 이주(1910~1938년), 제2단계는 강제연행에 의한 이주(1939~1945년), 제3단계는 일본 패전과 1980년대 말 이주(1945~1980년), 제4단계는 '한국의 해외여행자유화'와 뉴커머의 이주(1989년~) 등으로 구분하여 제시하였다. 연구자에 따라서는 제1단계 이주를 3시기로 구분하여 제시하고 있음을 본문의 내용에서 지적하였다.

둘째, 1945년 해방 전후 재일코리안의 한국으로의 모국귀환과 1959년

---

4) デイビッドウィリス·李洙任, 「在日コリアン系起業家」, 李洙任編著, 『在日コリアンの経済活動―移住労働者·起業家の過去·現在·未来』, 不二出版, 2012.

274 재일코리안 기업의 성장과 모국 기여활동

이후 발생한 북송사업에 대한 차이와 의미를 살펴보았다. 1945년 해방 전후 재일코리안의 모국귀환 요인과 일본 잔류요인을 분석한 결과, 재일코리안의 모국귀환은 이주요인이나 직업생활과 직접적으로 관련된 것으로 나타났다. 북송 귀환은 일본 사회의 차별과 빈곤, 불안정한 법적 지위, 일본 정부의 동화정책과 같은 배출요인과 한국에서의 정치 경제적 혼란, 독재와 인권탄압의 부정적인 이미지 등 다양한 요인에 의해 전개되었다. 또한, 북송 귀환은 일본 주변의 많은 국가와 단체들이 사업의 추진이나 반대, 혹은 저지라는 입장으로 관여하였다. 당시 한반도를 둘러싼 일본, 미국, 소련 등과 각국 적십자위원회(제네바), 총련, 민단 등 북송사업을 지원한 각종 일본단체 등이 관여한 것으로 나타났다.

셋째, 재일코리안의 일본 정주와 더불어 강화된 일본 정부의 재일코리안 정책에 대하여 살펴본 결과, 국적 박탈과 일본 정주의 본격화라는 측면에서 크게 해방 이전 식민지 조선정책, 미군 점령기인 1952년까지 일본인 국적 시대, 한국전쟁과 조선인연맹의 해산, 1965년 이후 한국적 혹은 조선적 재일동포 확립기, 1990년대 출입국관리법 개정 이후 1991년 문제와 다문화 공생사회 재일코리안 정주화 등으로 구분할 수 있었다. 일본 정부의 재일코리안 정책은 재일코리안의 발생 요인이 일본 정부에 있음에도 불구하고 근본적인 해결책을 제시하기보다는 외국인 지위로서 출입국관리체제를 강화하고 있으며 이로 인한 외국인 차별배제는 한층 강화된 것으로 나타났다. 이러한 상황에서 재일코리안의 불행한 역사는 남북분단에 따른 민단과 총련의 사상적 대립과 불화가 해방 이후 더욱 고착화되고 있다는 사실에 있음을 지적할 수 있을 것이다. 재일코리안 정책 변화의 추이는 미군 점령군-한국 정부-일본 정부 간의 포괄적인 정책결정 과정에서 재일코리안의 국적변경에 중점을 두고 전개되어 온 것으로 나타났다.

 넷째, 재일코리안 기업의 형성과 모국투자를 주제로 기업의 형성과정, 모국투자의 촉진 요인, 모국투자의 동향 등에 대하여 살펴보았다. 재일코리안 기업의 모국투자 동향에 대해서는 박정희 정권의 경제정책과 한국투자, 김일성의 경제재건정책과 북한 투자, 남북한 투자 전개와 모국경제발전 등을 분석하였다. 구체적으로 1960년대 남북한 경제개발 초기단계에 재일코리안의 모국경제발전에 대한 모국투자와 사회적 공헌을 검토하고 그들의 활동과 역할을 규명하는 데 초점을 두었다. 특히 1960년대부터 1980년대 초까지 재일코리안의 남북한 모국투자와 사회적 공헌에 대한 기초자료를 토대로 모국경제발전에 대한 기여와 역할에 대하여 살펴보고 재일코리안의 자본과 노동력이 어떠한 동기에 의해 모국으로 유입되고 이를 통해 어떠한 사회적 변화를 초래하는지에 대하여 검토하였다. 연구결과, 남북한이 1960년대 초기 경제개발계획을 추진할 당시 재일코리안 1세 기업가의 기술과 자본을 활용하였다는 점, 그리고 남북 모두가 초기 노동집약적인 방직산업의 투자를 통해 자국 산업구조의 고도화나 경제성장의 기초를 다졌다는 점에서 공통적인 것으로 나타났다.
 다섯째, 재일코리안 올드커머 기업의 성장과 모국진출에 관한 대표적인 사례로 롯데와 소프트뱅크, 모국 인재양성에 힘쓴 전 중앙대학교 김희수 이사장의 경영전략과 기업가정신에 대하여 살펴보았다. 재일코리안 올드커머 기업가의 도일과 기업 성장과정, 경영전략과 기업가정신을 살펴본 결과, 이들은 일본 주류사회의 공직에 진출할 수 있는 길이 제한적이고 영리활동 이외의 자기실현 기회가 없다는 것을 알고 창업의 길을 선택한 경우가 많았다. 이 때문에 재일코리안 올드커머 기업가는 영리활동을 통한 자기실현을 위한 노력, 유연성과 탁월성의 발휘, 유교정신에 입각한 금의환향의 기업가정신 발현 등이 강하게 나타났다. 또한, 일본에서 창업하여 한국과 일본이라는 다른 환경에서 재계 상위를 구축한 롯데와 소프트뱅크 경영자의 공통점은 자기 분야의 확고한 목표를 설정하고 시대적 흐름을 간파할 수 있는 선견적인 능력, 일본 사회의 차별과 배제의 경험을 바탕으로 한 회사 내 갈등과 마찰에 대해 주위 사람들을 설득하고 조정하는 협상 능력, 뛰어난 기획력을 바탕으로 혁신적인 아이디어를 사업화하는 민첩한 행동력과 리더십 등을 갖춘 것으로 나타났다.

　구체적으로 김희수 회장의 경우 일본 사회에서 재일코리안에 대한 차별과 배제가 심했던 당시 사회적 약자로서 경영혁신을 바탕으로 창업 초기부터 일본인을 대상으로 비즈니스를 전개하였다. 이러한 경영혁신을 바탕으로 일본에서 창업에 성공하여 한일 양국에서 교육사업으로 인재양성과 사회적 공헌을 달성하기 위해 노력하였다. 그러나 김희수 회장이 한일 사회적 관계(네트워크)를 통한 교육사업과 사회공헌사업에 성공했지만, 이후 연결의 파괴를 통한 신사업전개를 한일 양국에서 원만히 구축하지는 못했다. 이것은 재일코리안 기업의 계승 문제나 급변하는 한국 사회에 대한 이해 부족, 부동산과 교육을 통한 사회적 공헌사업 이후 미래 사업에 대한 투자부족 등에서 기인한 것으로 생각된다.

　여섯째, 1980년대 후반 도일한 재일코리안 뉴커머 기업을 대상으로 기업의 형성과 성장 과정, 네트워크 관계, 경영전략과 기업가정신을 중심으로 살펴본 결과, 일본 사회에서 당면한 사회적 문제해결이라는 틈새시장에서 창업의 한계를 보이지만, 실패를 두려워하지 않는 과감한 도전과 경영혁신의 기업가정신을 바탕으로 성공한 것으로 나타났다. 구체적인 성공사례로는 에이산 장영식 대표, 이동재팬 김효섭 대표, 테크노피아 박재세 대표, 국제익스프레스 나승도 대표 등을 제시하였다.

　일곱째, 재일코리안 기업의 성장과 모국 기여활동에 대하여 살펴보았다. 재일코리안 기업은 일본에서 민족차별과 배제를 딛고 1960~70년대 마이너리티 기업으로 성장하면서 모국의 경제발전 과정에도 기여하기 시작했다. 재일코리안 기업의 모국 기여활동은 1953년 7월 재일한국인상공업자들의 모국 산업시찰단 파견에서부터 시작되었다. 1956년에는 재일한교(韓橋) 생산품 수출조합, 재일한국인 무역협회, 재일한국인 상공회무역부회 등을 설립하여 모국과의 무역확대와 경제발전에 기여하였다. 또한, 재일코리안 기업은 1960년대 초반 재일한국인상공회연합회를 중심으로 모국으로부터 단체나 개인을 초청하여 일본기업의 산업시찰과 연수, 기업의 시장조사 지원, 모국으로부터 기술훈련생 초청사업 등 모국경제발전을 위한 일군 양성에 기여하였다. 재일코리안 기업은 1965년 말 완공된 한국수출산업공단에 재일코리안 기업 14개사가 입주하여 전기기기, 고무풍선, 완구, 섬유류, 수도 파이프, 안경, 공업용 보석, 가족, 지퍼, 금속완구, 벨트 분야 등에 기술을 지원하여 수출증대와 모국 경제발전에 기여하였다. 1997년 모국의 IMF 경제위기 때는 '바이코리안 운동'을 전개하여 모국 상품 애용과 모국투자 촉진, '재일코리안 모국투자협회'를 통한 모국으로의 재산반입과 투자확대 등 모국 경제위기 극복을 위해 기여한 것으로 나타났다.

2. 향후 연구과제

이상에서 살펴본 바와 같이 재일코리안 기업은 일정한 사회 내에서 당면한 사회적 문제해결이라는 틈새시장에서 창업진출의 한계를 보이지만, 실패를 두려워하지 않는 과감한 도전과 경영혁신의 기업가정신을 바탕으로 성공하여 남북 경제기반조성과 모국투자를 통한 경제성장 과정에서 크게 기여한 것으로 평가된다.

결론적으로 지금까지 이어져 오고 있는 재일코리안 문제의 발생 요인은 광의적인 측면에서 1952년 미군 점령군의 동아시아전략과 일본 정부의 외국인등록법에 따른 국적 박탈에서 비롯된 것으로 볼 수 있다. 이는 좀 더 넓은 의미에서 당시 국제사회정세와 일본 내 이념 대립의 측면에서 재일코리안 문제의 발단을 찾아볼 수 있을 것이다. 이러한 상황에서 일본 정부의 재일코리안 대상의 국적 박탈은 근본적으로는 불안한 체류 보장과 취업차별을 초래하였고 외국인의 지위로 인한 재일코리안의 민족차별 투쟁을 촉발시켰다. 이러한 일본 정부의 재일코리안 정책에 따른 국적 박탈은 재일코리안들에 의한 기업의 창업으로 발현되었고 모국 기여활동을 촉진하는 계기가 되었으며 이는 재일코리안 사회를 유지하는 '재일코리안 정체성' 형성의 핵심이 되었다고 생각된다.

하지만 재일코리안 사회는 해방 이후 70년이 지나면서 저출산·고령화로 인한 재일코리안 인구감소, 국제결혼 증가와 귀화자 증가, 민족정체성 약화, 재일코리안 사회 내 갈등, 일본 정부와의 갈등 등에 직면하고 있다. 이는 재일코리안 사회가 직면하고 있는 정체성의 약화나 동포사회의 소멸 위기보다는 전 세계적으로 글로벌 사회가 직면하고 있는 사회 정체성의 변화와 혁신이라는 일종의 전환점에 서 있다고 생각된다. 이 연구는 이러한 과도기적 상황에서 재일코리안 사회가 직면하고 있는 다양성을 조금이나마 이해할 수 있는 계기가 되었으면 하는 바람에서 출발하였지만, 여기에서 충분히 설명하지 못한 점에 대해서는 매우 아쉽게 생각한다. 향후 연구에서 이러한 부족한 점들을 보완하고 수정해 나갈 생각이다. 향후 해방과 더불어 한국전쟁과 남북분단의 고착화, 재일코리안 사회의 영구 분단으로 이어지는 북송 귀환, 그리고 기업의 성장과 모국 기여활동 등에 관해 역사적 의의를 새롭게 조명하는 연구들이 계속해서 출현하기 기대한다.

참고문헌

1. 한국문헌

■ 단행본

가나가와 조선중고등학교, 『불꽃』 6 · 25 기념문집 편집위원회 발간, 1965.

안병삼, 『중국 길림성 조선족학교 교가와 그 연구』, 북코리아, 2015.

이민호, 『벼랑 끝에서 일어선 재일교포 성공담 자이니치리더』, 통일일보, 2015.

유승준, 『중앙대 전 이사장 김희수 평전 배워야 산다』, 한국경제신문, 2017.

재일본조선인총련합회 중앙상임위원회, 『총련-재일본조선인총련합회』, 조선신보사, 2005.

재외동포재단 교육부, 『중국 조선족학교 현황』, 2002년 내부 자료, 2002.

재외동포재단, 『母国을 향한 在日同胞의 100年足跡』, 재일동포모국공적조사위원회, 2008.

클레이튼 M. 크리스텐슨 · 마이클 레이너, 딜로이트컨설팅 코리아 역, 『성장과 혁신』, 세종서적, 2005.

탈레스 S 테이셰이라, 김인수 옮김, 『디커플링』, 제주: 인플루엔셜, 2019.

팀 브라운, 고성연 옮김, 『디자인에 집중하라』, 김영사, 2019.

차철구외, 『중국조선족혁명투쟁사』, 연변인민출판사, 2009.

최범수외, 『흑룡강성조선족교육사』, 동북조선민족교육출판사, 1993.

하정웅외, 『민족사랑 큰 빛 인간 김희수』, ㈜메디치미디어, 2015.

■ 논문

김인덕, 「해방 후 재일조선인연맹의 민족교육과 정체성: 『조선역사교재 초안』과

『어린이 국사』를 통해」, 『역사교육』 121, 역사교육연구회, 2012.

고광명, 「재일제주인의 제주지역 교육발전에 대한 공헌」, 『교육과학연구』 13(1), 2011.

안병삼, 「중국 조선족학교 교가의 가사 연구」, 『한국학연구』 39, 2011.

안병삼, 「중국 요녕성 조선족학교 교가 연구」, 『한민족문화연구』 43, 2013.

이문웅, 「在日 濟州人 사회에서의 巫俗－大阪 이꾸노 지역을 중심으로－」, 『濟州島研究』 6, 1989.

임영언, 「재일한인 기업가와 모국」, 『일본 한인의 역사(상)』, 국사편찬위원회, 2009.

임영언 외, 「디아스포라적 관점에서 본 북한－총련－일본 관계 연구」, 『한국동북아논총』 18(1), 2013.

임영언 외, 「재일코리안 금융업의 창업과 성장과정에 관한 연구: 민단계와 총련계 기업의 비교를 중심으로」, 『아태연구』 20(2), 2013.

임영언 외, 「재일코리안 민족교육의 실태와 전망에 관한 고찰」, 『日本文化学報』 62, 2014.

임영언, 「재일코리안 조선학교 민족교육운동과 고교무상화제도 고찰」, 『로컬리티 인문학』 19, 2018.

임영언 외, 「재일조선학교에서 북송운동의 전파과정 고찰: '불꽃' 잡지의 내용을 중심으로」, 『Journal of International Culture』 11(1), 2018.

오일환, 「재일조선인의 북송문제」, 『일본 한인의 역사(하)』, 국사편찬위원회, 2010.

2. 일본문헌

■ 단행본

アーサー・H・コール, 中川敬一郎訳, 『経営と社会―企業者史学序説』, 東京大学出版会, 1965.

小沢有作, 『在日朝鮮人教育論』, 亜紀書房, 1973.

小沢有作, 『在日朝鮮人教育論―歴史編』, 亜紀書房, 1988.

エドワード W. ワグナー, 『日本における朝鮮少数民族: 1904年-1950年』, 流刑書舍, 1951.

呉圭祥, 『企業権確立の軌跡―在日商工人のバイタリティー』, 朝鮮商工新聞社, 1984.

呉圭祥, 『在日朝鮮人企業活動形成史』, 雄山閣, 1992.

金徳龍, 『朝鮮学校の戦後史－1945~1972(増補改訂版)－』, 社会評論社, 2004.

金英達, 『GHQ文書研究ガイド－在日朝鮮人教育問題』, むくげの会, 1989.

権寿根, 『戦後在日朝鮮人の民族教育擁護闘争－「4・24阪神教育闘争」60周年を記念して－』, 在日朝鮮人兵庫県民族教育対策委員会, 2008.

月刊イオ編集部, 『高校無償化裁判』, 樹花舎, 2015.

小林紀興, 『西和彦の閃き孫正義のバネ－日本の起業家の光と影』, 光文社, 1998.

小島晴則, 『最後の別れ』, 高木書房, 2016.

坂中英徳他, 『北朝鮮帰国者問題の歴史と課題』, 新幹社, 2009.

坂中英徳, 『日本型移民国家への道』, 東信堂, 2013.

佐藤文明, 『在日「外国人」読本』, 縁風出版, 2009.

在日本総連連合会, 『朝鮮総連』, 1991.

在日韓国人商工会連合会, 『韓商連二十年史』, 1982.

在日韓國商工會議所, 『在日韓國人會社名鑑』, 1997.

在日韓国商工会議所, 『韓商連40年の歩み』, 2002.

在日本朝鮮人総連合会, 『朝鮮総連－朝鮮総連結成50周年に際して－』, 在日本朝鮮人総連合会, 2005.

在日韓国青年同盟中央本部編, 『在日韓国人の歴史と現実』, 洋々社, 1970.

在日本大韓民国民団, 『民団70年史』, 2018.

在日本済州開発協会, 『愛郷無限－在日本済州開発協会30年誌』, ケイピー・エス(株), 1991.

杉原達・玉井金五編, 『大正・大阪・スラム－もうひとつの日本近代史』, 新評論社, 1986.

朝鮮商工新聞社, 『民族と経営理念』, 朝鮮新報社, 1986.

外村大, 『在日朝鮮人社会の歴史学的研究－形成・構造・変容』, 緑蔭書房, 2004(1쇄), 2009(2쇄).

永野慎一郎編, 『韓国の経済発展と在日韓国企業人の役割』, 岩波書店, 2010.

中村二朗・内藤久裕・神林龍・川口大司・町北朋洋, 『日本の外国人労働力－経済学からの検証』, 日本経済出版社, 2009.

宋基燦, 『「語られないもの」としての朝鮮学校』, 岩波書店, 2012.

丹野清人, 『国籍の境界を考える』, 吉田書店, 2013.

河明生, 『マイノリティの起業家精神－在日韓人事例研究－』, 株式会社ITA, 2003.

河明生,『韓人日本移民社会経済史ー戦前編』, 明石書店, 1997.

韓載香,『「在日企業」の産業経済史ーその社会的基盤とダイナミズム』, 名古屋大学出版会, 2010.

朴慶植,『解放後在日朝鮮人運動史』, 三一書房, 1989.

朴三石,『教育を受ける権利と朝鮮学校』, 日本評論社, 2011.

朴三石,『日本の中の朝鮮学校ー21世紀にはばたく』, 朝鮮青年社, 2012.

朴尚得,『在日朝鮮人の民族教育』, 岩波書店, 1980.

法務省,『在日朝鮮人処遇の推移と現状』, 法務研修所, 1955.

間部洋一,『日本経済をゆさぶる在日韓商パワー』, 徳間書店, 1988.

民団中央本部,『差別白書』第5集, 民団中央本部, 1981.

民族教育研究会編,『資料在日朝鮮人の民族教育の権利についてー朝・日関係改善と国際化の流れの中で』, 学友書房, 1991.

李洙任,『在日コリアンの経済活動ー移住労働者・起業家の過去・現在・未来』, 不二出版, 2012.

李東準,『日本にいる朝鮮のこども』, 春秋社, 1965.

李瑜煥,『在日韓国人の五〇年史ー発生因に於ける歴史的背景と解放後に於ける動向』, 新樹物産出版部, 1960.

李殷直,『在日韓国・朝鮮人の民族教育の歴史と実態』, 連続セミナー第6回総括資料, 1977.

李東準,『日本にいる朝鮮の子どもー在日朝鮮人の民族教育ー』, 春秋社, 1956.

リャン, ソニア, 中西恭子訳,『コリアン・ディアスポラー在日朝鮮人とアイデンティティ』, 明石書店, 2005.

崔相録외,『中國朝鮮族教育的現狀與未来』, 延邊大學出版社, 1995.

辽宁省教育志編纂委員會主編,『辽宁省普通教育年鑑』, 辽宁大学出版社, 1989.

辽宁省地方志編纂委員會办公室主编,『辽宁省志・教育志』, 辽宁大学出版社, 2001.

藤島宇内・小沢有作,『民族教育ー日韓条約と在日朝鮮人の教育問題』, 青木新書, 1966.

森田芳夫,『在日朝鮮人処遇の推移と現状』, 法務省法務研修所, 1955.

渡辺深,『転職ーネットワークとキャリアの研究』, ミネルヴァ書房, 1998.

■논문

王城素, 「朝鮮総連四十年史－朝鮮総連は何をやってきたのか」, 『朝鮮総連の研究』, 在日本朝鮮人総連合会, 1992.

金敬得, 「「91年問題」と在日韓国人」, 『法的地位に関する論文集』, 在日本大韓民国居留民団, 1987.

金理花, 「故郷としての朝鮮学校－朝鮮学校の音楽教育に関する一考察」, 『在日朝鮮人史研究』45, 2015.

金兌恩, 「公教育における在日韓国・朝鮮人の民族教育と多文化共生教育の相互作用: 京都・大阪・川崎の事例から」, 京都大学文学研究課社会学博士論文, 2012.

小林知子, 「戦後における在日朝鮮人と『祖国』－朝鮮戦争期を中心に」, 『朝鮮研究会論文集』34号, 1996.

佐藤信行, 「日本の外国人政策と在日コリアン」, 『調布ムルレの会シリーズ13号』, 2010.

中島智子, 「朝鮮人学校保護者の学校選択理由－『安心できる場所』『当たり前』を求めて」, 『プール学院大学研究紀要』51, 2011.

徐海錫, 「在日同胞社会の現状と今後の展望－1990年代を目前にして－」, 『法的地位に関する論文集』, 在日本大韓民国居留民団, 1987.

田駿, 「在日韓国人のいまと第三代目以降の展望」, 『法的地位に関する論文集』, 在日本大韓民国居留民団, 1987.

田中宏, 「日本の外国人政策と在日コリアン」, 『調布ムルレの会シリーズ13号』, 2010.

デイビッドウィリス・李洙任, 「在日コリアン系起業家」, 李洙任編著, 『在日コリアンの経済活動－移住労働者・起業家の過去・現在・未来』, 不二出版, 2012.

韓徳銖, 「金日成主席の指導で勝利の一路を歩んできた朝鮮総連の二〇年」, 『在日朝鮮人運動にかんする論文集』, 在日本朝鮮人総連合会, 1980.

藤井幸之助, 「解放後, 日本における朝鮮人学校の国語教科書」, 『在日朝鮮人史研究』17, 1989.

朴一, 「在日コリアンの経済活動に関する一考察」, 『韓商連40年の歩み』, 在日韓国商工会議所, 2002.

古田博司, 「主体思想とはなにか－北朝鮮における儒教の伝統と現代」, 『文化会議』266, 1991.

洪正一, 「地方参政権を要求する」, 『法的地位に関する論文集』, 在日本大韓民国居留民

団, 1987.

宮塚利雄, 「合弁事業の新たな展開」, 『北朝鮮』, サイマル出版会, 1993.

羅正日, 「关于黑龙江省朝鲜族教育情况的调查」, 『黑龙江民族丛刊』 95(6), 2006.

李進熙, 「日本の外国人政策と在日コリアン」, 『調布ムルレの会シリーズ13号』, 2010.

李鐘宰, 「ロッテの錦衣還郷」, 『財閥の履歴書』, 韓国日報, 1993.

李光宰, 「「在日企業」の日本への貢献－安楽亭(株)を事例に－」, 『在日朝鮮人史研究』, 在日朝鮮人運動史研究会編, 2011.

『週刊宝石』 「総力特集孫正義「誇り」と「屈辱」の少年時代」, 光文社, 2000.

3. 영문문헌

Aldrich, Howard E. and P.H. Kim, "A Life Course Perspective on Occupational Inheritance: Self-employed Parents and Their Children." *Research in the Sociology of Organizations* 25, 2007.

Aldrich, Howard E. and Catherine Zimmer, "Entrepreneurship through Social Networks" Howard E. Aldrich ed., *An Evolutionary Approach to Entrepreneurship*, Edward Elgar publishing limited, 2011.

Aldrich, Howard E. and Tomoaki Sakano, "Unbroken Ties - Comparing Personal Business Networks Cross-Nationally." W. Mark Fruin ed., *Networks, Markets, and The Pacific Rim*, Oxford University Press, 1999.

Barth, Frederik, "On the Study of Social Change" *American Anthropologist* 69(6), 1967.

Barth, Fredrik, "Economic Spheres in Darfur," Richard Swedberg ed., *Entrepreneurship: Social Science View*, Oxford University Press, 2000.

Berliant, M. and M. Fujita, "Culture and Diversity in Knowledge Creation", *Regional Science and Urban Economics* 42, 2012.

Burt, Ronald, "Structural Holes: The Social Structure of Competition," Harvard University Press, 1992(=ロナルド・バート・安田雪訳, 『競争の社会的構造: 構造的空隙の理論』, 新曜社, 2006).

Chaloff, J. and G. Lemaitre, "Managing Highly-Skilled Labour Migration: A Comparative

Analysis of Migration Policies and Challenges in OECD Countries", OECD Social Employment and Migration Working Papers 79, 2009.

Giovanni, P. , "Higher Education, Innovation and Growth." In P. Garibaldi Brunello G and E. Wasmer. eds. *Education and Training in Europe*. Oxford: Oxford University Press, 2007.

Granovetter, Mark, "The Strength of Weak Ties," *American Journal of Sociology* 78, 1973(=マーク・グラノヴェター著, 大岡栄美訳, 「弱い紐帯の強さ」, 野沢慎司編・監訳, 『リーディングスネットワーク論』, 勁草書房, 2006).

Granovetter, Mark, "Economic Action and Social Structure: The Problem of Embeddedness", *American Journal of Sociology* 91, 1985.

Granovetter, Mark, "The Economic Sociology of Firms and Entrepreneurship" In *Economic Sociology of Immigration* edited by Alenjandro Portes. New York: Russell Sage Foundation, 1995.

Granovetter, Mark, "A Theoretical Agenda for Economic Sociology" Mauro Guillen, Randall Collins, Paula England, and Marshall Meyer eds. , *The New Economic Sociology*, New York: Russell Sage Foundation, 2002.

Dimaggio, Paul, "Cultural Aspects of Economic Action and Organization" In Beyond the Marketplace, edited by R. Frieland and A.F. Robertson. Aldine de Gruyter, 1990.

Ruef, Martin, "The Entrepreneurial Group: Social Identities, Relations, and Collective Action," Princeton University Press, 2010.

Schumpeter, Joseph A. , "Entrepreneurship as Innovation," Richard Swedberg ed. , *Entrepreneurship: Social Science View*, Oxford University Press, 1911.

Swedberg, Richard, *Entrepreneurship: Social Science View*, Oxford University Press, 2000.

Uzzi, Brian, "The Social Structure and Competition in Interfirm Networks: The Paradox of Embeddedness", *Administrative Science Quarterly* 42, 1997.

Zelizer, Viviana, "Morals and Markets" Transaction Press, 1983.

4. 기타 언론 보도 및 웹사이트검색

『경향신문』 2017년 7월 29일자 보도기사.

김희수 전 중앙대 이사장과 신경호 수림외어전문학교 이사장의 인연(1) 한국인의
    자부심 담긴 '수림'
      http://blog.naver.com/PostView.nhn?blogId=sbiztodaykr&logNo=221366999848
      (검색일: 2018.12.24).

김희수 전 중앙대 이사장과 신경호 수림외어전문학교 이사장의 인연(2) 의리를 넘
    어선 운명의 관계:
      http://www.sbiztoday.kr/news/articleView.html?idxno=3192(검색일:
      2018.12.24).

검경합동신문사 2019년 2월 2일자 "일본 도쿄 국제 익스프레스 나승도 회장 나눔과
    봉사로 사회에 환원하는 자랑스러운 한국인!":
      http://blog.naver.com/PostView.nhn?blogId=01077047759&logNo=221457437369
      (검색일: 2019.07.08).

동경한국학교 교가: http://www.tokos.ed.jp/icons/app/cms/?html=/home/s1_2.html&shell=/
    index.shell:399(검색일: 2016.10.12).

동경한국학교 현황: http://www.tokos.ed.jp/icons/app/cms/?html=/home/s1_3.html&shell=/
    index.shell:398(검색일: 2016.10.12).

막걸리 한류열풍의 주역 김효섭 사장:
      https://blog.naver.com/worldhansang/80163660228(검색일: 2019.06.20).

『매일경제』 2008년 2월 1일자, 「무일푼 유학생이 이룬 '재팬드림' 장영식 에이산 회장」:
      https://www.mk.co.kr/news/economy/view/2008/02/61812/(검색일:
      2019.06.27).

부모양계혈통주의: https://matome.naver.jp/odai/2146853219338280101/2146855116754387903
    (검색일: 2018.07.09).

아이디오(IDEO): http://cafe.daum.net/france2003/7ilZ/715?q(검색일: 2020.01.06).

若無湖南是無國家: http://cafe.daum.net/na15nclub/3s63/1266?q(검색일: 2019.09.10).

『연합뉴스』 2009년 7월 23일자, 「日서 물류기업 일군 나승도 사장」:
      http://winnersgate.com/Story/Success/board.asp?CK_ASP=CONTENT&Num=

3&Page=&SearchType=&SearchName=(검색일: 2019.07.08).

『월간유학생』 김효섭 "성공은 운을 시험하는 방법 중 하나":

　　http://blog.naver.com/PostView.nhn?blogId=u_hakseang&logNo=140113882089
　　(검색일: 2019.06.20).

『월간유학생』 2010년 7월호, 박재세 "선배에게 배우는 유학 성공의 열쇠":

　　http://blog.naver.com/PostView.nhn?blogId=u_hakseang&logNo=140109794949
　　(검색일: 2019.07.08).

『오마이뉴스』 2017년 7월 21일 보도기사.

사이다마조선초중급학교 교가:

　　http://urihakkyo46.web.fc2.com/kouka.html(검색일: 2016.10.12).

『세계일보』 2010년 1월 31일자, 「21세기 일본속의 한국인 '신도래인'을 찾아서] ①
　　日 자동차부품업체 '테크노피아' 박재세 사장」:

　　https://news.v.daum.net/v/20100131200305151(검색일: 2019.07.08).

『전라도뉴스』 2015년 5월 13일자, 「(주)에이산 장영식 대표, '자랑스러운 순천대인'
　　선정」: http://www.jldnews.co.kr/news/articleView.html?idxno=13047&replyAll=
　　&reply_sc_order_by=I(검색일: 2019.06.27).

『재외동포신문』 2016년 6월 15일자, 「도쿄한국상공회의소 제12대 회장 장영식 에
　　이산 대표 취임」: http://m.dongponews.net/news/articleView.html?idxno=31770
　　(검색일: 2019.60.27).

재일동포 장영식 회장: https://news.naver.com/main/read.nhn?mode=LSD&mid=
　　sec&sid1=101&oid=001&aid=0006984404(검색일: 2019.06.20).

재일동포 사업가 김희수 전 중앙대 이사장:

　　http://blog.naver.com/PostView.nhn?blogId=worldhansang&logNo=221216808031
　　(검색일: 2018.12.24).

BBS: http://newsis.com/country/view.htm?ar_id=NISX20121218_0011697412&cID=10804
　　&pID=10800(검색일: 2021.06.25).

『도쿄 연합뉴스』 2017년 12월 29일.

『朝鮮総連』 第95号(1960년 2월 8일).

『統一日報』 1982년 12월 10일.

『조선신보』(2016년 5월 30일)

조선학교: https://ja.wikipedia.org/wiki/(검색일: 2017.09.05).
중앙대 이사장 김희수: 『경향신문』 2002년 2월 5일 신문 보도.

임영언

조선대학교 국제티앤커피문화학과 겸임교수.
일본 조치대학(上智大學) 경제사회학박사. 재외한인학회 회장.
저서로는 『韓国人企業家 : ニューカマーの起業過程とエスニック資源』(長崎出版, 2004), 『재일코리안 기업가』(한국학술정보, 2006), 『일본선교 1%의 벽을 깨라』(공저, 예영커뮤니케이션, 2010), 『글로벌 디아스포라와 세계의 한민족』(공저, 선학사, 2014), 『재일코리안 기업의 형성과 기업가정신』(북코리아, 2015), 『일계인 디아스포라의 초국가성과 다중정체성』(공저, 북코리아, 2019), 『사회경제와 소셜이노베이션』(공저, 전남대학교출판문화원, 2020), 『사회적경제와 혁신성장』(공저, 전남대학교출판문화원, 2021) 등 다수의 논저가 있다.